KB206227

복음서 강의

복음서 강의

| 마태 마가 누가 요한 |

지은이 | 양진일
초판 발행 | 2024.8.7

등록번호 | 제 2022-000023호
펴낸이 | 이현걸
펴낸곳 | 미션앤컬처

주소 | 서울시 동작구 여의대방로 22길 121
전화 | 02-877-5613/010-3539-3613
팩스 | 02-877-5613
E-mail | missionlhg@naver.com

표지 디자인 | 이시우
내지 디자인 | 정영수
인쇄 | (주)한솔에이팩스

책 값은 뒤표지에 있습니다.
ISBN 979-11-988636-0-7

복음서 강의

| 마태 마가 누가 요한 |

구약의 장르별 강의가 출간된 이후에 신약 관련된 내용들은 언제쯤 출간되는지를 물어 오시는 분들이 많으셨습니다. 기다려 주심에 대한 감사의 마음을 담아 신약의 첫 장르인 「복음서 강의」를 세상에 내놓습니다.

복음서는 신앙인들에게 가장 사랑받는 본문입니다. 예수 그분에 대한 믿음으로 구원받았음을 고백하고 예수 그분의 가르침에 자기 인생을 걸고자 다짐하는 신앙인들에게 복음서는 우리가 알아야 할 알짬을 모아 놓은 보물창고와 같습니다. 그 보물들을 하나씩 발굴하여 그 소중함의 가치들을 마음껏 향유하고 싶지만 그러한 작업은 이후에 각 본문에 대한 강해서를 통해 하고자 합니다. 이 책은 2022년도에 1년간 진행된 "말씀과함께"에서 복음서를 강의한 내용들을 그대로 풀어 정리한 것입니다. 구어체로 기술되어 있기에 읽기에 편하실 것입니다. 강의 현장에 함께하고 있다는 마음으로 읽어주시면 더욱 좋을 것입니다.

제 강의의 특징은 주요 내용들을 여러 번 반복하는 것에 있습니다. 반복을 통하여 제 강의를 들으시는 분들이 그 내용을 자신의 것으로 체화시키기를 기대하는 마음이 큽니다.

이 책은 강의를 그대로 풀어 놓은 것이기에 강의 시 반복되는 내용에 대해서도 그대로 살리고자 하였습니다. 복습한다는 마음으로 읽어주실 것을 부탁드립니다.

「백문백답」, 「시가서 강의」, 「예언서 강의」에 이어 「복음서 강의」도 미션앤컬처에서 출간하게 되었습니다. 하나님의 은혜 앞에 진실한 삶으로 응답하기 원하는 믿음의 동역자인 이현걸 목사께서 하는 여러 사역 위에 주님의 돌보심이 가득하기를 기도합니다.

올해 84세이신 어머니는 제가 출간한 책들을 꼼꼼하게 읽으시며 '참 좋다 좋아'라고 칭찬을 해주십니다. 이 책도 어머니에게 큰 기쁨이 되었으면 좋겠습니다. 무엇보다 신앙의 길벗 된 모든 이들에게 감사의 말씀을 올립니다. 삶으로 나의 스승이 되어주신 분들, 말씀으로 나의 스승이 되어주신 분들, 사랑의 빚을 주고받는 모든 분들에게 감사의 말씀을 올립니다. 이 책을 읽으시는 모든 분들에게도 주님의 평화가 가득하시기를 바랍니다.

2024년 8월 7일 양진일 목사

복음서 강의 1-1

말씀과 함께 ┃ 복음서 강의

복음서 강의 **1-1**

먼저 신약의 맥이라고 할 수 있는 예수 시대 전후의 주요 역사를 살펴보고 그다음에 복음서에 대해 살펴보도록 하겠습니다. 구약 성경은 페르시아의 통치로 끝나고 신약 성경은 로마 지배하에 이스라엘을 배경으로 하고 있습니다. 구약 성경 39권 가운데 제일 마지막에 배치되어 있는 본문이 말라기입니다. 말라기는 에스라, 느헤미야와 동시대 또는 에스라, 느헤미야보다 조금 뒤에 활동한 예언자입니다. 말라기가 활동했던 시대가 주전 450년에서 400년 사이입니다. 그때는 페르시아가 이스라엘을 통치할 때입니다. 그런데 마태복음으로 가면 이스라엘은 로마의 지배를 받고 있습니다. 역사적으로 완전히 새로운 배경을 갖고 있는 것입니다. 말라기부터 마태복음까지를 중간사라고 합니다. 이 시기에 역사적으로 어떤 사건들이 발생하였는가를 알게 되면 신약을 이해하는데 도움을 받을 수 있기 때문에 중간기 역사에 대해 먼저 살펴보도록 하겠습니다.

 이스라엘은 5대 제국에 의해 700년 이상 식민 지배를 받았습니다. 주전 722년에 앗수르가 북이스라엘을, 주전 586년에 바벨론이 남유다를 멸망시켰습니다. 그리고 주전 539년에 페르시아가 바벨론을 멸망시키면서 이스라엘은 페르시아의 식민지가 됩니다. 주전 331년에는 헬라의 알렉산더가 페르시아를 물리치면서 이스라엘은 헬라 제국의 지배를 받게 됩니다. 그런데 알렉산더가 33세라는 비교적 젊은 나이에 요절하게 되면서 헬라 제국은 네 개의 제국으로 분할됩니다. 여기서 두 개의 제국인 이집트를 중심으로 한 프톨레미 왕조와 시리아를 중심으로 한 셀류커스 왕조를 기억할 필요가 있습니다. 알렉산더 사후에 이스라엘은 이집트를 중심으로 한 프톨레미 왕조의 지배를 받게 됩니다. 주전 301년부터 주전 198년까지입니다. 그러다 주전 198년부터 시리아를 중심으로 한 셀류커스 왕조가 이스라엘을 지배하게 됩니다. 이 시기에 독립 운동이 일어나게 되는데 이 독립 운동을 마카베 항쟁이라고 합니다. 이 독립 운동이 어느 정도 성과를 거두게 되면서 주전 142년에 하스몬 왕조라는 독립 정부가 세워지게 됩니다. 그런데 이 하스몬 왕조는 셀류커스 왕조로부터 완전 독립한 왕조는 아니었고 셀류커스 왕조가 승인을 해 준 왕조였습니다. 그 당시에 셀류커스 왕조는 내분으로 인해 이스라엘을 완전히 다스리는 것이 쉽지 않았습니다. 그래서 셀류커스 왕조는 하스몬 왕조를 승인해 주게 됩니다. 독립 정부인 하스몬 왕조는 주전 142년부터 주전 63년까지 약 80년 동안 존속하게 됩니다. 그러다가 주전 63년에 로마가 이스라엘을 정복했고 이때부터 로마가 이스라엘을 다스리기 시작합니다. 이때부터 이스라엘은 로마의 식민지가 되었습니다. 정리하면 주전 722년 북이스라엘이 앗수르에 멸망한 이후부터 예수 탄생까지 700년 이상 이스라엘은 5대 제국에 의해 식민 지배를 받았습니다.

이스라엘은 제국의 지배를 받는 기간 동안 자신들의 힘으로는 이 거대한 제국의 압제로부터 벗어날 길이 없음을 잘 알고 있었습니다. 따라서 시간이 지날수록 이스라엘은 자신들을 구원해 줄 메시아를 강력하게 기대하고 소망하게 됩니다. 이스라엘은 메시아를 어떤 존재로 규정했습니까? 700년 넘게 식민 지배를 받게 되면 간절한 소망이 무엇이겠습니까? 독립과 해방입니다. 그런데 자신의 힘으로는 제국과 맞서 싸워서 독립과 해방을 쟁취할 가능성이 없었습니다. 이런 상황에서 이스라엘은 더욱 간절하게 정치 군사적인 메시아를 갈망하게 되었습니다. 정치 군사적인 메시아는 이스라엘 역사 가운데 누구를 닮은 왕일까요? 구약 이스라엘 역사에 42명의 왕들이 등극했는데 전쟁에서 한 번도 패배하지 않은 왕이 누구입니까? 백전백승의 왕이 누구입니까? 엄청난 영토를 확장했던 왕이 누구입니까? 바로 다윗입니다. 식민 지배의 시간이 누적될수록 이스라엘은 다윗 같은 메시아를 하나님께서 보내어 주시기를 간구했습니다. 이방의 압제로부터 이스라엘을 해방시켜 주는 정치 군사적인 메시아가 와서 이스라엘을 세계만방 위에 우뚝 세워 줄 것을 기대한 것입니다. 심지어 예수의 제자들조차도 예수를 그런 메시아로 인식했습니다. 그것 때문에 예수와 제자들 사이에 많은 갈등이 표출되기도 합니다.

이스라엘은 연속적으로 5대 제국에 의해 식민 지배를 받았습니다. 당시 고대 근동에서 가장 강력한 제국이 이스라엘을 지배한 것입니다. 그렇다면 왜 항상 이스라엘은 5대 제국의 먹잇감이 되었을까요? 지정학적으로 이스라엘이 자리한 가나안 땅은 전략적 요충지였습니다. 지중해 바로 옆에 가나안 땅이 있습니다. 가나안 땅 위쪽에는 유럽 대륙이 오른쪽에는 아시아 대륙이 아래쪽에는 아프리카 대륙이 자리하고 있습니다. 이처럼 가나안 땅은 세 개의 대륙이 만나는 정중앙에 위치하고 있었는데 이곳을 누가 차지하느냐에 따라서 유럽과 아시아와 아프리카의 무역을 독점할 수가 있었습니다. 당연히 모든 제국들이 눈독을 들인 가장 중요한 땅이 될 수밖에 없었던 것입니다. 그 가나안 땅에 이스라엘이 거주하고 있었습니다. 먼저 이스라엘을 지배힌 제국은 앗수르였습니다. 그다음이 바벨론인데 오늘날 이라크입니다. 앗수르와 바벨론은 처음에는 하나의 도시 국가였습니다. '두 강 사이에 있는 땅'이라는 뜻을 가진 메소포타미아에 안에 있던 도시 국가가 앗수르와 바벨론이었습니다.

여호수아 강의에서 말씀드렸듯이 이스라엘이 가나안 땅을 정복할 때 제일 먼저 정복한 곳이 여리고성이고 그다음으로 정복한 곳이 아이성이었습니다. 여호수아 12장 24절을 보면 "여호수아 군대가 정복한 가나안 왕이 서른 한 명"이라는 말씀이 나옵니다. 이스라엘이 가나안 땅을 정복할 때 당시 가나안은 한 명의 왕이 다스리는 통일 왕국이 아니라 도시 국가들의 형태로 존재하고 있었습니다. 여호수아 12장 24절에 보면 이스라엘 군대가 정복한 왕의 수가 서른 한 명이라고 나옵니다. 그렇다면 가나안 땅에 있던 서른 한 명의 왕을 정복한 것은 많이 정복한 것일까요, 적게 정복한 것일까요? 사실 이것을 정확하게 말하기는 어렵습니다. 왜냐하면 당시 가나안 땅에 몇 개의 도시 국가가 있었는지를 알지 못하기 때문입니다. 만약 가나안 땅에 50개의 도시 국가가 있었다면 서른 한 명의 왕을 정복한 것은 약 62% 정도를 정복한 셈이 되지만 300개의 도시 국가가 있었다면 서른 한 명의 왕을 정복한 것은 10%밖에 정복하지 못한 것이 됩니다. 당시 가나안 땅에 몇 개의 도시 국가가 있었는지를 정확하게 알지 못하기 때문에 이스라엘이 정확히 어느 정도 가나안의 도시 국가를 정복했는지는 알 수가 없습니다.

이스라엘이 정복한 가나안 땅보다 훨씬 영토가 넓은 곳이 메소포타미아 지역입니다. 메소포타미아에 하란, 니느웨, 앗수르, 바벨론과 같은 도시 국가들이 있었습니다. 최소한 메소포타미아에는 수백 개 이상의 도시 국가가 있었을 것입니다. 그러다가 주전 8세기 중반에 최초의 제국으로 등장한 나라가 앗수르입니다. 주전 8세기 중반에 디글랏 빌레셋 3세가 앗수르를 제국으로 성장시킵니다. 주변에 있는 수많은 도시 국가들을 집어삼키면서 앗수르의 세력을 팽창시켜 나갔습니다. 그 앗수르에 의해서 오랜 세월 동안 식민 지배를 받았던 나라가 바벨론이라는 도시 국가입니다. 그러다가 주전 626년에 나보폴라살이라는 왕이 등장하면서 바벨론이 앗수르의 압제로부터 해방되기 시작합니다. 그 나보폴라살의 아들이 느부갓네살입니다. 느부갓네살이 통치하던 시기에 남유다는 바벨론에 멸망당하게 됩니다. 다시 정리하면 이스라엘은 주전 8세기 앗수르로부터 시작해서 바벨론, 페르시아, 헬라, 로마라는 5대 제국의 식민 지배를 700년 이상

받았습니다.

중간사에 대한 올바른 이해를 통해 말씀의 의미들을 제대로 살피는 것이 너무 중요합니다. 모든 말은 그 말이 나오게 된 맥락과 배경이 있습니다. 모든 사건도 그 사건이 나오게 된 맥락과 배경이 있습니다. 그래서 어떤 사건과 말이 어떤 배경과 맥락에서 나왔는지를 정확하게 이해할 필요가 있습니다. 한국 교회 교인들 중에는 성경에 있는 말씀만 주목하는 분들이 있습니다. 옛날에 교인들이 가진 성경책 가운데 하나님과 예수님의 말씀에만 빨간색으로 되어 있는 것이 있었습니다. 그래서 시간이 없는 가운데 성경책을 읽고자 할 때 빨간색만 읽는 경우들이 있었습니다. 하나님의 말씀만 읽고자 한 것입니다. 사실 이런 태도는 매우 위험합니다. 왜 위험합니까? 모든 말씀은 그 말씀이 나오게 된 배경이 있습니다. 그런데 말씀이 나오게 된 배경은 모른 채 말씀만을 읽게 되면 그 말씀을 왜곡할 가능성이 높아지게 됩니다.

저는 이런 비유를 자주 합니다. 어떤 사람이 음식을 너무 많이 먹어서 온갖 병들이 생겼다고 가정해 보십시오. 그때 그 사람의 건강이 너무 걱정된다면 이렇게 조언해 줄 것입니다. "건강하려면 음식을 좀 줄이고 적게 먹어야 해." 그런데 어떤 사람은 음식을 멀리하고 지나친 다이어트를 하는 것으로 인해 건강에 적신호가 켜졌습니다. 그때 그 사람의 건강이 걱정된다면 우리는 뭐라고 조언을 할까요? 건강하려면 많이 먹어야 한다고 조언할 것입니다. 그런데 우리가 그 말씀이 나오게 된 배경과 말씀을 듣는 대상이 누구인지에 대해서 생략하고 말씀만 보게 된다면 어디에서는 건강하려면 적게 먹으라는 것을 보

게 될 것이고 다른 곳에서는 건강하려면 많이 먹으라는 말씀을 보게
될 것입니다. 이렇게 서로 다른 말씀을 보게 된다면 마음으로부터 성
경은 모순된 책이라는 생각이 들게 될 것입니다. 이곳에서는 건강하
려면 적게 먹으라고 하고 저곳에서는 건강하려면 많이 먹으라고 하
니 성경은 서로 다른 이야기를 하는 모순적인 책이라는 이해를 갖게
되는 것입니다. 이처럼 배경에 대한 정확한 이해 없이 말씀만 보게
된다면 이런 식으로 성경을 왜곡할 가능성이 높아집니다. 그래서 말
씀이 나오게 되는 배경과 그 말씀을 듣는 대상이 누구인가를 제대로
아는 것이 중요합니다. 그것을 정확하게 알게 되면 건강하려면 적게
먹어야 한다는 말씀과 건강하려면 많이 먹어야 한다는 말씀의 본질
이 같다는 것을 이해하게 됩니다. 사실 두 말씀은 자신의 말을 듣는
대상의 건강을 위해서 가장 올바른 조언을 한 것임을 알 수 있습니
다. 그런 의미에서 성경을 공부한다고 할 때 가장 중요한 것은 이 사
건과 말씀이 어떤 배경과 맥락과 상황에서 누구를 대상으로 선포되
어진 것인지를 정확하게 아는 것입니다.

  그런데 교회에서 성경공부를 할 때 가장 취약한 부분이 바로 이것
입니다. 이 말씀이 나오게 된 배경과 상황을 제대로 설명해 주지 못
하는 경우들이 많습니다. 그때 거기에서의 말씀과 사역을 오늘 여기
에서 올바로 이해하고 실천하기 위해서는 배경과 역사에 대한 이해
가 반드시 필요합니다. 예를 들면 요한복음 10장에 수전절이라는 절
기가 나옵니다. 유대인들이 하누카라고 부르는 절기입니다. 성전을
깨끗하게 회복했다고 해서 수전절이라고 불렀습니다. 이 수전절은
토라에는 나오지 않는 절기입니다. 구약 어디에도 수전절이 나오지

않습니다. 그런데 요한복음 10장을 보면 유대인들이 수전절을 중요하게 지킵니다. 지금도 유대인들은 수전절을 의미 있게 지킵니다. 수전절은 불을 밝히는 날입니다. 토라에 나오지 않는 절기가 어떤 배경에서 탄생한 것인지를 알려면 반드시 중간사에 대한 이해가 필요합니다. 바리새인들을 이해하기 위해서도 중간사에 대한 이해가 필요합니다. 구약 시대 유일한 종교 권력자들이 누구였습니까? 제사장들을 중심으로 한 사두개파입니다. 구약 본문 어디를 읽어도 바리새파라는 말은 나오지 않습니다. 그런데 예수님이 공생애를 시작하실 때 끊임없이 갈등 관계에 있었던 사람들이 바리새인입니다. 도대체 이 바리새파라는 사람들이 언제 등장한 것일까요? 또한 바리새파가 강조하고 있는 것이 무엇인지를 제대로 알기 위해서는 중간사에 대한 이해가 꼭 필요합니다. 또 하나의 종교 그룹이 있는데 바로 열심당입니다. 열심당(젤롯당)도 구약 성경에 나오지 않습니다. 그런데 이 젤롯당이 복음서에는 등장합니다. 예수의 제자 가운데도 젤롯당 출신이 있었습니다. 이 젤롯당이 언제 어떤 상황에서 등장하게 된 것인지를 알기 위해서라도 중간사를 아는 것이 중요합니다.

　그런 맥락에서 예수 시대 전후의 역사를 살펴보려고 하는데 이는 구약을 정리하는 의미도 있습니다. 이스라엘은 가나안 땅에 들어간 다음에 오랜 시간 동안 사사 시대를 맞이하게 됩니다. 사사 시대는 왕이 없이 열두 지파 연맹 공동체로 유지된 시기였습니다. 열두 지파 연맹 공동체는 평상시에는 지파별 자치를 합니다. 자기 지파 안에서 일어난 문제에 대해서 자기 지파가 스스로 해결하는 것입니다. 그러다가 이방 국가가 이스라엘을 공격하는 것과 같은 공동체 전체의 사건이 발생하게 되는 경우에는 열두 지파가 한 마음 한 뜻으로 힘을 모으는 것입니다. 이것이 열두 지파 연맹 공동체입니다. 이렇게 열두 지파 연맹 공동체인 사사 시대가 지속되다가 사무엘 시대 이스라엘 백성들은 이방나라처럼 왕을 세워 달라고 요청합니다. 이때 이스라엘 초대 왕으로 뽑힌 사람이 베냐민 지파 출신의 사울이었습니다. 사울이 길보아산 전투에서 죽은 다음에 이스라엘은 1차 남북 분열이 일어납니다. 유다 지파는 사울의 사위였던 다윗을 세우고 나머지 지파는 사울의 아들인 이스보셋을 왕으로 세웠습니다. 1차 남북 분열 시기가 7년 6개월 동안 지속되다가 이스보셋이 암살당한 후에 다윗이 북이스라엘 장로들과의 언약을 체결하며 통일 이스라엘의 2대 왕으로 등극하게 됩니다. 다윗 사후에는 아들 솔로몬이 3대 왕이 됩니다. 그런데 남유다 우선 정책을 펼쳤던 솔로몬이 죽고 나서 남쪽의 유다 지파와 나머지 지파들이 분열하게 되는데 이를 2차 분열 또는 남북 분열 왕국 시대라고 부릅니다. 이때 남쪽 나라의 이름은 유다입니다. 원래 유다는 한 지파의 이름이었는데 이 이름이 국가의 이름이 된 것입니다. 무슨 말입니까? 남쪽 나라는 유다 지파 중심의 국가가 된 것입니다. 유다 지파 플러스 일부 베냐민이 함께한 것이 남유다입니다. 북쪽 나라의 이름은 무엇입니까? 이스라엘입니다. 이스라엘 공동체를 이루고 있던 대다수의 사람들이 이곳에 함께한 것입니다. 열 지파 플러스 일부 베냐민을 중심으로 북이스라엘이 된 것입니다. 재미있는 것은 베냐민 지파는 남유다에도 일부가 붙고 북이스라엘에도 일부가 붙었다는 것입니다. 왜 그렇게 되었을까요?

남유다와 북이스라엘이 분열될 때 남유다의 가장 중요한 장소는 예루살렘입니다. 원래 예루살렘은 베냐민 지파에게 할당된 도시였습니다. 그래서 예루살렘에는 베냐민 지파 사람들이 여부스 사람들과 함께 동거했습니다. 이후에 다윗이 예루살렘을 정복하게 되면서 예루살렘은 다윗의 도성이 됩니다. 다윗은 유다 지파 사람입니다. 그래서 예루살렘은 유다 지파도 소유권을 주장하고 베냐민 지파도 소유권을 주장하는 땅이 된 것입니다. 남유다와 북이스라엘이 분열할 때 예루살렘은 남유다에 속한 지역이 됩니다. 이때 예루살렘에 터 잡고 살았던 베냐민 지파 사람들도 남유다에 남게 된 것입니다. 그런데 남북 분열 왕국 시기에 북이스라엘의 영토 가운데 여리고가 들어갑니다. 여리고는 베냐민 지파의 땅입니다. 이처럼 베냐민 지파는 남쪽에도 할당받았던 땅이 있었고 북쪽에도 할당받은 땅이 있게 되면서 자연스럽게 남유다는 유다 지파 플러스 일부 베냐민으로, 북이스라엘은 열 지파 플러스 일부 베냐민으로 구성이 되었습니다. 남유다는 중간에 아달랴라는 여왕을 제외하고는 모두 다윗의 후손들이 통치하게 됩니다. 남유다는 총 20명의 왕이 등극했고 북이스라엘은 19명의 왕이 등극했습니다. 통일 이스라엘의 왕이었던 사울, 다윗, 솔로몬과 남유다 왕이었던 20명, 북이스라엘 왕이었던 19명을 합하면 이스라엘 왕조사에 등극했던 왕은 총 42명입니다.

남북 분열 왕국 시기와 관련해서 우리가 기억해야 할 것이 있습니다. 남유다와 북이스라엘이 분열된 이후에 분열이 장기화되게 된 이유가 있는데 각자가 붙잡고 있던 신학이 달랐기 때문입니다. 남유다와 북이스라엘은 서로 강조했던 신학이 달랐습니다. 남유다는 다윗 언약을 강조하고 북이스라엘은 시내산 언약을 강조했습니다. 왜 남유다는 다윗 언약을 강조했을까요? 다윗 언약은 사무엘하 7장 12~16절에 나옵니다. 다윗 언약의 핵심은 하나님께서 다윗의 후손들로 하여금 계속해서 왕권을 가질 수 있도록 하시겠다는 것입니다. 이것이 다윗 언약의 핵심적인 내용입니다. 따라서 남유다의 왕들은 다윗 언약에 근거하여 자신들이야말로 하나님에 의해서 세워진 지도자들임을 강조했습니다. 그렇다면 남유다의 시각에서 바라볼 때 북이스라엘은 어떤 곳일까요? 다윗의 후손들의 통치를 거부하고 뛰쳐나간 반역 세력이 되는 것입니다. 다윗 언약에 근거할 때 하나님께서는 다윗의 후손들을 통해서 지금 세계를 통치하고 계십니다. 그런데 다윗의 후손들의 통치를 거부하고 뛰쳐나간 자들이 북이스라엘입니다. 이 반역 세력을 향해 하루 속히 하나님의 통치 안으로 돌아오라고 남유다는 외쳤던 것입니다. 이처럼 남유다는 다윗 언약을 가지고 북이스라엘 백성들을 설득했습니다.

반대로 북이스라엘은 시내산 언약을 강조했습니다. 시내산 언약은 출애굽 이후에 시내산에서 열두 지파가 하나님 안에서 한 백성이 되겠다고 약속한 것입니다. 그 약속을 체결한 자들이 열두 지파인데 그 열두 지파 가운데 열 지파 플러스 베냐민 지파의 일부가 북이스라엘에 있습니다. 시내산 언약은 열두 지파가 한 마음 한 뜻이 되어서 하나님의 한 백성이 되겠다고 맹세한 것인데 지금 유일하게 한 지파만 함께하지 않고 있습니다. 그 한 지파가 어디입니까? 유다 지파입니다. 따라서 북이스라엘은 시내산 언약을 내세우면서 유다 지파가 북이스라엘의 품으로 돌아오기를 요청했습니다. 유다 지파까지 함께해서 열두 지파가 되면 이스라엘은 완전체가 되는 것입니다. 이처럼 남유다와 북이스라엘이 분열된 이후에 각자가 붙잡고 강조했던 신학이 달랐습니다. 이처럼 신학의 다름으로 인해 자신들만이 정통성이 있다고 주장했고 반대편에 있는 사람들을 설득하여 자기에게로 돌아오게 만들고자 했습니다. 이로 인해 남북 분열이 장기화되었던 것입니다.

그러다 주전 722년에 앗수르에 의해서 북이스라엘이 먼저 멸망당하게 됩니다. 앗수르는 고대 근동에 등장했던 최초의 제국이었습니다. 앗수르는 이스라엘을 포함하여 고대 근동의 대부분의 나라들을 정복했습니다. 앗수르가 식민지 백성들에게 취했던 정책이 이주민 분산 정책이었습니다. 이주민 분산 정책은 A B C D라는 네 개의 나라가 있다고 가정하면 먼저 앗수르가 A 나라를 정복합니다. 그리고 B 나라를 정복하고 C와 D 나라를 차례로 정복합니다. 이렇게 모든 나라들을 정복한 다음에 A 땅에 살고 있는 주민들을 강제로 차출해서 B C D 지역으로 이주시킵니다. 그다음에 B 나라 주민들을 차출해서 A C D 지역으로 강제로 이주시킵니다. 이렇게 강제로 주민들을 분산시키면 어떻게 될까요? 모든 지역에 다양한 민족들이 섞여 살게 되고 앗수르는 민족 간 결혼을 장려했고 그렇게 다양한 민족 간에 통혼을 하게 되면 세대를 거듭할수록 민족의 정체성은 약화되게 마련입니다. A 민족이었던 사람이 B 민족과 결혼하고 그렇게 태어난 C가 D 민족과 결혼하면 자연스럽게 후세대들은 자신이 어느 민족이라는 정체성이 약화될 수밖에 없습니다. 앗수르가 이주민 분산 정책과 민족 간 결혼을 장려한 이유가 바로 민족주의를 약화시키려는데 목적이 있었습니다. 어떤 나라가 제국의 식민 지배를 받는다고 할 때 독립운동이 가능하려면 구심점이 필요합니다. 이때 가장 강력한 구심점의 역할을 하는 이념이 무엇입니까? 민족주의입니다. '우리가 어떤 민족인데'라는 식의 민족주의가 저항을 가능케 하는 강력한 구심점이 되는 것입니다. 그래서 앗수르는 이주민 분산과 민족 간 결혼 장려를 통해 민족주의를 약화시키고자 한 것입니다.

주전 722년에 북이스라엘은 앗수르에 의해 멸망을 당합니다. 그리고 앗수르에 의해 강제로 세계 각지로 분산하게 됩니다. 이때 북이스라엘 백성들이 강제로 분산된 지역 가운데 하나가 인도 북동부 지역입니다. 인도 북동부 지역에 므낫세 지파가 끌려옵니다. 주후 19세기 말 영국의 선교사가 인도 북동부 지역에 살고 있는 므낫세 지파의 후손들을 만나게 됩니다. 이들은 인도 땅에 살고 있는 인도 사람이었지만 힌두교 신자가 아니었습니다. 자신들은 므낫세 지파의 후손들로 '야'라고 하는 유일신을 섬기고 있다고 했습니다. 그리고 코셔라는 음식 정결법도 준수하고 안식일도 철저하게 지키고 절기도 지켰습니다. 이들의 존재를 보고 선교사가 깜짝 놀랐습니다. 최근에는 유전자 검사까지 했는데 그들에게서 중동 사람들의 유전자가 발견되었습니다. 이스라엘 정부에서도 므낫세 지파의 후손들이 인도 북동부 지역에 살고 있다는 것을 알게 되었고 그들을 유대인으로 인정해주고 원할 경우 이스라엘 땅으로 이주를 허용해 주고 있습니다. 인도 땅에 살고 있는 므낫세 지파 후손들의 이야기를 통해서 우리는 당시 앗수르에 의해서 북이스라엘 백성들이 얼마나 다양한 지역으로 분산되었는지를 알 수가 있습니다. 북이스라엘이 앗수르에 의해 멸망되고 나서 북이스라엘 땅에도 앗수르에 의해서 강제로 끌려온 다양한 민족들이 있었습니다. 이 사람들이 정통 이스라엘 사람들과 결혼하게 되었고 그렇게 태어난 혼혈 민족을 사마리아인이라고 불렀습니다. 이후에 정통 유대인들은 사마리아 사람들을 이방인의 피가 그 안에 흐르고 있다고 생각하고 이방인으로 취급했습니다.

남유다는 바벨론에 의해서 주전 586년에 멸망합니다. 그리고 주전 539년까지 바벨론의 지배를 받게 됩니다. 북이스라엘뿐 아니라 다윗의 후손들이 통치한 남유다도 결국 멸망을 당하게 된 것입니다. 북이스라엘이 주전 722년에 멸망할 때 남유다는 이것을 당연한 하나님의 심판으로 이해했습니다. 왜 그렇게 생각했을까요? 남유다의 시각으로 볼 때 북이스라엘은 다윗 왕조를 거부한 반역 세력이었습니다. 사무엘하 7장의 말씀처럼 하나님은 다윗의 후손들을 통해서 이 땅을 통치하시는데 다윗의 후손들의 통치를 거부하고 뛰쳐나간 사람들이 북이스라엘 백성들 아닙니까. 따라서 하나님의 통치를 거부하고 뛰쳐나간 그들을 하나님께서 심판하시는 것은 너무도 당연해 보였습니다. 그래서 북이스라엘이 멸망할 때 남유다는 그렇게 큰 충격을 받지 않았습니다. 그런데 영원무궁할 것이라고 생각했던 남유다도 멸망을 당하게 된 것입니다. 멸망의 시기에 많은 남유다 백성들이 바벨론에 포로로 끌려가게 됩니다. 이때 남유다 백성들은 심각한 신학적인 질문을 던지게 됩니다.

고대 사회에서 민족 간의 전쟁은 각 민족이 섬기고 있는 신들 간의 전쟁으로 인식했습니다. 즉 남유다와 바벨론의 전쟁이라고 하는 것은 남유다 사람들이 섬기는 야웨 신과 바벨론 사람들이 섬기는 마르둑 신의 싸움으로 이해한 것입니다. 그런데 남유다가 바벨론에 패배했습니다. 남유다 백성들은 자신들이 섬기는 만왕의 왕이신 야웨께서 바벨론 사람들이 섬기는 마르둑에게 패배한 것으로 인해 고민에 빠졌습니다. 그러나 뒤늦게 깨닫게 된 사실은 야웨께서 마르둑에게 패배한 것이 아니라 하나님께서 자신들을 징벌하기 위해 바벨론이라는 막대기를 사용하셨음을 알게 되었습니다. 그렇다면 왜 하나님은 자신의 백성들을 바벨론이라는 막대기를 사용하셔서 심판하셨을까요? 자신과 언약을 체결한 이스라엘 백성들을 버리신 것인가요? 이런 질문 과정에서 남유다 백성들은 중요한 깨달음을 얻게 되었는데 하나님이 자신들을 버리신 것이 아니라 너무나 오랜 세월 동안 자신들이 하나님을 저버렸음을 인정하게 된 것입니다. 시대마다 하나님께서 예언자들을 보내셔서 회개의 기회를 주셨는데 오랜 세월 동안 회개의 기회를 거부했음을 깨닫게 되었습니다. 입으로는 하나님의 백성이라고 고백하면서도 전혀 하나님과 소통하지 않고 하나님께 순종하지 못했던 자신들의 삶을 뒤늦게 회개하게 되었습니다. 자신들이 하나님과의 언약을 배반했음을 인정하게 된 것입니다.

이스라엘은 출애굽 이후에 시내산에서 하나님만을 섬기겠다고 약속했습니다. 그리고 시대마다 하나님을 섬기고 하나님께 제사를 드려왔습니다. 그런데도 이스라엘은 하나님께 심판을 받게 된 것입니다. 그 이유는 그들이 오랜 세월 동안 우상을 숭배했기 때문입니다. 성경이 말하는 우상 숭배는 하나님을 저버리고 다른 신을 섬기는 것이 아닙니다. 하나님을 믿던 사람이 하나님을 저버리고 다른 신을 섬기는 것은 우상 숭배가 아닙니다. 이것은 개종을 한 것입니다. 우상 숭배라고 하는 것은 하나님을 버린 것도 아니고 하나님께 예배드리지 않는 것도 아닙니다. 성경이 말하는 우상 숭배는 하나님만 예배하지 못하고 하나님만 믿지 못하는 것입니다. 하나님과 다른 것을 겸하여 섬기는 것, 이것이 우상 숭배입니다. 불교 신자들이 불상 앞에서 비는 것이 우상 숭배가 아닙니다. 이것은 엄밀한 의미에서 타종교 신앙생활을 하는 것입니다. 너무나 많은 신앙인들이 무당이 푸닥거리를 하거나 불자들이 불상 앞에서 비는 행위를 우상 숭배라고 생각합니다. 그러나 이것은 타종교인들이 자신들의 신앙생활을 하는 것입니다. 우상 숭배는 하나님을 믿기는 하는데 하나님만 믿지 못하고 하나님께 예배는 드리는데 하나님께만 예배드리지 못하는 것입니다. 하나님과 다른 것을 겸하여 섬기는 것, 이것이 우상 숭배의 핵심입니다.

이스라엘의 우상 숭배를 예수님께서 한 구절로 정리한 것이 마태복음 6장 24절입니다. "너희가 하나님과 재물(맘몬)을 겸하여 섬기지 못하느니라." 여호수아는 생애 마지막에 이스라엘을 향해 이렇게 말했습니다. "오늘날 너희 섬길 자를 택하라." 하나님은 당신의 언약 백성 이스라엘에게 자신만을 믿고 섬길 것을 요청하셨습니다. 자신과 함께 다른 신을 겸하여 섬기는 것을 용납하지 않으셨습니다. 이스라엘은 오랜 세월 동안 하나님을 믿고 하나님께 예배드려왔지만 하나님만 믿지 않았습니다. 즉 우상 숭배를 한 것입니다. 그래서 하나님께서는 시대마다 예언자들을 보내셔서 하나님만 섬길 것을 요청하셨습니다. 그러나 이스라엘은 하나님께서 허락하신 회개의 요청을 단호하게 거부했습니다. 그래서 하나님으로부터 심판의 매를 맞게 되었고 바벨론에 포로로 끌려오게 되었습니다. 이때 이스라엘이 뒤늦게 깨달은 것이 무엇입니까? 자신들이 하나님과 체결했던 언약이 여전히 유효하다는 것을 깨닫게 되었습니다. 무슨 언약입니까? 시내산 언약입니다. 이스라엘은 출애굽 한 이후에 시내산에서 하나님과 언약을 체결했습니다. 이스라엘은 하나님만 믿고 섬기겠다고 약속했고 하나님은 이스라엘을 돌보시는 왕이 되시겠다고 약속했습니다. 언약은 목숨을 담보로 맺는 약속입니다. 피로 체결하는 약속입니다. A와 B가 서로에게 약속합니다. 그리고 언약이 체결되려면 쌍방이 약속을 한 다음에 짐승을 잡아 짐승을 반씩 쪼개어 양편에 두고 그 가운데로 언약의 당사자들이 함께 걸어갑니다. 이렇게 하면 언약이 체결되는 것입니다. 왜 언약을 체결할 때 짐승을 죽인 다음에 짐승을 반반씩 양 옆에 두고 그 사이를 함께 걸어갈까요? 내가 당신에게 무엇을 지키겠다고 약속했는데 내가 이것을 지키지 못했을 경우에는 죽임 당한 저 짐승처럼 나를 죽여도 좋다는 것입니다. 이것이 바로 언약입니다. 이처럼 언약은 생명을 담보로 맺는 약속입니다. 시내산에서 이스라엘은 자신의 생명을 담보로 어떤 약속을 한 것입니까? 하나님만을 믿고 섬기고 하나님께만 순종하겠다고 약속했습니다. 그런데 이스라엘은 그 언약의 약속을 지키지 못했습니다.

언약의 내용을 준수하지 못하게 되면 약속했던 당사자는 죽임을 당하게 됩니다. 그런데 하나님께서 언약을 파기한 자들을 위해 또 하나의 은혜의 장치를 마련해 주셨습니다. 그것이 무엇입니까? 제사입니다. 제사는 불순종한 내가 죽어야 되는데 내 죄를 대신해서 짐승이 제물이 되는 것입니다. 이스라엘은 오랜 세월 동안 하나님과의 언약을 지키지 못했습니다. 그 결과 하나님의 심판의 매를 맞게 됩니다. 이 심판의 매를 맞으면서 이스라엘은 중요한 사실을 하나 발견하게 되는데 하나님과 자신들이 체결한 언약이 여전히 유효하다는 것을 깨닫게 된 것입니다. 언약에 근거하여 이스라엘이 하나님께 순종하면 복을 받고 불순종하면 벌을 받게 됩니다. 지금 남유다가 멸망하고 바벨론에 포로로 끌려온 것은 하나님께 벌을 받고 있는 상황입니다. 그렇다면 이런 벌을 받게 된 이유가 무엇입니까? 오랜 세월 동안 이스라엘이 하나님께 불순종했기 때문입니다. 불순종이 누적되는 상황에서 회개를 거부했기 때문에 벌을 받게 된 것입니다. 지금 무엇이 작동되고 있는 것입니까? 언약이 작동되고 있는 것입니다. 이것을 깨닫게 된 것입니다. 하나님과 자신들이 체결한 언약이 파기된 것이 아니라 여전히 언약 관계가 유효함을 알게 된 것입니다. 그러면서 포로로 끌려온 사람들은 무엇을 결심하게 됩니까? 자신들이 오랜 세월 동안 불순종했기 때문에 심판을 받고 있지만 어떻게 하면 다시 복을 받을 수 있습니까? 하나님께 순종하면 됩니다. 그래서 바벨론에 포로로 끌려온 사람들은 지금 자신들이 경험하고 있는 심판의 상황을 역전시키기 위해서 하나님의 말씀들을 수집하기 시작합니다. 말씀 수집과 공부를 통해서 하나님의 뜻을 온전히 깨닫고 그 뜻대로 순종하는 삶을 살기로 결단한 것입니다. 그래서 그동안 파편적으로 전해 내려오던 말씀들, 구전으로 전해 내려오던 말씀들을 수집하면서 우리가 지금 가지고 있는 오경을 완성하게 됩니다. 바벨론 포로기를 거치면서 토라가 완성이 된 것입니다. 바벨론 포로에서 하나님의 말씀을 수집한 이유가 무엇입니까? 하나님께 온전히 순종함을 통해서 복을 받기를 원한 것입니다. 그래서 말씀을 수집하고 편집해서 오경을 완성한 것입니다. 그리고 이때부터 하나님의 말씀을 열심히 가르치기 시작했습니다.

바벨론에 포로로 끌려가기 전까지 유대교는 당시 다른 종교와 큰 차이가 없었습니다. 유대교는 짐승 제물을 바치는 종교였습니다. 그런데 바벨론 포로기를 거치면서 유대교는 제사 중심의 종교에서 말씀 중심의 종교로 전환됩니다. 열심히 말씀을 가르치고 암송하고 배우는 종교로 새롭게 탈바꿈한 것입니다. 그래서 학자들은 바벨론 포로기를 거치면서 역사적 유대교가 탄생했다고 봅니다. 역사적 유대교라는 것은 제사 중심의 종교에서 말씀 중심의 종교로 전환되었다는 의미입니다. 믿음의 조상 아브라함도 제사를 드렸고 다윗과 솔로몬 시대 성전에서도 제사를 드렸습니다. 제의에는 열심을 다했지만 말씀을 가르치는 데는 소홀했습니다. 그런데 바벨론 포로기를 거치면서 제사 중심이 아니라 말씀 중심의 종교로 유대교가 거듭난 것입니다. 즉 역사적 유대교가 탄생한 것입니다. 바벨론 군대에 의해 주전 586년 성전이 무너집니다. 이때 무너진 성전을 대체한 것이 회당입니다. 바벨론 포로기 때 최초의 회당이 세워집니다. 그리고 말씀을 강조하기 시작하면서 말씀을 필사하는 서기관들이 등장합니다. 말씀을 필사하는 서기관의 권위는 아주 높았습니다. 바벨론에 의해서 남유다 백성들은 세 번에 걸쳐서 포로로 끌려가게 됩니다. 주전 605년, 597년, 586년입니다. 주전 605년에 끌려갔던 대표적인 인물이 다니엘과 세 친구입니다. 주전 597년에 끌려갔던 대표적인 인물이 여호야긴 왕과 에스겔 그리고 1만 명의 기술자들과 군인들입니다. 주전 586년은 예루살렘 성전과 성이 몰락하고 남유다가 패망한 시기입니다. 이때 남유다의 많은 백성들이 바벨론에 포로로 끌려가게 됩니다.

이스라엘을 지배한 세 번째 제국은 바사입니다. 우리가 페르시아라고 부르는데 정식 이름은 이란입니다. 이스라엘은 주전 539년부터 주전 331년까지 페르시아의 식민 지배를 받게 됩니다. 여기서 특별히 기억해야 할 왕이 고레스입니다. 고레스는 친 페르시아의 인물을 기용하여 식민지를 간접 통치했습니다. 이스라엘에는 제사장들을 대리 통치자로 세워서 이스라엘을 다스리게 했습니다. 그래서 페르시아 시대 이후부터 이스라엘은 제사장 중심의 신정국가가 됩니다. 제사장 중심의 신정국가 시기에는 정치 지도자로 왕은 존재하지 않았습니다. 제국이 이스라엘 공동체 안에 왕이 세워지는 것을 허락하지 않았기 때문입니다. 왕을 허락하지 않았다는 말은 이스라엘이 정치 공동체가 되는 것은 허락하지 않았다는 말입니다. 그 대신 제사장들이 이스라엘을 다스리는 것은 허락해 주었습니다. 정치 지도자는 안 되지만 종교적 리더십은 인정해 준 것입니다. 이런 상황에서 대제사장이 이스라엘의 최고 지도자가 됩니다. 최고의 종교 지도자가 이스라엘 공동체를 다스렸기 때문에 우리는 이를 신정국가 시대로 부릅니다. 페르시아 제국 시절 세 번에 걸쳐서 바벨론에 포로로 잡혀갔던 자들이 가나안 본토로 귀환하게 됩니다. 1차 귀환은 주전 538년으로 지도자는 스룹바벨입니다. 2차 귀환은 아닥사스다 왕 7년인 주전 458년으로 지도자는 에스라입니다. 3차 귀환은 아닥사스다 왕 20년인 주전 445년으로 지도자는 느헤미야입니다. 약 100년에 걸쳐서 5만 명이 귀환했습니다. 5만 명이 귀환했는데 많은 숫자인지적은 숫자인지에 대해 정확하게 알 길은 없습니다. 대부분의 학자들은 상당수의 포로들이 돌아오지 않았다고 봅니다. 이때 돌아오지 않고 이방 땅에 거주하게 된 유대인들을 디아스포라 유대인이라고 부릅니다.

그러면 왜 많은 포로들이 가나안으로 돌아오지 않았을까요? 그 이유는 크게 세 가지입니다. 첫째는 바벨론 땅에서 형성했던 모든 기득권을 포기하고 와야 했기 때문입니다. 이때는 금융업이 발달하기 전이기 때문에 바벨론에서 이루었던 모든 재산을 가지고 오는 것이 불가능했습니다. 고작 수레 하나에 싣고 오는 것이 전부였을 것입니다. 그래서 가나안 땅으로 돌아온다는 것은 바벨론에서 형성한 기득권을 포기하고 돌아오는 것이었기 때문에 큰 결단이 필요했습니다. 둘째는 바벨론을 출발해서 가나안으로 간다고 했을 때 안전하게 도착한다는 보장이 없었습니다. 이동 거리만 약 1,300km였습니다. 최대한 안전하게 빨리 도착한다고 해도 4개월 정도 걸리는 거리였습니다. 그리고 도적 떼나 짐승 떼의 공격이 있었기 때문에 출발한다고 해도 안전하게 도착한다는 보장이 없었습니다. 목숨을 걸고 오지 않는 한 귀환은 불가능했습니다. 셋째는 가나안에 온다고 해도 그 땅에 살고 있던 사람들이 환영해 준다는 보장이 없었습니다. 왜 원주민들이 환영해 주지 않았을까요? 바벨론에 포로로 끌려간 사람들은 대부분 귀족이나 사회 지도층 사람들로 그들이 소유한 땅이 많았습니다. 이들이 강제로 바벨론에 포로로 끌려가면서 느부갓네살 왕은 포로들이 소유하고 있던 땅을 빼앗아서 땅이 없는 사람들에게 나누어 주었습니다. 그들에게 땅을 나누어 주어 농사짓게 함으로써 세금을 거뒤들이고자 한 측면과 땅을 받은 사람들이 바벨론의 통치에 대해 우호적인 마음을 갖도록 하는 목적으로 그렇게 한 것입니다. 당연히 땅이 없다가 갖게 된 사람들은 바벨론의 통치가 얼마나 좋았겠습니까? 그렇게 오랜 시간이 흘러 바벨론이 무너지고 페르시아가 고대 근동의 새로운 지배자로 등극했습니다. 그리고 포로로 끌려간 사람들이 다시 가나안으로 귀환하게 된 것입니다. 바벨론에 포로로 끌려갔던 사람들의 후손들이 돌아와서 조상들의 땅을 돌려달라고 했을 때 그 땅에서 수십 년 동안 경작했던 사람들이 순순히 돌려주었겠습니까? 절대 그렇게 하지 않았습니다. 당사자들 사이에 토지권 분쟁이 격화되었을 것입니다. 이런 험한 꼴을 보고 싶지 않아서라도 바벨론 포로들이 가나안으로 귀환하지 않았을 것입니다. 이처럼 가나안으로 돌아온다는 것은 결코 쉽지 않은 일이었습니다. 바벨론에서 형성했던 모든 기득권을 대부분 포기하고 와야 했고 출발한다고 해도 안전하게 도착한다는 보장도 없었고 무엇보다 가나안 땅으로 돌아온다 해도 그 땅을 차지하고 있던 사람들과의 갈등 문제가 여전히 남아 있었습니다. 이런 이유로 100년 동안 약 5만 명 정도만 돌아왔고 대다수는 돌아오지 않았습니다.

앞에서 말한 것처럼 바벨론에 포로로 끌려간 사람들 중에는 가나안으로 귀환하지 않고 디아스포라로 남은 사람들이 많았습니다. 그들이 돌아오지 않은 이유는 크게 세 가지입니다. 모든 기득권을 포기하고 와야 한다는 것, 안전하게 도착한다는 보장이 없었다는 것, 가나안에 남아 있는 사람들과의 토지권 분쟁 다툼 때문에 많은 사람들이 돌아오지 않았습니다. 그런데 이 문제들보다 더 중요한 한 가지 이유가 있었습니다. 많은 사람들이 가나안 본토로 돌아오지 않은 이유는 바벨론 포로기를 거치면서 신학적 사고의 대전환이 일어났기 때문입니다. 어떤 신학적 사고의 전환일까요? 바벨론 포로기 이전에 이스라엘은 야웨 하나님을 가나안을 다스리는 신으로 이해했습니다. 입으로 고백할 때는 하나님이 세계 역사를 주관하고 있다고 말은 했지만 실제 이스라엘은 야웨 하나님께서 가나안 땅만을 다스린다고 생각했습니다. 가나안 땅을 벗어나게 되면 하나님과의 만남이 불가능하다고 생각한 것입니다. 이런 내용이 어디에 나옵니까? 사무엘상 26장 19절에 나오고 요나서 1장 3절에도 나옵니다.* 이런 인식 때문에 바벨론에 포로로 끌려간 사람들에게 가장 큰 슬픔은 가나안을 벗어나게 되면 하나님을 만날 수 없다는 것이었습니다. 하나님과 단절된다는 것이 그들에게는 가장 큰 슬픔이었습니다. 그런데 에스겔 1장에서 에스겔이 그발 강가에 있을 때 하나님이 불 병거를 타고 에스겔을 만나러 오시는 환상을 경험하게 됩니다. 이 환상을 통해 에스겔과 바벨론에 포로로 끌려 온 사람들이 무엇을 깨닫게 된 것입니까? 이방 땅에서도 하나님과의 만남이 가능하다는 것을 깨닫게 된 것입니다. 이런 깨달음의 결과로 회당을 건설하게 된 것입니다. 바벨론 포로기를 거치면서 신학적인 사고의 대전환이 일어난 것입니다. 대전환의 핵심이 무엇입니까? 그의 백성이 있는 곳에 하나님은 찾아오시고 이 세상 어디에서나 하나님과의 만남이 가능하다는 것입니

---

* 원하건대 내 주 왕은 이제 종의 말을 들으소서 만일 왕을 충동시켜 나를 해하려 하는 이가 여호와시며 여호와께서는 제물을 받으시기를 원하나이다마는 만일 사람들이면 그들이 여호와 앞에 저주를 받으리니 이는 그들이 이르기를 너는 가서 다른 신들을 섬기라 하고 오늘 나를 쫓아내어 여호와의 기업에 참여하지 못하게 함이니이다(삼상 26장 19절).
그러나 요나가 여호와의 얼굴을 피하려고 일어나 다시스로 도망하려 하여 욥바로 내려갔더니 마침 다시스로 가는 배를 만난지라 여호와의 얼굴을 피하여 그들과 함께 다시스로 가려고 배삯을 주고 배에 올랐더라(욘 1장 3절).

다. 페르시아 왕 고레스가 칙령을 내려서 원하는 사람은 가나안 고토로 돌아가도 좋다고 했을 때 상당수의 사람들이 돌아오지 않았던 이유가 바로 여기에 있었습니다. 가나안 땅에서만 하나님을 만날 수 있다고 생각했다면 포로로 끌려갔던 사람들 모두가 돌아왔을 것입니다. 그런데 바벨론 포로기를 거치면서 신학적인 사고의 대전환이 일어나게 된 것입니다. 이제는 어디에 있는가가 중요한 것이 아니라 어떤 자세와 태도로 살아가느냐 하는 것이 더 중요함을 깨닫게 된 것입니다. 하나님을 경외하는 자는 이방 땅에서도 하나님과의 만남이 가능하다는 것을 인지하게 되었습니다. 이런 신학적 인식의 전환 때문에 고레스 칙령이 선포된 후에도 상당수의 사람들이 돌아오지 않았던 것입니다.

페르시아는 식민지 국가의 종교와 문화를 인정하는 정책을 펼쳤습니다. 제국이 부과한 세금만 잘 납부하면 이스라엘의 종교와 문화를 그대로 인정해 준 것입니다. 이것을 간접 통치라고 합니다. 이런 간접 통치로 인해 당시 이스라엘 백성들은 자신들이 식민 지배를 받고 있다는 것을 거의 느끼지 못했습니다. 왜 그렇습니까? 이스라엘의 가장 중요한 정체성은 야웨 하나님을 섬기는 종교 공동체입니다. 그런데 페르시아는 이스라엘의 종교와 문화를 100% 인정해 주었습니다. 이스라엘은 제국에 대해서 무엇만 열심히 하면 되었습니까? 제국이 부과한 세금만 잘 납부하면 되었습니다. 그 외의 것들은 이스라엘이 원하는 대로 행할 수 있었습니다. 남자 아이가 태어나면 할례를 행하고 안식일도 준수하고 토라도 읽고 성전에서 제사도 지내고 유월절과 오순절과 초막절 절기도 준수할 수 있었습니다. 야웨 하나님을 믿는 신앙생활과 관련하여 어떤 불편함도 없었습니다. 한마디로 페르시아 제국은 식민지 백성 이스라엘에게 엄청난 혜택을 준 것입니다. 그렇다면 페르시아가 이스라엘에게 이런 엄청난 혜택을 준 이유가 무엇이었을까요? 페르시아 제국 입장에서 자기에게 유일하게 맞설 수 있는 라이벌 국가는 이집트였습니다. 그런데 이집트와 국경을 마주하고 있는 페르시아 제국의 변방이 어디였습니까? 이스라엘입니다. 이집트와 국경을 마주하고 있고 페르시아 제국의 가장 변방에 속하였기 때문에 이스라엘은 언제든지 이집트 편으로 기울 가능성이 높았습니다. 따라서 제국의 안정을 위해서라도 페르시아 입장에서는 이스라엘이 페르시아에 꼭 붙어 있도록 하는 것이 너무 중요했습니다. 그래서 페르시아는 이스라엘에게 엄청난 혜택을 제공해준 것입니다. 바벨론에 포로로 잡혀 왔던 자들이 고국으로 돌아가고자 할 때 페르시아 왕실은 성전 재건의 비용을 제공해주겠다고 했습니다. 이런 혜택을 제공한 이유도 페르시아 제국 입장에서 이스라엘이 가장 중요한 변방이었기 때문입니다. 가장 중요한 변방이 무너지게 되면 도미노처럼 페르시아 제국 전체가 위험해질 수 있기 때문에 이스라엘이 친 페르시아 공동체로 굳건하게 서 있기를 기대한 것입니다. 그래서 페르시아는 이스라엘 사람들이 원하는 모든 것들을 대부분 수용해주게 된 것입니다.

바벨론 포로지에서 귀환한 사람들은 주전 516~515년 사이에 무너진 성전을 재건합니다. 성전 재건을 독려했던 예언자가 학개와 스가랴입니다. 성전 재건의 과정 속에서 귀환 세력들은 지속적으로 사마리아인들과 갈등하게 됩니다. 당시 사마리아 정치 권력자들과 예루살렘 종교 권력자들은 사돈 관계를 맺으려고 했습니다. 이러한 통혼을 막으려고 했던 사람이 에스라와 느헤미야입니다. 사마리아 정치 권력자들은 자신들의 딸을 예루살렘 종교 권력자와 결혼시킴으로써 성전 안에 있는 돈에 욕심을 냈습니다. 그런데 느헤미야가 이것을 막아냅니다. 그래서 사마리아 정치 권력자들은 예루살렘에 있는 제사장을 사위로 삼아 사마리아로 데려갔습니다. 그리고 사마리아 땅에 있는 그리심산에 성전을 지어 그곳에서 사역하게 했습니다. 이것이 그리심산 성전입니다. 이때가 주전 400년경입니다. 사마리아 정치 권력자들이 예루살렘 종교 권력자들과 사돈이 되어 예루살렘 성전에 있는 재물에 손을 대고자 한 것인데 느헤미야에 의해서 이 계획이 실패하게 되자 아예 사마리아에 성전을 건축하고 사위 제사장을 사마리아로 데려가서 사역하게 한 것입니다. 이것이 사마리아 성전 또는 그리심산 성전입니다. 요한복음 4장에서 예수님을 만났던 사마리아 여인의 질문이 무엇이었습니까? 예루살렘에서 드리는 예배가 하나님께 열납이 됩니까, 그리심산에서 드리는 예배가 하나님께 열납이 됩니까? 왜 이런 질문이 나오게 되었을까요? 당시 정통 유대인들과 사마리아인들 사이에 논쟁이 있었기 때문입니다. 유대인들은 예루살렘 성전에서 드려지는 예배가 하나님께 열납 된다고 주장했고 사마리아 사람들은 그리심산 성전에서 드려지는 예배가 하나님께 열납 된다고 주장했습니다. 그리고 정통 유대인들은 성전이 있는 예루살렘이 옛날 아브라함이 아들 이삭을 바쳤던 모리아산이라고 주장했고 사마리아 사람들은 아브라함이 이삭을 바친 모리아산이 그리심산이라고 주장했습니다. 족장들의 아름다운 이야기가 자신들과 연관이 있다고 주장하면서 역사적 정통성을 갖고자 한 것입니다.

복음서 강의 1-2

말씀과 함께 | 복음서강의

복음서 강의 **1-2**

이스라엘을 지배한 네 번째 제국은 헬라 제국으로 이때의 왕은 알
렉산더였습니다. 알렉산더는 주전 331년부터 301년까지 이스라엘
을 다스렸습니다. 물론 이 기간 전체를 알렉산더가 다스린 것은 아닙
니다. 알렉산더는 323년에 죽습니다. 알렉산더의 스승이 철학자 아
리스토텔레스였습니다. 알렉산더는 스승의 영향도 있었지만 마케도
니아와 그리스 문화에 대한 굉장한 자부심이 있었습니다. 그래서 그
는 하나의 세계 그리고 그 세계 안에 있는 하나의 시민과 모든 시민
들이 함께 사용하는 하나의 언어 그리고 하나의 문화를 강조했습니
다. 알렉산더는 자신이 지배했던 땅에 헬라어나 헬라의 문화를 이식
시키기 위해서 노력했습니다. 알렉산더라는 이름이 떠오르게 될 때
헬라 제국을 중심으로 한 하나의 세계, 하나의 시민, 하나의 언어, 하
나의 문화를 꼭 기억하시기 바랍니다. 이러한 헬라 제국의 정책은 이

스라엘과 갈등을 일으킬 수밖에 없었습니다. 이스라엘은 자신들만의 야웨 신앙이 있었고 그들만의 고유한 문화가 있었습니다. 따라서 알렉산더가 밀어붙이고자 한 헬레니즘과 이스라엘이 가지고 있었던 야웨 신앙인 헤브라이즘은 근원적으로 갈등할 수밖에 없었습니다.

알렉산더 대왕은 주전 356년에 태어나서 주전 323년에 죽습니다. 예수님과 비슷한 나이인 33세라는 비교적 젊은 나이에 죽습니다. 그는 아시아와 유럽 그리고 이집트까지 정복함으로써 그리스 문화가 고대 근동의 중심 문화가 되도록 했습니다. 헬라 문화는 주전 300년에서 주후 300년까지 약 600년 동안 지중해를 중심으로 한 세계를 지배했습니다. 주후 300년은 로마가 고대 근동을 지배했을 때입니다. 그런데 어떻게 헬라 문화가 지중해를 중심으로 한 세계를 지배하게 되었을까요? 로마가 정치 군사적으로는 헬라 제국을 무너뜨렸지만 헬라의 언어와 문화가 로마 제국을 집어 삼켜버린 것입니다. 그래서 로마 제국의 공식적인 언어가 라틴어가 아닌 헬라어가 됩니다. 로마 제국에 지배를 받고 있던 대부분의 나라가 라틴어가 아닌 헬라어를 사용했고 그리스 철학을 존중하며 그리스의 문화를 향유했습니다. 정치 군사적으로는 로마가 그리스를 물리쳤지만 그리스는 문화와 언어를 통해 계속해서 존속했던 것입니다. 그래서 우리는 그리스 로마 문화라는 표현을 사용합니다. 정치 군사적으로는 로마가 그리스를 무너뜨렸지만 문화적으로는 그리스가 로마를 집어삼켰기 때문에 그리스 로마라는 표현을 사용하는 것입니다.

신약 성경은 당시 지중해 근방의 세계어라고 할 수 있는 헬라어로 기록되었습니다. 가장 먼저 기록된 신약 분문이 무엇인지에 대해 여러 주장들이 있습니다. 어떤 본문도 언제 쓰였는지에 대한 정확한 기록이 남아 있지 않습니다. 그래서 본문의 저작 시기와 관련하여 다양한 주장들이 있습니다. 일반적으로 데살로니가전서를 신약에서 가장 먼저 쓰인 본문으로 봅니다. 기록 시기는 주후 40~50년으로 추정합니다. 그리고 가장 마지막에 쓰인 본문을 요한계시록으로 추정합니다. 물론 학자들 중에는 바울 서신 가운데 일부가 주후 2세기 중반에 기록되었다고 주장하기도 합니다. 일반적으로 요한복음과 요한계시록이 주후 90년에 기술된 것으로 봅니다. 그렇다면 왜 신약 성경은 구약처럼 히브리어로 기록하지 않고 헬라어로 기록했을까요? 당시 헬라어는 오늘날 영어와 같다고 생각하면 됩니다. 고대 근동의 공용어라고 할 수 있습니다. 그래서 누구나 읽을 수 있다는 장점이 있었습니다. 예를 들면 마태복음을 히브리어로 썼다고 생각해 보십시오. 그렇게 되면 히브리어를 아는 사람들만 마태복음을 읽을 수 있게 됩니다. 그런데 헬라어로 마태복음이 기록됨으로 인해 로마 제국의 지배 가운데 있었던 많은 사람들이 마태복음을 읽을 수 있게 된 것입니다. 신약 성경이 헬라어로 기록되었다는 말은 오늘날로 말하면 영어로 쓰인 것과 같다고 생각하시면 됩니다.

헬라의 알렉산더 대왕이 죽은 다음에 헬라 제국은 네 개로 분열됩니다. 그 가운데 기억해야 할 두 왕조가 있는데, 시리아 지역을 중심으로 한 셀류커스 왕조와 이집트 지역을 중심으로 한 프톨레미 왕조입니다. 프톨레미 왕조와 셀류커스 왕조는 가나안을 차지하기 위해서 오랫동안 치열하게 싸웠습니다. 가나안 땅은 유럽과 아시아와 아프리카를 연결하는 전략적 요충지였습니다. 지리적으로 보면 가운데 이스라엘이 있고 이스라엘 아래는 이집트가 위에는 시리아가 위치하고 있습니다. 프톨레미 왕조는 이스라엘 아래에 있고 셀류커스 왕조는 이스라엘 위에 위치하고 있습니다. 전략적 요충지인 가나안 땅을 서로 차지하기 위해서 프톨레미 왕조와 셀류커스 왕조는 다섯 번 이상 전쟁을 치릅니다. 다니엘서를 보게 되면 남방 왕과 북방 왕의 전쟁 이야기가 나옵니다. 여기 남방 왕이 프톨레미 왕조이고 북방 왕이 셀류커스 왕조입니다. 초기에는 프톨레미 왕조가 이겼습니다. 그래서 주전 301년부터 198년까지 프톨레미 왕조가 이스라엘을 지배합니다. 그러다가 주전 198년부터 이스라엘에 대한 지배권을 셀류커스 왕조에게 빼앗기게 됩니다. 프톨레미 왕조는 주전 30년까지 존속했고 마지막 왕이 클레오파트라였습니다.

프톨레미 왕조가 이스라엘을 다스릴 때 이스라엘의 종교와 문화를 인정해 주었습니다. 이전 제국과 동일하게 대제사장을 통해서 이스라엘을 간접 통치했습니다. 제국은 세금만 징수했고 이스라엘의 종교와 문화생활을 그대로 보장해 주었습니다. 따라서 이스라엘 백성들은 자신들이 식민 지배를 받고 있다는 느낌을 거의 받지 못했습니다. 한번 생각해 보십시오. 이스라엘 백성들은 다윗 왕의 후손들이 통치할 때도 세금은 내야 했습니다. 그런데 이방 제국의 지배를 받을 때도 세금만 내게 된다면 야웨를 마음껏 섬길 수 있고 이스라엘의 종교와 문화생활을 온전히 향유할 수 있었습니다. 페르시아가 다스리건 헬라 제국이 다스리건 간에 이스라엘은 간접 통치 기간에 자신들이 제국에 의해 식민 지배를 받고 있다는 느낌을 거의 받지 못한 것입니다. 단지 이스라엘 공동체 안에 왕만 없었던 것입니다. 그런데 그것이 중요하지 않았습니다. 출애굽 이후에도 왕이 없는 시간을 오랜 기간 갖지 않았습니까. 그리고 간접 통치 기간에는 왕을 대신하여 대제사장이 이스라엘을 다스렸기 때문에 지도자의 부재를 전혀 느끼지 못했습니다. 이스라엘의 가장 중요한 정체성은 야웨 하나님을 섬기는 신앙 공동체입니다. 그래서 간접 통치 기간에 이스라엘은 이방 제국의 압제로부터 벗어나기 위한 독립 전쟁을 단 한 차례도 일으키지 않았던 것입니다. 제국에 대한 저항 운동 자체가 없었습니다.

프톨레미 왕조가 이스라엘을 다스리던 기간에 이집트로 유대인들이 많이 이주했습니다. 당시 대표적인 도시가 알렉산드리아입니다. 주전 2세기 알렉산드리아의 인구가 약 100만 명이었는데 그 가운데 30만 정도가 유대인이었습니다. 이 숫자를 통해서 얼마나 많은 유대인들이 이집트로 이주했는가를 알 수 있습니다. 당시 인구가 100만 명이라고 하면 오늘날에는 2,000만 명 이상의 메갈로폴리스입니다. 이 초거대 도시인 알렉산드리아에 주민 30%가 유대인이었습니다. 당시 이집트 왕실에서는 알렉산드리아에 대형 도서관을 건축하게 됩니다. 이집트 국책 사업으로 진행된 것입니다. 도서관을 건축하면서 각 민족이 가장 사랑하는 책들을 헬라어로 번역하여 비치하게 되는데 이때 탄생한 것이 70인경입니다. 70인경이 탄생하게 된 배경과 관련해서는 두 가지 설이 있습니다. 하나는 당시 이집트를 다스렸던 왕이 국책 사업으로 세계 최대의 도서관을 만들면서 모든 민족들이 가장 사랑하는 책을 헬라어로 번역하여 도서관에 비치하고자 했습니다. 이때 유대인들이 가장 사랑하는 책인 토라를 번역하게 되었다는 것입니다. 그래서 히브리어 성경을 헬라어로 번역한 70인경이 나오게 되었다는 것입니다.

　다른 하나는 알렉산드리아에 있는 유대인 회당에서 70인경 번역 작업을 했다고 봅니다. 프톨레미 왕조 때 유대인들이 이집트로 이주 했습니다. 당시 알렉산드리아의 인구 100만 명 가운데 30만 명이 유대인이었습니다. 그렇다면 당시 알렉산드리아에 얼마나 많은 회 당이 있었겠습니까? 유대인들은 20세 이상 성인 남성 10명이 있으면 회당을 지을 수가 있었습니다. 당시 이스라엘은 가부장적인 사회 였습니다. 여성들은 사람 수에 계수가 되지 않았고 여성을 남성의 소유물로 생각했습니다. 만약 20세 이상의 남성이 9명이고 여성이 5,000명이 있다고 하더라도 회당을 지을 수 없었습니다. 20세 이상 의 남성 10명 이상이 있어야만 회당을 지을 수 있었습니다. 당시 알 렉산드리아에 30만 명의 유대인들이 있었고 그 가운데 20세 이상의 유대 남성들이 10만 명이라고 하더라도 얼마나 많은 유대인들의 회 당이 있었겠습니까? 그런데 회당 안에서 문제가 벌어진 것입니다. 어 떤 문제였을까요? 알렉산드리아에 처음으로 이주했던 유대인 1세대 는 히브리어를 조금은 알았습니다. 그런데 2세대 3세대 4세대로 넘 어가면서 히브리어를 전혀 모르는 후손들이 생겨난 것입니다. 한국 인들이 미국으로 이민을 갔을 때 이민 1세대는 한글을 사용하는 것 이 자연스럽지만 이민 2세대나 3세대는 한글보다는 영어를 사용하 는 것이 더 자연스러운 것과 비슷한 일이 벌어진 것입니다. 알렉산 드리아에 거주하는 유대인 후손들의 3세대나 4세대들은 안식일에 회당에서 랍비가 말씀을 읽어 주면 그것이 무슨 말인지 전혀 알아듣지 못했습니다. 이때 알렉산드리아에 있던 랍비들이 이 문제를 해결하기 위해서 후세대들이 이해할 수 있는 언어인 헬라어로 성경을 번역하고자 했습니다. 그래서 알렉산드리아에 있는 여러 유대 회당에서 토라의 일부분씩을 분담해서 번역했다고 보는 것입니다. 이 주장이 나름 설득력이 있는 이유는 70인경의 특징과 잘 부합한다는 것입니다. 70인경의 중요한 특징 가운데 하나가 번역의 일관성이 없다는 것입니다. 어떤 본문은 직역을 하고 어떤 본문은 의역을 하고 어떤 본문은 설명을 덧붙이기도 하고 어떤 본문은 간결하게 압축하여 번역하기도 했습니다. 이처럼 번역의 일관성이 없는 이유를 여러 회당에서 일정 분량을 분담하여 번역했기 때문에 번역의 일관성이 없다고 보기도 합니다. 이것이 70인경이 나오게 된 두 번째 설입니다.

요약하면 70인경은 히브리어 구약 성경을 다른 나라 말로 번역한 최초의 번역 성경입니다. 어떤 언어로 번역했습니까? 헬라어로 번역했습니다. 언제부터 번역했습니까? 주전 3세기부터 번역하기 시작했습니다. 처음에는 토라만 번역하다가 나중에는 예언서를 번역하고 이후에 성문서까지 번역을 완료하게 되었습니다. 히브리어 성경을 헬라어로 번역하게 된 이유와 관련해서는 두 가지 이야기가 있습니다. 하나는 이집트의 국책 사업이었다는 것입니다. 알렉산드리아에 대형 도서관을 건축하면서 그 도서관에 비치하기 위한 이집트 국책 사업으로 진행되었다는 것입니다. 다른 하나는 알렉산드리아에 많은 디아스포라 유대인들이 있었는데 세대를 거듭할수록 히브리어를 전혀 모르는 세대가 등장하게 된 것입니다. 이들은 안식일에 회당에서 랍비가 읽어 주는 말씀을 듣기는 했지만 그것이 무슨 내용인지를 전혀 이해하지 못했습니다. 이때 후세대들의 올바른 신앙 교육을 위해서 그들이 이해할 수 있는 언어로 말씀을 번역하고 읽어줘야겠다는 생각으로 알렉산드리아에 있던 여러 회당에서 분량을 나누어서 구약 성경을 번역했다고 보는 것입니다. 이것이 70인경의 기원과 관련된 두 번째 이야기입니다. 분명한 것은 주전 3세기부터 히브리어 성경을 헬라어로 번역하기 시작했다는 것이고 그것을 70인경으로 부르게 되었다는 것입니다.

  우리가 가지고 있는 한글 구약 성경은 성경 본문의 내용은 히브리어 성경에서 번역했지만 책의 배치는 70인경을 따랐습니다. 히브리어 성경은 창세기로 시작해서 역대기로 마무리가 됩니다. 유대인들은 히브리어 성경을 세 개의 장르로 나누었습니다. 첫째가 토라, 즉 율법서이고, 둘째가 느비임, 즉 예언서이고, 셋째가 케투빔, 즉 성문서입니다. 토라의 티큟, 느비임의 니은, 케투빔의 키읔이라는 자음에 모음 '아'를 붙여서 유대인들은 성경을 타나크로 불렀습니다. 유대인들이 성경을 타나크로 부른 이유는 성경이 토라와 예언서와 성문서로 구성되어 있기 때문입니다. 유대인들은 성경의 장르를 성막과 비교해서 설명합니다. 출애굽 이후 이스라엘은 하나님의 임재를 상징하는 거룩한 건축물인 성막을 건설합니다. 성막은 세 개 부분으로 구성되어 있는데 동쪽 문으로 들어가면 제일 먼저 마당이 있고 그다음에 성소가 있고 제일 안쪽에 지성소가 있습니다. 성막 자체가 하나님의 임재를 상징하는 거룩한 장소이지만 가장 거룩한 곳이 지성소이고 다음이 성소이고 그다음이 뜰입니다. 성경 전체가 하나님의 말씀이지만 가장 거룩한 말씀이 토라이고 그다음이 예언서이고 마지막이 성문서입니다. 그래서 유대인들은 토라는 지성소에, 예언서는 성소에, 성문서는 마당에 비유했습니다. 그리고 성경을 배치할 때 가장 거룩한 말씀들을 앞부분에 배치했습니다. 그래서 유대인들의 성경은 토라, 예언서, 성문서 순서로 배치되었습니다. 창세기가 제일 앞에 나오고 역대기가 제일 마지막에 나옵니다.

그런데 70인경으로 성경을 번역하면서 몇 가지 수정을 가하게 됩니다. 첫째는 각 본문의 이름을 결정한 것입니다. 원래 히브리어 성경에는 본문의 제목이 없습니다. 본문 앞부분에 있는 단어 가운데 하나를 끄집어내서 그것을 책의 제목처럼 불렀습니다. 그런데 70인경으로 성경을 번역하면서 그 본문에서 가장 중요한 키워드를 끄집어내서 그것을 책의 제목으로 정한 것입니다. 예를 들면 토라의 첫 번째 본문은 모든 것의 시작을 말하는 것으로 게네시스라는 제목을 정했습니다. 두 번째 본문은 탈출에 대한 이야기이기 때문에 엑소더스라는 제목을 붙였습니다. 창세기, 출애굽기, 레위기와 같은 성경 본문의 이름들이 70인경 번역에서 확정된 것입니다. 둘째는 70인경으로 성경을 번역하면서 성경의 배치를 시간 순서에 따라 새롭게 했습니다. 태초의 창조 사건부터 주전 400년경 말라기까지 시간 순서에 따라 성경을 재배치했습니다. 70인경의 본문 배치 순서를 그대로 따른 것이 우리 한글 성경입니다. 셋째는 구약 성경의 장르를 네 개로 구분했습니다. 창세기부터 말라기까지 순서로 성경을 재배치한 다음에 성경을 네 개의 장르로 나누었습니다. 창세기부터 신명기까지는 토라, 여호수아부터 에스더까지는 역사서, 욥기부터 아가까지는 시가서, 이사야부터 말라기까지는 예언서로 나누었습니다. 이렇게 구약 본문을 네 개의 장르로 구분하기 시작한 것이 70인경 때부터입니다.

　이스라엘은 이집트를 중심으로 한 프톨레미 왕조의 지배를 받다가 주전 198년부터 셀류커스 왕조의 지배를 받게 됩니다. 셀류커스 왕조가 프톨레미 왕조를 물리치면서 이스라엘은 자연스럽게 셀류커스 왕조의 지배 아래로 들어가게 된 것입니다. 주전 198년부터 이스라엘을 다스린 셀류커스 왕조와 관련해서 우리가 기억해야 할 중요한 특징이 하나 있습니다. 이때부터 제국의 지배 방식이 간접 통치에서 직접 통치로 전환됩니다. 이것이 매우 중요합니다. 그동안 이스라엘을 지배했던 앗수르, 바벨론, 페르시아, 헬라의 프톨레미 왕조는 이스라엘의 종교와 문화를 그대로 허용했습니다. 제국이 부과하는 세금만 잘 바치게 되면 야웨 하나님을 마음껏 섬길 수 있도록 허용해 주었습니다. 그런데 셀류커스 왕조는 그렇게 하지 않았습니다. 간접 통치 방식을 직접 통치 방식으로 전환시켜 이스라엘 공동체 안에 헬라 문화를 이식하고자 했습니다. 이것을 실행한 인물이 안티오쿠스 에피파네스 4세였습니다. 안티오쿠스 에피파네스 4세 때부터 셀류커스 왕조는 이스라엘을 직접 통치하기 시작합니다. 직접 통치를 한다는 것은 이스라엘을 헬라화시키고자 했다는 것입니다. 이스라엘이 가진 고유한 종교나 문화를 인정하지 않고 헬라의 종교와 문화를 강제로 이식시키고자 한 것입니다. 이로 인해서 자연스럽게 유대 민족주의자들이 제사장들을 중심으로 결집하게 됩니다. 그 대표적인 저항 운동이 마카베 항쟁이었습니다.

　셀류커스 왕조 이전까지는 이스라엘이 자신들을 지배하는 이방 제국에 대해서 저항 운동을 하지 않았습니다. 그 이유가 무엇입니까? 이스라엘의 가장 중요한 특징은 다민족 다인종 신앙 공동체입니다. 이스라엘은 단일 민족 공동체가 아닙니다. 이스라엘은 야웨 신앙을 중심으로 한 종교 공동체입니다. 이스라엘이 탄생했던 출애굽 사건에서도 야곱의 후손들만 이집트를 나왔습니까? 아닙니다. 다양한 민족들이 나왔습니다. 그들이 무엇으로 하나가 된 것입니까? 야웨 하나님만을 믿겠다는 다짐과 결단 가운데 그들이 하나가 된 것입니다. 이처럼 이스라엘을 규정하는 가장 중요한 정체성은 야웨에 대한 신앙이었습니다. 이스라엘은 종교 공동체입니다. 이것을 이방 제국들이 잘 알고 있었습니다. 그래서 이스라엘을 지배할 때 야웨 하나님만을 믿는 그들의 신앙과 문화를 인정해 준 것입니다. 그런데 셀류커스 왕조 때부터 이스라엘의 정체성을 완전히 박살내고자 한 것입니다. 공개적으로 이스라엘을 헬라화 시키고자 했습니다. 이때 가장 큰 피해를 본 사람들이 누구였을까요? 바로 제사장들입니다. 지금까지 제사장들은 제국의 간접 통치로 인해 거의 왕적인 권력을 행사했습니다. 왕이 없는 가운데서 최고 권력자의 자리를 대제사장이 차지하였고 이스라엘 공동체 전체를 제사장이 다스리는 신정 국가 체제를 구축하였습니다. 어떻게 보면 이방 제국이 지배하던 시기에 제사장들은 살기가 편했습니다. 그런데 셀류커스 왕조가 직접 통치를 하기 시작하면서 제사장들을 주변부로 밀어냈고 제사장들은 가장 많은 권력을 상실하게 된 것입니다. 그래서 제사장들을 중심으로 한 저항 운동이 일어나게 된 것입니다.

안티오쿠스 에피파네스 4세는 로마와도 전쟁을 했고 프톨레미 왕조와도 전쟁을 했습니다. 전쟁을 한 번 할 때마다 얼마나 많은 재정이 들어갔겠습니까? 전쟁으로 인한 재정 적자를 충당하기 위해서 성전에 눈독을 들이기 시작했습니다. 고대 사회에서 성전은 은행임과 동시에 보물 창고였습니다. 그래서 에피파네스 4세는 성전 안에 있는 엄청난 돈을 강탈하게 됩니다. 성전 앞마당에는 제우스 신상과 자신의 동상을 세웠고 유대인들이 가증하게 여기는 돼지를 제물로 바치도록 했고 돼지고기를 강제로 먹게 했습니다. 그리고 거부하는 자들은 사형으로 응징했습니다. 이뿐만 아니라 안식일을 준수하거나 할례를 행하는 사람들도 죽였습니다. 말씀의 두루마리를 소지하기만 해도 죽였습니다. 상상할 수 없는 종교 탄압을 자행한 것입니다. 이 일을 행한 사람이 안티오쿠스 에피파네스 4세였습니다.

안티오쿠스 에피파네스 4세의 본명은 안티오쿠스 4세입니다. 에피파네스는 자신이 덧붙인 이름입니다. 세계사를 보면 이름이 긴 사람들은 대부분 나쁜 사람들인 경우가 많습니다. 왜 이름이 긴 사람들이 나쁜 사람들일까요? 처음에는 이름이 길지 않았는데 중간에 많은 것을 추가한 것입니다. 안티오쿠스 4세도 그렇습니다. 본래 이름이 안티오쿠스 4세였는데 중간에 에피파네스라는 이름을 추가했습니다. 에피파네스의 뜻이 무엇인지 아십니까? '신이 나타났다'는 것입니다. 그러면 신이 누구일까요? 자신입니다. 자신을 신이라고 말하는 것이니 얼마나 오만방자한 인간인지를 알 수 있습니다. 일본인들이 천황을 오랜 세월 그렇게 이해하지 않았습니까? 일본의 국조 신은 태양입니다. 그 태양신의 후손이 천황이라고 생각했습니다. 천황은 인간인 듯 보이지만 사실은 인간이 아니라 반신적인 존재입니다.

이와 같이 안티오쿠스 4세도 자신을 신이라고 주장하면서 가운데 에피파네스라는 이름을 덧붙였습니다. 그런데 유대인들은 이 오만한 왕을 조롱하는 의미에서 에피파네스라는 이름 대신 에피마네스라고 불렀습니다. 가운데 '파'를 '마'로 바꾸어 부른 것입니다. 에피마네스의 뜻이 미친놈입니다. '신이 나타났다'는 에피파네스에서 가운데 글자 하나를 바꾸어 에피마네스인 미친놈으로 불렀습니다. 유대인들은 조롱의 의미를 담아서 안티오쿠스 4세를 에피마네스로 부른 것입니다.

안티오쿠스 4세 때 대제사장직의 성직 매매가 일상화되었습니다. 솔로몬이 성전을 건축한 이후 사독의 후손들이 대제사장직을 계승했습니다. 사독은 아론의 아들 엘르아살의 후손입니다. 대제사장직은 아론의 혈통만이 계승할 수 있었습니다. 그런데 안티오쿠스 4세가 그 원칙을 파괴했습니다. 당시 오니아스라는 사람이 대제사장이었는데 안티오쿠스 4세는 오니아스의 동생인 야손에게 440달란트를 뇌물을 받고 대제사장으로 임명합니다. 대제사장의 임기는 죽을 때까지입니다. 죽을 때까지 하는 종신직이기 때문에 현재의 대제사장이 죽어야 새로운 대제사장을 임명할 수 있는 것입니다. 그런데 오니아스가 죽지 않았음에도 불구하고 뇌물을 바친 야손을 대제사장으로 임명하면서 오니아스를 파면시켰습니다. 그나마 야손은 아론의 후손이었습니다. 그런데 3년 후에 메넬리우스가 야손이 바쳤던 뇌물보다 300달란트 더 많은 740달란트를 바치게 됩니다. 740달란트의 뇌물을 바치면서 야손을 밀어내고 새로운 대제사장이 됩니다. 그런데 메넬리우스는 아론의 후손이 아니었습니다. 지금까지 이스라엘 공동체가 지켜왔던 하나님의 말씀이 파괴되어버린 것입니다. 이때부터 아론의 후손이 아니어도 뇌물을 얼마나 바치느냐에 따라서 대제사장이 되는 길이 열리게 된 것입니다. 대제사장직의 타락과 왜곡이 본격적으로 일어나게 된 것입니다.

헤롯 집안이 이스라엘을 다스린 100년 동안 대제사장의 평균 임기가 4년이었습니다. 이것이 얼마나 놀라운 일인가를 아셔야 합니다. 대제사장은 종신직이었습니다. 그런데 헤롯 집안이 이스라엘을 100년 동안 통치하면서 대제사장의 평균 임기가 4년밖에 되지 않았습니다. 무슨 일이 일어난 것입니까? 아론의 후손이라는 혈통이 중요하지 않고 뇌물을 많이 갖다 바친 사람이 대제사장이 되는 시대가 열린 것입니다. 그러면 한번 생각해 보십시오. 어떤 사람이 대제사장이 되기 위해서 20억을 뇌물로 바쳤습니다. 그래서 대제사장으로 임명되었다고 해서 안심할 수 있었을까요? 절대 그렇지 않습니다. 언제 교체될지 몰라서 늘 전전긍긍해야 했습니다. 누군가가 자기보다 더 많은 뇌물을 갖다 바치게 되면 그 사람은 금방 자리에서 물러나야 했습니다. 한 번 뇌물을 바쳤다고 해서 대제사장직을 안전하게 유지할 수 있는 것이 아닙니다. 계속적으로 뇌물을 바쳐야만 그 자리를 지킬 수 있는 것입니다. 예를 들어 대제사장이 되려고 20억을 바치고 매년 그 자리를 유지하기 위해서 10억씩 뇌물을 바쳐야 한다면 대제사장으로 있는 동안 유일한 관심사가 무엇이었을까요? 자신이 갖다 바친 금액 이상을 어떻게 회수할 것인가를 생각하게 됩니다. 그래서 이때부터 대제사장들은 성전에 모인 돈을 가지고 고리대금업을 하기 시작했습니다. 십일조나 성전세를 받아서 쌓아둔 돈으로 고리대금업을 시작했고 성전의 제물을 비싼 가격에 판매하기 시작했습니다. 당시 성전 소유의 땅과 노예들이 엄청나게 많았습니다. 예수님께서 아무런 이유 없이 성전을 강도의 소굴이라고 비판하신 것이 아닙니다. 입만 열었다 하면 하나님을 말하고 하나님의 영광을 외치지만 당시 성전은 하나님을 브랜드화해서 종교 사업을 했던 곳이었습니다. 성직 매매로 대제사장직을 찬탈하고 그 자리를 지켜내기 위해서 계속 뇌물을 갖다 바치는 상황 속에서 성전은 모인 돈을 가지고 고리대금업을 통해 몸집을 불려 나갔습니다. 그 결과 성전은 타락할 수밖에 없었습니다.

안티오쿠스 4세가 통치하던 시기 저항 세력으로 하시딤이라는 그룹이 등장했습니다. 하시딤은 하나님께 속한 경건한 자들을 뜻하는데 여기서 바리새파와 에세네파가 나왔습니다. 안티오쿠스 4세의 박해 시기 마카베 항쟁이 일어났습니다. 이때가 주전 167년부터 142년까지입니다. 가톨릭 성경(공동번역)을 보면 마카베상하 본문이 있습니다. 마카베 항쟁에 대한 이야기입니다. 그런데 개신교인들은 이것을 외경으로 받아들여 거의 읽지 않습니다. 가톨릭 교인들은 이것을 제2정경으로 부릅니다. 마카베상하는 안티오쿠스 4세의 직접 통치에 맞서 이스라엘의 신앙을 회복하고자 한 분투를 다루고 있는 본문입니다. 안티오쿠스 4세가 이스라엘을 헬라화하고자 할 때 모데인에 살고 있던 제사장 맛다디아 집안을 중심으로 저항 운동이 본격적으로 일어나게 됩니다.

마카베 항쟁에 대해 짧게 설명하면 이스라엘을 헬라화시키는데 혈안이 되었던 안티오쿠스 4세는 예루살렘 성전에 제우스 신상을 세우게 됩니다. 그런 후에 이스라엘 백성들이 가증하게 여기는 돼지를 제물로 바치고 그 고기를 먹었습니다. 가장 거룩해야 할 성전에서 하나님이 아닌 이방신에게 제사드리고 하나님께서 금하신 제물의 고기를 공공연하게 먹은 것입니다. 이후에는 전국 순회단을 만들어 각 마을마다 돌아다니면서 제우스를 숭배하게 만들고 돼지를 제물로 바치게 하고 그 돼지고기를 강제로 먹도록 했습니다. 어느 날 순회단이 모데인 마을에도 들어가게 되었습니다. 순회단이 모데인 지방에 와서 그 동네에 있는 사람들을 불러 모은 다음 제우스 신상을 세우고 돼지를 제물로 바친 다음 돼지고기를 강제로 먹게 했습니다. 이때 모데인 지방의 제사장이었던 맛다디아가 칼을 들어 시리아 군인들을 죽였습니다. 그리고 율법에 열심히 있는 사람들은 사신을 따르라며 셀류커스 왕조와 전쟁을 선포했습니다. 이때 맛다디아를 따라 많은 백성들이 힘을 모았는데 이들을 하시딤이라고 부릅니다. 맛다디아는 항쟁 중에 전사합니다. 그가 죽임 당한 후에 그의 리더십은 셋째 아들인 유다가 계승합니다. 맛다디아는 다섯 아들이 있었는데 그 중에 셋째 아들이었던 유다가 가장 용맹스러웠습니다. 유다가 시리아 군인들을 망치로 박살내는 것처럼 너무나 싸움을 잘한다고 해서 백성들이 별명을 지어 주었는데 그 별명이 마카베였습니다. 마카베는 '망치', '대장장이' 라는 뜻입니다. 하지만 유다도 전쟁 중에 전사하게 됩니다. 그리고 그의 리더십은 다섯 번째 아들인 요나단이 승계합니다. 맛다디아를 이어 처음에는 셋째 아들인 유다가 그다음에는 다섯째 아들인 요나단이 지도자가 된 것입니다.

요나단이 항쟁의 지도자였던 시기에 셀류커스 왕조 안에 내분이 일어났습니다. 셀류커스 왕조의 영토가 굉장히 넓었는데 그 거대한 제국을 서로 차지하고 싶었던 것입니다. A B C D의 여러 정치 세력들이 서로 왕이 되겠다고 갈등을 하게 됩니다. 이렇게 셀류커스 왕조 안에서 내분이 일어났을 때 요나단이 탁월한 외교력을 발휘했습니다. 때에 따라서 A를 만나기도 하고 B를 만나기도 하면서 외교적 협상을 너무도 잘했습니다. 셀류커스 왕조 안에 있었던 모든 정치 세력이 '요나단은 우리 편이야'라고 생각했을 만큼 요나단이 탁월한 외교력을 행사했습니다. 그런 요나단이 죽게 되고 맛다디아의 둘째 아들인 시몬이 지도력을 승계하게 됩니다. 그리고 시몬 때 셀류커스 왕조로부터 이스라엘이 독립 정부로 승인을 얻게 되는데 그때가 주전 142년으로 우리는 이 독립 정부를 하스몬 왕조라고 부릅니다.

셀류커스 왕조 안에 일어난 내분으로 셀류커스 왕조가 약화되었고 그 틈을 이용하여 이스라엘은 주전 142년에 하스몬 왕조를 세우게 됩니다. 마카베 항쟁의 첫 깃발을 맛다디아가 들어 올렸고 셋째 아들인 유다가 지도자로 있을 때 수전절이 탄생하게 됩니다. 주전 164년 안티오쿠스 에피파네스 4세가 예루살렘 성전에 세워 놓은 제우스 신상을 박살냅니다. 그때 성전이 다시 회복되었다는 의미에서 불을 밝혔는데 그것이 수전절입니다. 안티오쿠스 4세에 의해 예루살렘 성전이 오염되었습니다. 성전 안에 제우스 신상이 세워지고 하나님이 가장 가증하게 여기는 돼지를 제물로 바쳤습니다. 주전 167년부터 164년 사이에 예루살렘 성전은 타락의 극치를 보여주었습니다. 다니엘서에 나오는 "멸망의 가증한 것이 서지 못할 곳에 선 것을 보거든"이라는 표현이 안티오쿠스 4세 때 성전 안에서 일어난 일을 말하는 것입니다. 약 3년 동안 예루살렘 성전이 이방 세력에 의해 점령당하면서 너무나 오염되었습니다. 그러다 마카베 항쟁을 통해 성전이 다시 회복되었습니다. 이날을 수전절로 불렀습니다. 히브리어로는 하누카로 부릅니다. 이때부터 유대인들이 성전 회복의 날을 기념하기 시작한 것입니다.

하스몬 왕조의 첫 번째 왕은 시므온이고 그다음에 등장한 왕이 힐카누스 1세입니다. 이 힐카누스 1세 때 이스라엘이 가장 번영합니다. 다행스럽게도 하스몬 왕조 시기에 셀류커스 왕조가 거듭되는 내분으로 인해 세력이 약화되었습니다. 그래서 이스라엘까지 신경을 쓸 수가 없었습니다. 이런 상황을 이용하여 힐카누스 1세는 군사력을 키워서 이두매와 사마리아 등의 영토를 정복합니다. 이두매는 에돔 사람들의 거주지였습니다. 힐카누스 1세는 이두매를 정복하면서 그곳에 있던 에돔 사람들을 강제로 유대화시켰습니다. 남자들에게는 할례를 받게 만들었고 야웨를 믿도록 했습니다. 그때 유대인화 된 사람의 후손 가운데 한 사람이 헤롯입니다. 오랜 세월 이스라엘과 에돔 족속은 원수처럼 지냈습니다. 그러다가 힐카누스 1세 때 셀류커스 왕조가 약화된 틈을 타서 이두매를 정복한 것입니다. 그리고 에돔 사람들을 강제로 할례 받게 만들면서 유대인화시켰습니다. 그리고 얼마의 시간이 지나지 않아서 하스몬 왕조는 로마에 무너집니다. 이때 로마의 환심을 샀던 헤롯 안티파터라는 인물이 로마로부터 이스라엘을 다스릴 수 있는 권한을 부여받습니다. 헤롯 안티파터의 아들이 우리가 잘 알고 있는 헤롯 대왕입니다. 이때부터 헤롯 집안이 약 100

년에 걸쳐서 이스라엘을 다스리게 됩니다. 이스라엘 입장에서는 얼마나 받아들이기 어려운 현실이었을까요? 이스라엘은 에돔 사람들을 원수처럼 생각했고 힐카누스 1세 때는 에돔 사람들을 강제로 유대인화시켰는데 불과 수십 년이 지나지 않아서 에돔인의 지배를 받게 된 것입니다.

헤롯도 자신의 통치를 유대인들이 좋아하지 않는다는 것을 잘 알고 있었습니다. 그래서 유대인들의 환심을 사기 위해서 주전 20년부터 예루살렘 성전을 증축했습니다. 축구장 4배 크기로 성전을 확장한 것입니다. 이것을 헤롯 성전으로 불렀습니다. 헤롯 성전은 주전 20년에 공사를 시작해서 주후 63년까지 약 83년 동안 지었습니다. 요한복음에 이런 말씀이 나옵니다. 예수님께서 "성전을 헐라 내가 삼일 만에 세우리라"고 말씀하니까 유대인들이 "우리가 지금 이 성전을 46년째 짓고 있다"고 말하는 장면이 나옵니다. 이 말씀을 통해 그때가 언제쯤인지를 추측할 수 있습니다. 주전 20년에 46년을 더하면 됩니다. 그러면 주후 26~27년쯤 됩니다. 헤롯 성전은 83년에 걸쳐서 공사했고 주후 63년에 완공하게 됩니다. 그런데 불과 7년 후인 70년에 로마와의 전쟁에서 서쪽 벽을 제외하고 모든 성전 벽이 무너지게 됩니다. 이때 유일하게 남게 된 서쪽 벽을 유대인들은 통곡의 벽으로 부릅니다.

그러면 어떻게 에돔의 후손이었던 헤롯 집안이 이스라엘 사람이 되었을까요? 이 질문에서 중요한 인물이 힐카누스 1세입니다. 그가 통치하던 시기에 에돔 사람들은 강제로 이스라엘 사람이 되었습니다. 그리고 얼마 지나지 않아서 에돔 사람인 헤롯 집안이 이스라엘을 다스리게 된 것입니다. 이러한 역사의 전환을 경험하면서 이스라엘 입장에서는 분통이 터졌을 것입니다. 힐카누스 1세는 하스몬 왕조 가운데 가장 강력했던 왕이었습니다. 그는 왕의 자리에 앉음과 동시에 대제사장직을 겸직했습니다. 아론의 후손이 아닌 자가 대제사장의 자리를 찬탈한 것입니다. 이로 인해 마카베 항쟁의 동조자였던 하시딤이 이탈하게 됩니다. 하시딤이 누구입니까? 안티오쿠스 4세가 이스라엘을 헬라화하고자 했을 때 모데인의 제사장이었던 맛다디아가 저항의 깃발을 들었고 그 저항 운동에 동참했던 사람들이 하시딤이었습니다. 그리고 수십 년 저항 운동 이후에 승리하게 되었고 그 승리의 결과 하스몬 왕조가 탄생하게 되었습니다. 하스몬 왕조가 탄생했을 때 하시딤들의 기대가 얼마나 컸겠습니까? 하나님의 말씀을 철저하게 준행하는 시대가 펼쳐질 것이라고 소망했을 것입니다. 그런데 하스몬 왕조가 시작되자마자 문제가 발생한 것입니다. 마카베 항쟁을 주도했던 맛다디아 집안은 레위 지파이기는 했지만 아론의 후손은 아니었습니다. 따라서 대제사장이 될 수 없었습니다. 그런데 하스몬 왕조가 출범하자마자 왕과 대제사장직을 겸직하게 되었습니다. 이것을 경건한 자들이 용납할 수 있었겠습니까? 대제사장직은 아론의 후손들만 차지할 수 있는 것인데 아론의 후손이 아닌 맛다디아 집안이 왕과 대제사장직을 겸직하는 것을 보면서 하스몬 왕조에 대해 기대를 가졌던 하시딤이 실망하게 됩니다.

결국 하스몬 왕조에 대한 지지를 철회하면서 하시딤은 두 개의 그룹으로 분열하게 되는데 하나의 그룹이 에세네파이고 다른 하나의 그룹이 바리새파입니다. 에세네파는 하스몬 왕조에 대한 기대나 세상에 대한 기대를 모두 접고 자신들만이라도 하나님이 기뻐하시는 멋진 신앙의 공동체를 만들고자 사해 근처로 물러나게 됩니다. 에세네파의 주요 구성원들은 제사장들과 그들의 집안사람들이었습니다. 이들은 타락한 예루살렘 성전에서 드려지는 예배는 하나님께 열납되지 않는다고 보았습니다. 그래서 하나님이 기뻐하시는 거룩한 공동체를 만들고자 하는 간절한 열망을 품고 사해를 중심으로 공동체의 삶을 살게 됩니다. 이처럼 하시딤 가운데 제사장들을 중심으로 세상으로부터 물러나서 자기들만이라도 거룩한 공동체를 만들고자 한 그룹이 탄생했고 이들을 우리는 에세네파라고 부릅니다. 에세네파의 가장 중요한 특징은 제사장 중심이라는 것입니다. 다른 하나의 그룹은 하시딤 가운데서 평신도들을 중심으로 탄생한 바리새파입니다. 여기서 평신도라는 말은 비(非)레위인이라는 뜻입니다. 이들은 하스몬 왕조에 대해서 무엇인가를 기대하는 것이 어렵기 때문에 자신들만이라도 사람들의 삶 깊숙이 들어가서 하나님의 말씀을 제대로 가르치고 실천하는 삶을 살기를 열망했습니다. 에세네파가 하스몬 왕조의 패역에 대해 절망하며 세상에 대한 관심을 끊고 자신들만이라도 거룩한 공동체를 만들고자 했다면 바리새파는 하스몬 왕조가 잘못하고 있기 때문에 자신들만이라도 세상 속에서 분투하고자 했습니다. 그들은 일상에서 말씀 운동을 전개하기 위해 이스라엘 백성들이 살고 있는 마을 곳곳에 들어가서 회당을 세우고 그곳에서 율법을 가르치고 율법에 철저하게 순종하는 생활 신앙 운동을 펼쳤습니다. 이들이 바리새파였습니다.

바리새파의 가장 중요한 특징은 대부분이 비레위인이라는 것입니다. 그들은 비레위인이기 때문에 백성들로부터 십일조를 받을 수 없었습니다. 그래서 대부분의 바리새인들은 자기 생계를 위한 직업을 가지고 있었습니다. 대표적인 사람이 사도 바울입니다. 바울은 베냐민 지파 출신이기 때문에 십일조를 받을 수 없었습니다. 그래서 바울은 바리새파로 살아가기 위해서 조상 대대로 내려오던 텐트 메이커라는 직업을 가지고 있었습니다. 이렇게 하시딤 가운데 제사장들을 중심으로 에세네파가 탄생했고 비레위인들을 중심으로 바리새파가 탄생하게 되었습니다. 에세네파와 바리새파 모두 주전 2세기 말에 등장한 신흥 종교 그룹이라는 사실을 기억하셔야 합니다. 예수님 당시에는 바리새파가 점점 세력을 확장하여 이스라엘 공동체 안에서 막강한 힘을 소유하게 되었습니다.

3강

복음서 강의 2-1

말씀과함께 | 복음서강의

복음서 강의 2-1

힐카누스 1세가 대제사장과 왕을 겸직함으로 인해 마카베 항쟁의
동조자였던 하시딤이 이탈하게 됩니다. 그리고 바리새파와 에세네파
로 나뉘어지게 됩니다. 또한 이 시기에 힐카누스 1세를 적극적으로
옹호하는 그룹이 탄생하게 되는데 이들이 사두개파입니다. 사두개파
는 힐카누스 1세가 대제사장직을 겸직하는 것에 대해 찬성했습니다.
그리고 하스몬 왕조가 헬라의 사상이나 문화를 수용하는 것에 대해
서도 지지했습니다. 자연스럽게 하스몬 왕조 시대 사두개파와 바리
새파 사이의 갈등이 발생하게 되었습니다. 갈등의 핵심 이슈는 크게
두 가지였습니다. 하나는 하스몬 왕조의 왕이 대제사장직을 겸직하
는 것을 바리새인들은 율법을 근거로 반대했고 사두개파는 겸직을
찬성했습니다. 다른 하나는 하스몬 왕조가 헬레니즘의 문화나 사상
을 수용하는 것에 대해서 바리새인들은 결사반대했고 사두개인들은

찬성했습니다. 하스몬 왕조와 밀착했던 사람들이 사두개파라고 이해하시면 되겠습니다.

힐카누스 1세는 주전 105년에 죽게 됩니다. 그리고 주전 105년부터 103년까지 아리스토불루스 1세가 다스리게 됩니다. 약 2년 정도 짧은 기간을 다스리고 물러났고 아리스토불루스의 동생인 알렉산더 얀네우스가 30년을 통치하게 됩니다. 알렉산더 얀네우스는 본명이 얀네우스인데 자신의 이름 앞에 알렉산더를 붙였습니다. 알렉산더가 누구입니까? 헬라 제국을 건설한 영웅입니다. 그 영웅의 이름을 덧붙인 것을 보면 하스몬 왕조가 얼마나 헬라 문화와 사상을 많이 수용했는가를 알 수 있습니다. 알렉산더 얀네우스는 바리새인 수천 명을 죽였습니다. 이유가 무엇이었을까요? 바리새인들은 왕이 대제사장직을 겸직하는 것을 반대했습니다. 아론의 후손이 아닌 사람이 대제사장직을 겸직하는 것에 대해 반대하면서 왕은 왕의 역할에만 충실할 것을 요구했습니다. 그래서 얀네우스는 자신의 통치를 반대하는 바리새인들 수천 명을 죽이게 된 것입니다.

얀네우스가 죽은 다음에 그의 아내였던 살로메 알렉산드라가 약 10년을 통치하게 됩니다. 이때 알렉산드라는 자기 남편에 의해서 죽임 당했던 바리새파를 우대합니다. 전해지는 이야기로는 알렉산더 얀네우스가 죽을 때 아내에게 바리새파를 잘 대해주라는 유언을 남겼다고 합니다. 자신은 통치하면서 바리새파를 수천 명을 죽였지만 죽음 직전에 자신이 그렇게 행동한 것에 대해 미안한 마음이 들었던 것 같습니다. 그래서 아내에게 유언으로 바리새파 사람들을 선대할 것을 말했다고 합니다. 그래서 살로메의 통치기에 많은 바리새인들을 등용합니다. 자연스럽게 왕과 바리새인들 사이가 좋아지게 되었습니다. 무엇보다 바리새인들과 사이가 좋아진 이유가 또 하나 있습니다. 살로메는 여성이기 때문에 왕이지만 대제사장직을 겸직하지 않았습니다. 자연스럽게 바리새인들은 자신들이 오랜 시간 주장해왔던 것이 실현되었으니 얼마나 좋았겠습니까? 그래서 살로메와 바리새인들 사이는 우호적인 관계를 형성할 수 있었습니다. 그렇다면 살로메는 대제사장직을 누구에게 주었을까요? 자신의 아들인 힐카누스 2세에게 주었습니다. 당시 살로메에게는 두 명의 아들이 있었습니다. 한 명이 힐카누스 2세이고 다른 한 명이 아리스토불루스 2세였습니다. 힐카누스가 장남이고 아리스토불루스가 차남입니다. 재미있는 것이 이 두 아들에 대해서도 바리새파와 사두개파가 대립했습니다. 바리새파는 힐카누스 2세를 지지했고 사두개파는 아리스토불루스 2세를 지지했습니다. 실제로 오랜 기간 동안 힐카누스와 아리스토불루스는 왕권을 차지하기 위해 갈등하며 치열하게 싸웠습니다. 그리고 싸움 과정에서 자신의 힘만으로 왕이 되기 어렵다고 판단하고 로마의 도움을 요청합니다. 이 요청을 받고 폼페이우스가 오게 됩니다. 그리고 폼페이우스는 두 사람 가운데 한 사람을 도와주는 대신 이스라엘을 점령해 버립니다. 이때부터 이스라엘은 로마의 식민지가 되었습니다.

여기까지 정리해 보겠습니다. 역사 이야기는 조금 난해할 수 있는데 큰 흐름만 이해하시면 됩니다. 힐카누스 1세는 왕과 대제사장직을 겸직했습니다. 이로 인해 마카베 항쟁 때 맛다디아 집안을 열심히 도와주었던 하시딤이 아론의 후손도 아닌 사람들이 대제사장직을 겸직하는 것을 보면서 실망하게 됩니다. 그리고 이후에 하시딤은 두 그룹으로 나뉘게 됩니다. 하나가 에세네파이고 다른 하나가 바리새파입니다. 이때 하스몬 왕조의 왕들이 대제사장직을 겸직하는 것을 찬성했던 무리가 등장합니다. 그들이 바로 사두개파입니다. 이때부터 사두개파와 바리새파는 오랜 시간 갈등하게 됩니다. 갈등의 이유는 크게 두 가지입니다. 하나는 하스몬 왕조의 왕들이 대제사장직을 겸직하는 것에 대해 찬성하는 사람들이 사두개파이고 반대하는 사람들이 바리새파였습니다. 또한 이스라엘 공동체 안에 헬라 문화와 사상이 유입되는 것을 지지했던 그룹이 사두개파였고 반대했던 그룹이 바리새파였습니다. 이로 인해 바리새파는 하스몬 왕조로부터 오랜 기간 핍박을 당하게 됩니다. 바리새인들은 율법에 근거했을 때 옳지 않으면 목숨을 걸고 저항했습니다. 그래서 하루에 2,000명이 십자가에 달려 죽기도 했습니다. 그만큼 바리새인들은 율법 준수에 목숨을 건 사람들입니다. 율법에 의하면 왕이 대제사장직을 겸직할 수는 없습니다. 웃시야 왕은 자신이 직접 여호와게 분향을 하다가 이마에 나병이 생겼습니다. 왕이 제사장의 영역을 침범하는 것에 대해 하나님께서 심판하신 것입니다. 왕은 왕의 역할에만 충실해야지 대제사장직까지 겸직하는 것에 대해 하나님은 반대하셨습니다. 이처럼 율법에 근거하여 바리새인들은 왕이 대제사장직을 겸직하는 것에 대해 철저하게 반대했습니다. 그래서 얀네우스 왕 때 핍박을 많이 받았습니다. 얀네우스는 자신의 통치 기간 내내 자신을 반대한 바리새인들을 많이 죽였습니다. 그런 사람이 죽기 전에 바리새인들을 선대해 줄 것을 아내에게 유언했고 얀네우스가 죽은 다음에 그의 아내였던 살로메가 여왕이 됩니다.

그런데 살로메는 대제사장직을 욕심내지 않고 왕의 역할에만 충실했습니다. 그래서 살로메가 통치하던 시기에 하스몬 왕조와 바리새파는 상호 우호적인 관계를 맺게 되었습니다. 이 시기에 바리새인들이 산헤드린 회원으로 들어오기도 했습니다. 사실 산헤드린 공의회는 주전 55년에 만들어지게 됩니다. 살로메가 통치하던 기간과는 시기적으로 맞지가 않습니다. 살로메가 통치하던 시기 산헤드린 공의회는 이스라엘의 대표적인 권력 기구를 그렇게 부르는 것입니다. 그것이 이후에 산헤드린 공의회로 발전했기 때문에 살로메 때도 산헤드린 공의회가 있었던 것처럼 말하는 것입니다. 살로메에게는 두 아들이 있었습니다. 장남이 힐카누스 2세이고 차남이 아리스토불루스 2세였습니다. 둘은 왕권을 차지하기 위해 서로 치열하게 싸웠습니다. 이때 바리새파는 힐카누스 편을 들고 사두개파는 아리스토불루스 편을 들었습니다. 힐카누스나 아리스토불루스는 자신의 힘만으로는 치열한 왕권 경쟁에서 이길 수 없다는 것을 알고 로마에 도움을 요청하게 됩니다. 그래서 폼페이우스가 이스라엘로 오게 되었고 폼페이우스는 둘 중에 한 사람을 돕는 대신 예루살렘을 점령합니다. 이때부터 이스라엘은 로마의 식민지가 되었는데 이때가 주전 63년입니다.

주전 67년부터 63년까지는 아리스토불루스 2세가 왕권을 잡게됩니다. 이때 장남이었던 힐카누스 2세가 나바테아의 왕이었던 아레타스에게로 도망가게 됩니다. 힐카누스 2세가 나바테아로 도망을 한 이유가 있습니다. 헤롯 대왕의 아버지가 헤롯 안티파터인데 안티파터는 힐카누스 2세의 참모였습니다. 이 헤롯 안티파터의 아내가 나바테아 왕국의 공주였습니다. 헤롯 입장에서는 나바테아 왕국이 자기 처가였던 것입니다. 힐카누스와 아리스토불루스가 권력 다툼을 하다가 아리스토불루스가 이기게 되자 힐카누스는 신변에 위협을 느끼게 됩니다. 이스라엘 땅에 계속 머물게 되면 처형당할 가능성이 높은 상황에서 헤롯이 힐카누스를 자신의 처가인 나바테아 왕국으로 피신시켜 준 것입니다. 그리고 그곳에서 군사력을 키우도록 한 후에 아리스토불루스를 공격하게 만듭니다. 이런 식으로 왕권을 빼앗고 빼앗기는 사건들이 연이어 일어나게 됩니다. 이런 상황에서 로마는 아리스토불루스와 손을 맞잡게 됩니다. 그 이유는 힐카누스가 이미 나바테아 왕국과 손을 잡았기 때문입니다. 당시 로마 입장에서는 나바테아 왕국은 자신의 적대 국가였습니다. 그래서 로마는 자신의 적대 국가와 손을 맞잡은 힐카누스를 지지할 수 없었고 4년 동안을 로마가 아리스토불루스를 왕으로 인정해 주었습니다. 그러나 로마는 아리스토불루스에게 계속 왕권을 줄 마음이 없었습니다. 로마는 이스라엘을 자신들의 식민지로 만들고 싶어 했습니다. 당연히 로마의 이런 처사에 대해 아리스토불루스는 저항했습니다. 그래서 폼페이우스가 아리스토불루스를 제거하고 이스라엘을 지배하게 된 것입니다.

이때부터 이스라엘 역사에서 로마의 지배 시대가 시작된 것입니다. 주전 63년에 폼페이우스 장군은 예루살렘을 정복하여 반 로마주의 입장이었던 아리스토불루스 2세를 송환하고 힐카누스 2세를 대제사장으로 임명했습니다. 힐카누스와 아리스토불루스는 로마를 등에 업고서 서로 왕권을 차지하려고 했는데 로마의 생각은 그렇지 않았습니다. 왕권 다툼을 벌이는 자들을 제거하고 이스라엘을 직접 지배하고 싶었습니다. 원래는 아리스토불루스와 폼페이우스는 우호적인 관계였습니다. 그런데 시간이 지나면서 사이가 틀어졌습니다. 로마가 볼 때 아리스토불루스는 조금 위험한 인물로 인식된 것입니다. 왜냐하면 아리스토불루스는 야망이 있었고 아주 똑똑했습니다. 반대로 힐카누스는 로마가 볼 때 그렇게 위협적인 인물이 아니었습니다. 그래서 로마는 힐카누스가 대제사장직을 계속 유지할 수 있도록 인정해 주었습니다. 그러면서 정치적인 실권은 헤롯 안티파터에게 주었습니다. 주전 63년에 로마가 이스라엘을 정복한 다음에 하스몬 가문의 힐카누스에게는 대제사장이라는 직책을 주었지만 사실 허울뿐인 직책이었고 실제 정치적인 권력은 헤롯 안티파터에게 주었습니다. 이 헤롯 안티파터가 헤롯 대왕의 아버지입니다.

로마는 식민지 백성들의 종교 생활을 간섭하지 않는 정책을 시행했습니다. 우리가 알고 있는 것처럼 그리스나 로마는 다신교 신앙을 가지고 있었습니다. 엄밀한 의미에서 다신교에는 우상 숭배라는 개념이 존재할 수 없습니다. 우상 숭배라고 하는 것은 유일 신앙에만 존재하는 것입니다. 우리가 개념을 정확하게 이해하시는 것이 중요합니다. 하나님을 열심히 믿던 사람이 하나님을 저버리고 다른 종교로 넘어간 것은 개종을 한 것입니다. 샤머니즘 신앙을 가진 사람이 무당을 불러서 푸닥거리를 하는 것은 우상 숭배를 하는 것이 아니라 타종교 생활을 하는 것입니다. 우상 숭배는 하나님을 믿기는 믿지만 하나님만을 믿지 못하고 하나님과 다른 신을 겸하여 섬기는 것을 말합니다. 그리스나 로마는 기본적으로 다신교 사회입니다. 다신교는 여러 신들을 인정합니다. 그래서 그리스나 로마는 어느 민족을 식민 지배를 할 때도 한 신만 믿을 것을 강요하지 않았고 식민지 백성들의 신을 인정해 주었습니다. 자신들이 부과하는 세금만 잘 납부하고 식민지 백성들이 제국에 대해서 충성만 바치게 된다면 그 외에는 문제 삼지 않았습니다. 식민지 백성들의 종교 생활을 간섭하지 않았던 것입니다. 그리고 식민지에 그 지방 출신 통치자를 임명하는 정책을 시행했습니다. 그래서 안토니우스의 환심을 샀던 헤롯을 유대인의 왕으로 임명했습니다. 사실은 우리가 유대인의 왕이라고 말하지만 왕이라기보다는 집정관입니다. 헤롯 안티파터로부터 시작하여 헤롯 집안이 약 100년 동안 로마를 등에 업고서 이스라엘을 통치했습니다. 성경을 보면 예수님이 탄생했을 때 이스라엘을 다스렸던 왕이 헤롯입니다. 예수님이 공생애 사역을 시작할 때 갈릴리를 다스리던 왕도 헤롯입니다. 그리고 사도행전에 보면 헤롯 아그립바 1세, 아그립바 2세가 이스라엘을 통치했는데 이들 모두가 헤롯 집안의 사람들입니다.

정리하면 로마는 하스몬 왕조가 가지고 있던 왕권을 주전 63년에 빼앗습니다. 힐카누스 2세에게 대제사장직은 허락해 주었지만 정치적인 권력은 헤롯 집안에게 줍니다. 그리고 이스라엘의 종교와 문화 생활은 그대로 인정해 줍니다. 심지어 로마는 안식일법을 이유로 유대인에 대해서는 군 복무 의무도 면제해 줍니다. 로마가 이스라엘을 식민 지배하고 나서부터 공식적으로 등장한 기구가 산헤드린 공의회입니다. 산헤드린 공의회가 공식 출범한 것이 주전 55년입니다.

헤롯 대왕은 주전 37년부터 주전 4년까지 통치했습니다. 헤롯 대왕은 처음에는 안토니우스에 의해서 유대 왕으로 임명되었다가 나중에는 아우구스투스를 통해서 다시 한 번 유대인의 왕으로 신임을 받습니다. 헤롯 집안은 국제 정세를 파악하는 능력이 탁월했고 아부와 외교 협상력이 뛰어났습니다. 한마디로 사람들의 마음을 얻는 기술이 탁월했습니다. 헤롯 집안은 정통 유대인이 아닌 에돔 사람들의 후손입니다. 힐카누스 1세 때 이스라엘이 이두매를 정복하고 에돔 사람들을 강제로 유대인화 시켰습니다. 그때부터 헤롯 집안도 야웨 신앙을 갖게 된 것입니다. 그런데 국제 정세를 분석하는 능력이 탁월했던 헤롯 집안은 로마가 고대 근동을 제패할 것을 알고 있었습니다. 그래서 일찍부터 로마의 권력자들과 두루두루 좋은 관계를 맺었습니다. 그 결과 로마가 이스라엘을 식민지로 삼았을 때부터 안토니우스라든가 아우구스투스의 환심을 사면서 이스라엘을 다스릴 수 있는 실권을 갖게 된 것입니다. 그래서 로마를 등에 업고 약 100년 동안 헤롯 집안이 이스라엘을 다스리게 됩니다.

헤롯 대왕이 통치하던 시기에 예수님이 탄생합니다. 재미있는 것이 우리가 예수님의 출생을 기점으로 출생 이전을 BC라고 하고 출생 이후를 AD라고 하지 않습니까? BC라고 하는 것은 예수 그리스도 탄생 이전을 말하는 것이고 AD라고 하는 것은 주님의 해를 말하는 것입니다. 이처럼 예수님의 탄생을 기점으로 BC와 AD를 나누는데 그렇다면 예수님은 언제 태어나신 것인가요? 일반적으로 0년 아니면 1년이라고 생각합니다. 왜냐하면 예수님 탄생 이전을 BC라고 하기 때문입니다. 그런데 성경에 보시면 예수님이 탄생하실 때 헤롯 대왕이 이스라엘을 통치하고 있습니다. 이 헤롯 대왕은 주전 4년에 죽습니다. 성경에 근거하면 예수님은 헤롯 대왕 통치기에 태어나셨기 때문에 최소한 주전 4년 이전에는 탄생하셔야 하는 것입니다. 헤롯 대왕이 예수 탄생 소식을 듣고 나서 뭐라고 명령을 내립니까? 베들레헴에 있는 두 살 이하의 아이들을 다 죽이라고 명령합니다. 그런데 여기서 두 살이라고 하는 것은 우리나라 나이로 치면 세 살 이하를 말하는 것입니다. 그래서 많은 학자들은 헤롯이 그 명령을 내리고 나서 이후에 죽기 때문에 예수님의 탄생 시기를 주전 7년부터 4년 사이로 봅니다. 주전 7년부터 4년 사이로 보고 편의상 주전 4년경에 예수님이 탄생한 것으로 설명합니다. 일반적인 학자들의 견해가 그렇습니다.

오늘날 우리는 예수님의 탄생을 기점으로 주전과 주후를 나누고 있지 않습니까? 그런데 예수님이 주전 4년경에 태어나셨다고 한다면 뭔가 이상하다는 느낌을 갖지 않을 수가 없습니다. 왜 이런 일이 벌어지게 된 것일까요? BC와 AD로 세계 역사를 구분하게 된 것은 그리스도교가 로마의 국교가 된 이후입니다. 525년에 로마의 수도원장이었던 디오니시우스 엑시구스가 역사의 시간표를 그렇게 구분한 것입니다. BC와 AD라는 것이 등장하게 된 것은 525년입니다. 엑시구스가 예수님의 출생을 중심으로 BC와 AD로 세계 역사를 정리했습니다. 그런데 엑시구스가 역사를 계산하면서 중간에 몇 년을 놓쳤습니다. 확실한 것은 헤롯 대왕이 통치하던 시기에 예수님이 탄생하셨다는 것이고 헤롯 대왕은 주전 4년에 죽었다는 것입니다. 따라서 예수님은 최소 주전 4년 이전에 태어나야만 합니다. 학자들은 편의상 예수님의 출생을 주전 4년이라고 말합니다. 그렇다면 예수님께서 30세 즈음에 공생애를 시작하셨다고 하면 그때는 주후 26년 또는 27년이라고 볼 수 있습니다. 그리고 3년을 하셨다고 보면 십자가와 부활과 승천 사건은 29년 또는 30년에 일어났다고 봐야 합니다. 바울의 회심은 32년에 있었다고 보는데 이것은 정확한 연도는 아니지만 일반적으로 이렇게 규정하고 있습니다. 예수님의 탄생을 주전 4년으로 보고 30세 즈음에 공생애를 시작하셨다고 보면 26년 또는 27년에 공생애 사역을 시작하신 것이고 공생애 기간을 3년으로 보면 29년 또는 30년에 십자가와 부활 그리고 승천 사건이 있었던 것입니다.

혜롯 대왕은 자신의 권력에 반대하는 모든 세력을 가차 없이 처벌했습니다. 자기가 무엇을 하려고 하는데 그것에 대해 반대하면 가차 없이 죽였습니다. 이때 자신의 통치를 반대하던 바리새인들을 수천 명 죽이기도 했고 자신의 통치에 위협이 된다고 느끼면 아내와 아들까지도 죽였습니다. 그렇다면 혜롯 집안이 이스라엘을 다스릴 때 가장 큰 콤플렉스가 무엇이었을까요? 자신이 정통 이스라엘 사람이 아니라는 것입니다. 혜롯 집안은 에돔 출신이었습니다. 그래서 혜롯 대왕은 두 번째 부인으로 마리암네라는 여인과 결혼합니다. 마리암네는 힐카누스 2세의 손녀였습니다. 즉 마리암네는 정통 하스몬 가문의 후손이었습니다. 혜롯 대왕은 마리암네와의 결혼을 통해서 반쪽이나마 유대인으로서의 정통성을 확보하게 됩니다. 마리암네는 하스몬 가문의 후손이고 자신이 혜롯에게 어떤 유익을 주고 있다는 것을 알고 있었기 때문에 혜롯과의 관계에서 아주 당당했고 자기 목소리를 내는 여인이었습니다. 그런데 헤롯은 자기 통치에 걸림돌이 된다고 생각한 순간 마리암네를 죽입니다. 그리고 마리암네가 낳은 두 아들도 죽였습니다. 그 마리암네가 낳은 아들들의 자녀가 사도행전에 나오는 아그립바입니다. 복음서에 보면 세례 요한이 비판했던 헤로디아라는 여인이 나옵니다. 헤로디아와 아그립바가 마리암네의 후손입니다. 마리암네의 큰 아들과 작은 아들의 자녀들입니다. 그런데 결국 헤롯에 의해 마리암네와 두 아들은 죽임을 당합니다. 그 죽임 당했던 아들들의 자녀가 아그립바, 헤로디아입니다. 사도행전에 나오는 아그립바는 사도 야고보를 죽입니다. 그런데 이 아그립바가 어떻게 이스라엘의 왕이 되었을까요? 하스몬 왕조의 후손이라고 하는 것이 크게 작용한 것입니다.

헤롯 대왕이 죽은 다음에는 분봉왕들이 이스라엘을 다스렸습니다. 유대와 사마리아 지역은 아켈라오라는 아들이 다스렸고, 갈릴리 지역은 안디바라는 아들이, 요단 북부 지역은 빌립이라는 아들이 다스렸습니다. 헤롯에게는 다섯 명의 부인이 있었습니다. 아켈라오와 안디바는 헤롯의 네 번째 부인의 아들들입니다. 빌립은 다섯 번째 부인의 아들입니다. 이들 모두가 유대인의 피가 1도 없는 자들입니다. 유대인의 입장에서는 아켈라오, 안디바, 빌립 모두가 에돔의 후손들이었기에 당연히 이들의 통치를 좋아하지 않았습니다. 그래서 헤롯 대왕은 이 혈통 문제로 인하여 두 번째 부인으로 힐카누스 2세의 손녀였던 마리암네와 결혼을 했습니다. 결혼을 통해서 반쪽이나마 유대인 행세를 했고 유대인의 왕으로서의 정통성을 확보하였습니다. 유대인의 피가 전혀 없었던 헤롯 대왕의 아들인 아켈라오, 안디바, 빌립도 유대인의 피가 전혀 없었기 때문에 이 문제를 해결하기 위해 고민했습니다. 그래서 헤롯 안디바는 헤로디아와 결혼을 한 것입니다. 헤로디아가 하스몬 가문의 후손이었습니다. 그리고 그녀의 딸인 살로메는 헤롯 빌립과 결혼합니다. 헤로디아의 딸인 살로메와 결혼을 통하여 헤롯 빌립은 자기에게도 유대인의 피가 섞여 있다고 주장하고 싶었던 것입니다. 결혼을 통해 유대인의 왕으로서의 정통성 확보에 목을 매달았던 것입니다.

구체적인 내용은 모른다 하더라도 이 정도만 기억하시면 좋겠습니다. 헤롯 집안은 에돔 사람이었는데 힐카누스 1세에 의해서 강제적으로 유대인이 되었습니다. 그럼에도 불구하고 정통 유대인이 아니다 보니 유대인들로부터 유대인으로 인정받지 못했습니다. 헤롯 안티파터는 수완이 좋은 사람으로 로마 권력자들의 환심을 얻어서 이스라엘을 다스리는 정치 권력자가 되었습니다. 그런데 헤롯 집안이 이스라엘을 다스리게 될 때 이스라엘 백성들의 불만이 하늘을 찌르게 됩니다. 우리가 어찌 이방인의 통치를 받을 수 있는가 하면서 헤롯 집안을 이방인 취급한 것입니다. 그래서 헤롯 대왕은 힐카누스 2세의 손녀였던 마리암네와 결혼하게 됩니다. 자신도 유대인이라는 정통성을 확보하기 위한 정략결혼을 한 것입니다. 그리고 헤롯 대왕의 아들인 헤롯 아켈라오, 헤롯 안디바, 헤롯 빌립이 아버지를 뒤이어 분봉왕이 됩니다. 분봉왕은 사분의 일 지역을 다스리는 왕이라는 뜻입니다. 이들도 유대인의 피가 전혀 없는 자들입니다. 당연히 이스라엘 백성들은 이들의 통치를 좋아하지 않았습니다. 그래서 헤롯 안디바는 하스몬 가문의 혈통을 이어받은 헤로디아와 결혼하려고 한 것이고 헤롯 빌립도 헤로디아의 딸인 살로메와 결혼을 한 것입니다. 헤롯 집안이 에돔의 후손이다 보니까 유대인들로부터 정통성을 인정받지 못했다는 것과 유대인으로부터 정통성을 인정받을 수 있는 방법으로 하스몬 가문의 사람들과 혼인 관계를 맺고자 했다는 것입니다.

헤롯 집안이 정통성 확보를 위해 하스몬 가문들의 사람들과 혼인 관계를 맺기는 했지만 하스몬 가문의 권력이 상승하는 것에 대해서는 철저하게 견제를 했습니다. 헤롯 대왕은 하스몬의 피를 물려받은 아내와 아들들을 죽였습니다. 그 모습이 얼마나 잔인했는지 아우구스투스 황제는 "헤롯의 아들이 되느니 헤롯의 돼지가 되는 것이 낫다"고 했습니다. 왜 헤롯의 돼지가 되는 것이 나을까요? 헤롯이 돼지는 죽이지 않았기 때문에 그렇습니다. 유대 율법에 근거해 보면 유대인들은 돼지고기를 먹을 수 없었습니다. 그래서 평생 돼지는 헤롯에게 죽임당할 위험이 없습니다. 그런데 헤롯은 자기 권력에 위협이 된다고 생각되면 아내도 죽이고 아들도 가차 없이 죽였습니다. 이처럼 학살자로서 악명이 높았던 사람이 헤롯 대왕이었습니다.

헤롯 대왕은 이스라엘 사회와 문화 전반에 걸쳐서 헬라화 정책을 강요했습니다. 헤롯이 했던 헬라화 정책의 대표적인 것이 원형 경기장과 극장을 건설하는 것입니다. 원형 경기장은 그 당시에 국민 스포츠로 이해하시면 됩니다. 전두환 보안사령관이 12·12 군사 반란을 통해서 권력을 장악하고 자신의 권력 장악을 반대하는 광주 시민들을 학살하고 대통령으로 취임했을 때 많은 국민들이 그를 좋아하지 않았습니다. 그때 전두환은 소위 3S 정책을 들고 나옵니다. 스포츠, 섹스, 스크린을 통해 국민들의 마음을 얻으려고 한 것입니다. 그 가운데 하나가 프로야구를 시작한 것입니다. 1982년에 프로야구가 출범하게 되었는데 전 세계에서 국가 주도로 프로야구를 만든 나라는 대한민국이 유일합니다. 그렇게 한 이유가 무엇입니까? 사람들의 주된 관심을 정치로부터 다른 곳으로 돌리고자 한 것입니다. 헤롯이 그와 비슷한 일을 한 것입니다. 원형 경기장은 당시에 국민 스포츠가 이루어지는 장소입니다. 극장은 극에 따라서 다르기는 하지만 마스크를 쓰고 나체로 진행되는 연극들도 있었습니다. 그 당시 연극이라는 것은 음란한 공연으로 이해하시면 됩니다. 사람들의 관심을 돌리게 하기 위해 원형 경기장과 극장을 만들었고 또한 수많은 도시들을 건축했습니다.

헤롯 대왕은 많은 건물들을 지은 건축가로도 유명합니다. 그 건축물 가운데 하나가 로마의 황제인 가이사에게 바친 가이샤라라는 도시입니다. 이스라엘의 지명을 보시면 가이샤라, 디베랴가 있습니다. 가이샤라는 가이사에게 바친 도시이고 디베랴는 로마의 2대 황제였던 티베리우스에게 바친 도시입니다. 베드로가 '주는 그리스도시오'라고 신앙 고백했던 곳이 가이샤라 빌립보입니다. 이곳은 빌립이라는 분봉왕이 가이사 황제에게 바친 도시입니다. 이렇게 이스라엘의 왕들은 로마의 황제들에게 자신의 충성심을 과시하는 건축물을 지어 바쳤습니다. 여기에서 가장 유명한 사람이 헤롯 대왕입니다. 헤롯 대왕은 통치 기간 내내 여러 건축 사업을 했는데 그중에서 가장 중요한 것이 예루살렘 성전 증축입니다. 주전 20년부터 시작하여 주후

63년까지 총 83년에 걸쳐서 성전 증축 사업을 벌였습니다. 어떤 기록에 따르면 축구장 네 배 크기로 성전을 증축했다고 합니다.

이스라엘 역사를 보면 가장 먼저 건축한 성전이 솔로몬 성전입니다. 이 솔로몬 성전은 주전 586년에 바벨론 군대에 의해서 무너집니다. 그다음에 학개와 스가랴 때 세워진 스룹바벨 성전이 있습니다. 이 스룹바벨 성전을 아주 크게 증축한 것이 헤롯 성전입니다. 헤롯 성전은 총 83년에 걸쳐서 공사를 했습니다. 주전 20년에 시작해서 주후 63년까지 지었습니다. 요한복음에 보면 예수님께서 "이 성전을 헐라 내가 사흘 만에 다시 일으키겠다"라고 했을 때 유대인들이 뭐라고 비꼽니까? "지금 우리가 이 성전을 46년째 짓고 있는데 네가 3일 만에 짓겠다고"라며 말하는 장면이 나옵니다. 이 말씀을 통해 우리는 예수님이 공생애를 시작하신 때가 몇 년쯤인지를 짐작할 수 있습니다. 주전 20년에 시작된 증축 공사가 현재 46년째 진행되고 있으니 이때는 주후 26년 또는 27년이 되는 것입니다. 헤롯 성전이 최종 완공된 것은 63년입니다. 그리고 완공된 지 7년 만에 로마와의 전쟁에서 서쪽 벽을 제외하고 모든 성전 벽이 무너지게 됩니다. 이때 유일하게 남아 있던 서쪽 벽을 유대인들이 통곡의 벽이라 불렀습니다. 유대인들의 입장에서 얼마나 황당했겠습니까? 83년 동안 건축했는데 불과 7년 만에 서쪽 벽을 제외하고 모든 벽이 다 무너졌으니 말입니다. 이 성전을 학자들은 헤롯 성전으로 부릅니다. 헤롯 대왕의 건축 사업 중 가장 큰 규모의 공사가 성전 증축이었습니다. 또한 헤롯 대왕은 베들레헴에 있는 두 살 이하의 아이들을 죽였던 유아 학살의 장본인이기도 합니다.

헤롯 대왕이 죽은 다음에 이스라엘은 분봉왕 체제로 전환됩니다. 분봉왕은 지방의 영주라고 생각하시면 됩니다. 특정한 지역에서는 왕 같은 존재이지만 실제 왕이라기보다는 지방의 영주와 같은 위치입니다. 로마는 헤롯 대왕이 죽은 다음에 그의 아들들을 그다지 신뢰하지 않았습니다. 그래서 이때부터는 이스라엘 전체를 다스리는 왕을 세우지는 않고 각 지역을 주관하는 지방 영주로 분봉왕을 세운 것입니다. 분봉왕으로 통치를 잘하게 되면 그때는 이스라엘 전체를 다스리는 왕으로 세워주겠다고 약속하면서 분봉왕들 간에 충성 경쟁을 유도한 측면도 있었습니다. 헤롯 빌립은 북 요르단 지역을 통치했습니다. 그의 통치 기간은 주전 4년부터 주후 34년까지입니다. 빌립은 헤롯의 다섯 번째 부인의 아들로 유대인의 피가 전혀 없었습니다. 그래서 빌립은 헤로디아의 딸인 살로메와 결혼합니다. 빌립과 살로메는 나이 차이가 많이 났습니다. 빌립은 자기의 딸 벌인 살로메와 결혼하여 유대인의 정통성을 얻고 싶었습니다. 예수님과 세례 요한과 관련해서 가장 중요한 분봉왕이 헤롯 안디바입니다. 안디바는 갈릴리 지역을 통치했습니다. 그의 통치 기간은 주전 4년부터 주후 39년까지입니다. 안디바는 헤롯의 네 번째 부인의 아들로 유대인의 피가 전혀 흐르지 않았습니다. 그래서 유대인의 정통성을 확보하기 위해서 하스몬 가문의 후손이었던 헤로디아와 결혼하게 됩니다. 안디바는 로마의 2대 황제인 티베리우스에게 충성심을 나타내기 위해서 갈릴리 호수 서편에 디베랴라는 도시를 건설합니다. 자신과 헤로디아의 결혼의 비윤리성을 책망하던 세례 요한을 죽인 사람이 헤롯 안디바였습니다. 안디바는 주후 39년에 헤로디아의 말을 듣고 로마에 가서 분봉왕이 아닌 이스라엘 전체의 왕이 되게 해달라고 간청했다가 가이우스에 의해 리옹으로 유배를 떠나게 됩니다. 안디바가 유배를 떠나게 된 이유는 아그립바 1세 때문입니다. 가이우스의 친구가 아그립바 1세였는데 안디바가 가이우스에게 오기 전에 아그립바 1세는 가이우스에게 먼저 편지를 보냈습니다. 그 편지의 내용은 '헤롯 안디바는 반역자로 로마에 저항하고자 한다'는 것이었습니다. 이 편지를 받고 가이우스는 헤롯 안디바에 대해 마음이 좋지 않았는데 그가 와서 자신을 지방의 영주가 아니라 이스라엘 전체의 왕이 되게 해달라고 요청하니 그를 리옹으로 유배 보낸 것입니다. 이때가 주후 39년이었습니다.

헤롯 아켈라오는 유대와 사마리아 지역을 다스렸는데 아버지의 폭군스러운 모습을 그대로 닮았습니다. 아켈리오는 헤롯의 네 번째 부인의 아들로 그에게도 유대인의 피가 전혀 흐르지 않았습니다. 아켈라오는 자신의 통치를 반대하는 사람들 삼천 명을 학살했습니다. 이로 인해 아켈라오의 통치를 반대하는 목소리가 높았습니다. 로마가 지방의 영주들을 세울 때 기대했던 것이 무엇이겠습니까? 분봉왕들의 통치를 통해 식민지가 안정화되는 것을 기대했습니다. 만약 식민지 백성들이 계속해서 폭동을 일으키고 손쓰기 어려운 사건이 연달아 발생하게 되면 로마가 얼마나 머리 아프겠습니까? 아켈라오는 자신에게 반대하는 사람을 계속해서 처형했기 때문에 아켈라오에 대해서 이스라엘 백성들의 원성이 높았습니다. 결국 주후 6년에 로마는 아켈라오를 폐위시켜 버립니다. 그리고 이때부터 아켈라오가 다스리던 유대와 사마리아 지역을 로마 총독이 직접 통치하게 됩니다. 평소에는 총독이 가이샤라에 머물다가 명절이나 위기가 발생할 때는 예루살렘에 머물게 됩니다. 가이샤라는 지중해 해변에 있는 도시입니다. 유월절이나 오순절과 같은 절기에는 예루살렘에 많은 순례객들이 몰려오기 때문에 이때는 비상 상황이었습니다. 그래서 절기 때는 총독이 예루살렘에 와서 머물렀던 것입니다. 그렇게 로마 총독이 유대와 사마리아를 다스리게 되었는데 5대 총독이 빌라도였습니다. 빌라도가 통치했던 기간은 주후 26년부터 36년입니다. 예수님의 공생애와 겹치는 인물이 빌라도입니다. 그런데 빌라도를 총독이라고 부르는데 사실은 좀 애매모호합니다. 엄밀한 의미에서는 총독이라기보다는 지방 행정 장관이라고 봐야 합니다. 총독 바로 아래에 있는 사람입니다. 그런데 성경 저자들은 빌라도의 지위를 조금 격상시키는 의미에서 총독이라는 표현을 쓰고 있는데 정확하게는 지방 행정 장관입니다. 시리아 총독의 관할 하에 있는 지방 행정 장관입니다. 당시 시리아 지역에는 총독이 있었습니다. 그 시리아 총독의 관리 감독을 받는 자리가 유대와 사마리아의 지방 장관입니다. 빌라도가 주후 36년에 해임되는데 누가 빌라도를 해임시켰을까요? 시리아 총독이 빌라도를 해임시켰습니다. 만약 시리아에 있는 사람도 총독이고 빌라도도 총독이라면 어떻게 시리아 총독이 유대 총독을 마음대로 해고할 수 있겠습니까? 이를 통해 우리는 당시 유대와 사마리아 지역에 있던 최고 지도자는 시리아 총독의 관리 감독을 받았다는 것을 알 수 있습니다. 빌라도의 지위를 높이는 의미에서 총독이라고 번역은 했지만 사실은 지방 행정 장관이었다고 기억하시면 되겠습니다. 그 근거가 무엇입니까? 주후 36년에 시리아 총독에 의해서 빌라도가 해임되었다는 것입니다.

이 시기에는 원활한 유대 통치를 위해서 대제사장을 총독이 임명하고 의복도 총독이 보관했습니다. 헤롯 집안이 이스라엘을 다스린 100년 동안 대제사장의 평균 임기가 4년이었습니다. 평균 임기가 4년이었으니 이 시기에 종교 권력이 얼마나 혼란스러웠을까를 상상해 보십시오. 대제사장은 원래 종신직입니다. 그런데 헤롯 집안이 다스렸던 100년 동안 대제사장의 평균 임기가 4년밖에 되지 않았습니다. 그만큼 빠른 교체가 이루어진 것입니다. 사실 대제사장직은 아론의 후손만이 계승할 수 있었습니다. 그런데 안티오쿠스 에피파네스 4세 때부터 대제사장직을 매매하기 시작했습니다. 아론의 후손이 아니어도 뇌물을 많이 바친 사람을 대제사장으로 임명한 것입니다. 이러한 불법적인 관행이 헤롯 집안이 통치할 때도 계속 이어지게 되었습니다. 한번 생각해 보십시오. 엄청난 뇌물을 갖다 바쳐서 대제사장이 되었다고 해서 안심할 수 있는 것이 절대로 아니었습니다. 더 많은 뇌물을 바친 사람이 언제든지 대제사장의 자리를 찬탈할 수 있는 상황에서 자신이 획득한 대제사장직을 유지하기 위해서는 계속해서 뇌물을 갖다 바칠 수밖에 없었습니다. 그리고 언제 교체될지 모르는 상황에서 온통 생각이 어디로 집중되었겠습니까? 자신이 바친 뇌물 이상을 회수하는 것에 관심이 집중될 수밖에 없습니다. 이때부터 대제사장은 예루살렘 성전에 있는 돈을 가지고 고리대금업을 하기 시작했습니다. 사람들이 내는 헌금과 십일조, 성전세 등을 가지고 사람들에게 땅이나 몸을 담보로 잡고 돈을 빌려주기 시작한 것입니다. 그리고 정해진 기한에 빚을 갚지 못하면 담보로 내걸었던 것들을 빼앗기 시작했습니다. 그 결과 당시에 성전 소유의 땅과 성전 소유의 노예들이 엄청나게 늘어났습니다. 여기서 주목해야 할 것이 주후 66년에 이스라엘의 모든 세력이 힘을 합쳐서 로마와 전쟁을 벌이게 되었는데 이를 유대 전쟁이라고 부릅니다. 66년에 로마와의 전쟁이 시작되었을 때 이스라엘 사람들이 먼저 한 것이 무엇이었을까요? 예루살렘 성전에 들어가서 성전에 보관되어 있던 땅 문서와 노비 문서를 불태운 것입니다. 이런 행위를 한 것을 보면 그 당시 사람들이 성전에 대해서 얼마나 분노와 원한의 마음이 가득했는가를 알 수가 있습니다.

헤롯 통치기에 봉직했던 대부분의 대제사장들은 많은 뇌물을 갖다 바쳐서 대제사장이 된 사람들이었습니다. 이들은 자신들이 바친 뇌물보다 더 많은 돈을 회수하기 위해서 성전의 돈을 가지고 고리대금업을 시작했습니다. 또 성전의 수입을 극대화하기 위해서 한 것이 제물로 사용되는 짐승을 비싼 가격에 판매한 것입니다. 레위기에 보면 이스라엘 백성들이 죄를 사함 받을 수 있는 유일한 길은 짐승 제사입니다. 그런데 아무 짐승이나 바칠 수는 없고 정결한 짐승만 제물로 바칠 수 있습니다. 그런데 사람들이 가져 온 짐승이 정결한지 부정한지를 누가 판단합니까? 제사장이 판단합니다. 성전이 돈벌이에 혈안이 되었을 때 어떤 일이 벌어졌을까요? 사람들이 성전 바깥에서 제물로 바칠 짐승을 끌고 오면 제사장들은 부정하다고 판정을 내립니다. 그러면 어떻게 해야 합니까? 헌제자가 양 한 마리를 제물로 바치려고 갈릴리에서부터 일주일 동안 걸어왔는데 제사장이 부정하다고 판단하면 어떻게 해야 합니까? 다시 갈릴리로 가서 다른 짐승을 끌고 와야 합니까? 이때부터 제사를 드리는 사람들의 편의를 도모한다는 명목 아래 성전에서 짐승을 판매했습니다. 그런데 시장에서 10

만원에 살 수 있는 양을 성전에서는 20~30만원에 판매합니다. 그런데 안 살 수가 없습니다. 성전에서 판매하지 않는 짐승을 끌고 오면 또 부정하다고 판정을 내리니 울며 겨자 먹기 식으로 성전에서 판매하는 짐승을 살 수밖에 없었습니다. 이로 인해 성전은 엄청난 폭리를 취하면서 짐승을 팔았습니다. 성전은 이런 행위를 통해서 엄청난 이득을 챙겼습니다.

　성전이 운영하는 또 하나의 수입원이 있었습니다. 당시에는 디아스포라 유대인들이 많았습니다. 혈통은 유대인이지만 가나안 땅에 살지 않고 세계 각지에 흩어져 사는 사람들을 디아스포라 유대인이라고 합니다. 이들은 일 년 중 삼대 절기 가운데 어느 한 날에 예루살렘 성전에 와서 제사하고 일 년치 십일조를 드렸습니다. 그런데 당시 예루살렘 성전은 성전에 헌금을 바칠 때는 세겔로만 낼 수 있게 했습니다. 세겔은 유대인들이 사용하는 화폐 단위입니다. 디아스포라 유대인들은 평소에는 지역 화폐를 사용합니다. 예컨대 데나리온이 대표적입니다. 그런데 디아스포라 유대인들이 그 지역에서 사용하던 화폐를 가지고 와서 헌금하면 받아주지를 않았습니다. 모든 헌금은 세겔로만 바칠 수 있도록 했습니다. 따라서 디아스포라 유대인들은 성전에 헌금하기 위해서는 세겔로 환전해야 했습니다. 이것을 이용하여 성전에서는 환전을 할 때 엄청난 수수료를 챙겼습니다. 성전은 하나님을 예배하는 곳이고 율법의 말씀을 배우는 곳입니다. 그것이 성전의 본질적인 기능입니다. 그런데 예수님 당시 성전은 어떻게 하면 사람들의 종교심을 이용해서 이득을 취할 수 있을까에 몰두했습니다. 하나님의 이름을 브랜드로 내걸고 종교 사업을 한 것입니다. 예수님이 성전을 뒤집어엎으면서 말씀하신 만민의 기도하는 집이 되어야 할 성전이 강도들의 소굴이 되었다는 것은 단순히 은유적인 말씀이 아닙니다. 당시 성전은 강도들의 소굴이었습니다. 경건한 유대인들의 하나님에 대한 헌신과 하나님에 대한 사랑의 마음을 이용하여 어떻게 하면 그들의 것을 빼앗을 수 있는가에 온통 정신이 팔려 있었습니다. 이런 행태에 대해 하나님을 종교 브랜드로 이용하여 종교 사업을 했다고 할 수 있습니다.

혹시 여러분들이 다니는 교회에서 맥추감사 주일을 지키는지요? 맥추감사 헌금을 내셨나요? 저는 한국 교회가 그러지 않았으면 좋겠다는 마음입니다. 저는 27세에 공동체 지체들과 함께 개척해서 지금까지 지키고 있는 것이 하나 있습니다. 교회에서 드리는 헌금은 두 종류뿐입니다. 주일 헌금과 나눔의 드림입니다. 목회를 하면서 부활주일 헌금과 성탄절 헌금도 하지 않았습니다. 한번 생각해 보십시오. 지금 우리가 농사를 짓는 것도 아닌데 맥추감사 헌금을 왜 내고 있을까요? 맥추감사 헌금을 내는 것이 성경적으로 옳다면 유월절 헌금도 내라고 해야 하는 것 아닙니까? 한국 교회가 패러다임을 바꾸어야 한다고 생각합니다. 그동안 교인들이 교회를 위해 얼마나 수고하고 헌신했습니까? 이제는 교회가 교인들의 삶을 돕는 방안들을 고민하고 실천해야 한다고 봅니다. 지금도 한국 교회 교인들은 최선을 다해서 교회를 위해 충성하고 헌신하고 있는데 어떤 명분을 만들어 헌금을 유도하는 것은 이제는 지양해야 한다고 봅니다. 아무리 명분이 좋더라도 이것은 옳지 않다는 것이 개인적인 생각입니다. 저는 목회자들이 맥추감사 헌금, 부활주일 헌금, 성탄절 헌금을 따로 걷지 않았으면 좋겠습니다. 주일에 감사헌금을 드리지 않습니까? 그런데 왜 명분을 붙여 따로 헌금을 내게 합니까? 이제는 교회에서 이런 문화가 사라져야 한다고 봅니다. 그런데 예수님 당시 성전이 그랬습니다. 대제사장은 자신이 바친 뇌물 이상의 금액을 회수하기 위해서 온갖 방법으로 사람들의 주머니를 털려고 했습니다. 그런 상황에서 예수님께서 성전을 뒤집어엎으신 것입니다.

예수님의 승천 사건부터 예루살렘 멸망과 요한계시록의 기록은 주후 30년부터 100년 사이에 일어났습니다. 주후 39년에 아그립바 1세가 유대와 사마리아 지역의 분봉왕이 됩니다. 아그립바 1세의 아버지는 헤롯 대왕에 의해 처형되었고 아그립바 1세는 생존을 위해서 어린 나이에 로마로 피신했습니다. 아그립바 1세의 아버지는 헤롯과 마리암네 사이에서 태어난 두 아들 중 하나입니다. 헤롯 대왕은 정통성 문제를 해결하기 위해 자신의 두 번째 부인으로 힐카누스 2세의 손녀인 마리암네와 결혼하여 아들 둘을 낳았습니다. 그러나 두 아들이 자신의 왕권에 위협이 된다고 생각하여 죽입니다. 할아버지 헤롯에게 아버지가 처형을 당하는 상황 속에서 아그립바 1세는 살기 위해서 로마로 피신했습니다. 로마로 피신하여 그곳에서 로마 고위층 자녀들과 친분을 쌓게 됩니다. 그곳에서 친분을 쌓았던 로마 고위층 자녀 가운데 로마 3대 황제가 된 가이우스와 4대 황제가 된 글라우디우스가 아그립바 1세와 친구였습니다. 이들과 관련된 재미있는 일화가 있습니다. 로마 2대 황제였던 티베리우스가 통치할 때 아그립바는 "티베리우스가 빨리 죽고 가이우스가 황제가 되었으면 좋겠다"는 이야기를 했습니다. 티베리우스 입장에서는 아그립바의 이러한 주장은 자신에 대한 반역과도 같은 것 아니겠습니까? 그래서 티베리우스가 아그립바 1세를 감옥에 집어넣었습니다. 그런데 놀랍게도 6개월 후에 티베리우스가 갑자기 죽고 가이우스가 황제가 되었습니다. 가이우스가 황제가 된 다음에 제일 먼저 한 일이 무엇이겠습니까? 아그립바 1세를 감옥에서 끄집어낸 다음에 원하는 것이 무엇인지를 물었습니다. 그때 아그립바 1세가 이스라엘의 왕이 되고 싶다고 했고 가이우스는 아그립바 1세를 이스라엘 왕으로 임명합니다. 그리고 가이우스가 물러난 다음에 글라우디우스 황제 때도 아그립바 1세는 든든한 친구 관계로 인해서 이스라엘을 다스리게 된 것입니다. 아그립바 1세 때 야고보가 순교하고 베드로가 투옥을 당합니다. 이 이야기가 사도행전 12장에 나옵니다. 44년에 아그립바 1세는 질병으로 죽게 됩니다. 그리고 그의 아들인 아그립바 2세가 17세라는 비교적 젊은 나이에 분봉왕이 됩니다. 아그립바 2세는 바울 재판에 참석했던 인물이기도 합니다.

그런데 이 시기에 중요한 사건이 발생했는데 주후 66년에 일어난 유대 전쟁입니다. 당시 총독은 플로루스였는데 그가 성전에 있는 보물을 약탈해 갔습니다. 고대 사회에서 신전은 예배드리는 장소임과 동시에 은행과 세무서 그리고 보물 창고의 역할을 했습니다. 신전에 있는 신상들은 대부분 금으로 제작하거나 금을 입힌 것들입니다. 신상 자체가 엄청난 가치를 지닌 고가의 물품이었습니다. 당시 사람들이 바친 헌금과 귀한 예물들이 성전에 보관되어 있었는데 플로루스 총독이 성전에 있는 귀한 물건에 손을 대기 시작한 것입니다. 이 사건을 계기로 유대인들이 그동안 로마에 대해 쌓여 있던 불만이 폭발하게 됩니다. 이것이 66년부터 시작된 유대 전쟁이 일어난 계기입니다. 유대 전쟁은 66년에 시작해서 70년까지 계속되었습니다. 로마와 이스라엘의 군사력을 비교하면 생각보다 전쟁이 오래 지속되었습니다. 전쟁이 길어진 이유가 있습니다. 로마의 베스파시안 장군이 유대인들이 쿠데타를 일으켰다는 이야기를 듣고 군대를 이끌고 예루살렘으로 왔습니다. 그런데 예루살렘 성은 이쪽에도 물이 있고 저쪽에도 물이 있는 천혜의 요새입니다. 그래서 진압이 쉽지 않았습니다. 그런데 예루살렘 성을 공격하던 중에 로마 황제 네로가 자살했다는 소식을 듣게 된 것입니다. 네로가 자살하고 새로운 황제가 등극하게 되지만 로마 제국은 엄청난 혼란에 빠지게 됩니다. 새로운 황제가 등극했지만 몇 개월을 지속하지 못하고 계속 교체가 되었습니다. 네로가 자살한 이후 갈바 황제, 오토 황제, 비틸리우스 황제가 등극했는데 모두가 오랜 기간 통치하지 못했습니다. 그래서 예루살렘을 정복하러 왔던 베스파시안에게 로마 황제 자리를 제안합니다. 예루살렘을 정복하러 온 베스파시안은 로마의 혼란스러운 정세로 인해 황제로 추대되었고 69년에 로마 황제에 등극하게 됩니다. 그리고 베스파시안은 자신의 아들인 디토스를 예루살렘으로 보냅니다. 우리가 디도 장군이라고 부르는 인물입니다. 이 디도에 의해 70년에 예루살렘이 무너지게 됩니다.

유대 전쟁에서 기억해야 할 중요한 사실이 하나 있는데 66년부터 이스라엘에 있는 모든 사람들이 힘을 합쳐서 로마와 전쟁을 벌였습니다. 이때 바리새인, 에세네파, 열심당 등 이스라엘인이라는 정체성을 가진 모든 사람들이 힘을 합쳤습니다. 그런데 유대인임에도 전쟁에 참여하지 않은 그룹이 있었는데 바로 유대 그리스도인들이었습니다. 유대인들 중에서 초대 교회에 있었던 사람들은 유대 전쟁에 참여하지 않은 것입니다. 이들은 유대 전쟁이 발발하기 전에 요단강 건너편 펠라로 집단 이주를 합니다. 정통 유대인들의 입장에서 펠라 지역으로 집단 이주한 유대 그리스도인들을 어떻게 바라보았을까요? 지금 모든 유대인들이 힘을 합쳐서 로마와 전쟁을 하고자 하는 상황에서 유대인임에도 유일하게 이 전쟁에 동참하지 않고 펠라로 집단 이주했으니 민족의 배반자 같은 느낌이었을 것입니다. 이후에 유대 그리스도인들에게 "너희는 왜 유대인임에도 불구하고 이 전쟁에 동참하지 않았느냐"라고 물었을 때 유대 그리스도인들은 성령께서 자신들에게 나타나셔서 유대 전쟁에 동참하지 말고 펠라로 이주하라고 말씀하셨다고 답했습니다. 결과적으로 유대 전쟁에서 유대인들은 대패하게 됩니다. 반면 초대 교인들은 최소한의 피해를 입게 됩니다. 이때부터 정통 유대인들은 유대인이면서도 그리스도인인 사람들에 대해서 회당 출입 금지 명령을 내립니다. 그리고 공식적으로 유대인이면서 그리스도인을 이단자로 규정했습니다. 유대 전쟁 이후에 정통 유대교와 초대 교회 사이에는 건널 수 없는 강이 생기게 된 것입니다.

유대 전쟁이 처음 시작되었을 때 유대인들이 로마군을 격퇴도 하고 성전을 정화하기도 했습니다. 그러나 70년 로마의 디도 장군에 의해서 예루살렘 성과 성전은 완전히 붕괴가 됩니다. 디도는 로마 황제 베스파시안의 아들로서 이후에 아버지가 황제 자리에서 물러난 79년부터 로마 황제에 등극하게 됩니다. 디도 장군에 의해서 유대가 멸망하게 되는 상황에서 끝까지 로마에 저항하고자 한 1,000명 정도의 사람들이 맛사다라는 요새로 피신하게 됩니다. 그리고 그곳에서 3년 정도를 버티다가 73년에 맛사다 요새도 함락되게 됩니다. 유대 전쟁은 66년에 시작해서 73년까지 계속된 전쟁으로 실제적으로는 70년에 예루살렘 성전이 무너지면서 유대의 대패로 끝난 전쟁이라고 이해하시면 됩니다. 예루살렘 성전이 무너진 70년이 매우 중요한 의미가 있습니다. 유대교는 성전 중심의 종교로 성전을 중심으로 사역했던 사람들이 누구였습니까? 사두개파입니다. 그런데 70년에 성전이 무너지게 됩니다. 성전이 무너졌다는 말은 사두개파가 일할 자리가 사라졌다는 의미입니다. 당시 유대 종교 그룹 가운데 가장 강력한 권력을 가지고 있었던 그룹이 사두개파였습니다. 사두개파에는 정통 제사장들이 많았고 그들은 사독의 후손이라는 자부심도 있었습니다. 무엇보다 그들은 이스라엘의 구심점이라고 할 수 있는 예루살렘 성전에서 사역했습니다. 그래서 사두개파 사람들은 자신들의 라이벌이라고 할 수 있는 평신도 지도자들의 모임인 바리새파 사람들을 하대했습니다. 그런데 70년에 성전이 무너지게 되면서 사두개파는 자신들이 일할 수 있는 자리가 사라져 버리게 됩니다. 성전의 몰락은 곧 사두개파의 몰락을 의미하는 것입니다. 이렇게 사두개파가 몰락하면서 70년부터 유대교의 중심 권력을 바리새파가 장악하게 됩니다. 70년 이후부터는 바리새파 중심의 유대교가 된 것입니다.

바리새파도 유대 전쟁에서 많은 피해를 입었습니다. 그러나 바리새파가 주로 사역하는 공간은 성전이 아니라 각 지방에 있는 회당이었습니다. 유대 전쟁 이후에 사두개파는 일할 수 있는 자리가 사라졌지만 바리새파는 사역할 수 있는 공간이 남아 있었습니다. 그래서 70년 이후부터는 바리새파가 유대교의 중심이 됩니다. 이때부터 유대교는 바리새파 중심의 유대교가 된 것입니다. 유대 전쟁으로 인해 100만 명 넘는 유대인들이 학살을 당했습니다. 당시에 100만 명 이상이면 정말 어마어마한 숫자입니다. 엄청난 숫자의 유대인들이 학살을 당했고 최소 7만 명에서 최대 10만 명까지 포로로 끌려가게 됩니다. 이렇게 많은 유대인들이 학살당한 이유는 로마가 성전을 건드렸기 때문입니다. 유대인들은 야웨 신앙을 건드리게 되면 목숨을 걸고 달려듭니다. 오랜 시간 로마 제국도 유대인들의 특수성을 고려하여 유대인들에 대해 나름 편의를 제공해 주었는데 유대 전쟁에서는 많은 유대인들을 죽이고 포로로 끌고 갔습니다. 그리고 81년부터 96년까지 도미티안 황제 때는 황제 숭배 정책으로 유대인 및 그리스도인들에 대한 대대적인 박해가 이루어집니다. 이때 요한계시록이 기록되었다고 봅니다. 로마의 황제들은 재산 몰수와 공직 추방, 십자가 처형과 화형, 원형 경기장에서의 처형 등 극심한 박해를 가하였습니다. 그러나 놀랍게도 그리스도교의 영향력은 시간이 지나면 지날수록 점점 확장되어졌습니다.

지금까지 신약 시대 배경에 대해서 살펴보았습니다. 다시 정리하면 이스라엘은 5대 제국에 의해서 700년 이상 식민 지배를 받았습니다. 앗수르, 바벨론, 페르시아, 헬라, 로마로 이어지는 5대 제국입니다. 헬라 제국의 지배를 받을 때는 처음에는 이집트를 중심으로 한 프톨레미 왕조의 지배를 받다가 이후에는 시리아를 중심으로 한 셀류커스 왕조의 지배를 받게 됩니다. 여기서 중요한 것은 셀류커스 왕조 이전에는 모든 제국들이 이스라엘에 대해서 간접 통치를 했다는 것입니다. 간접 통치가 무엇입니까? 이스라엘의 종교와 문화를 그대로 인정해 주는 것입니다. 이때 이스라엘은 제국에 대해서 어떤 의무만 이행하면 됩니까? 제국이 부과한 세금을 잘 내고 제국에 저항하지 않고 충성만 하면 됩니다. 그러면 제국은 이스라엘의 종교 생활과 문화생활을 100% 보장해 줍니다. 그런데 셀류커스 왕조의 안티오쿠스 에피파네스 4세 때부터 이스라엘을 직접 통치하기 시작합니다. 헬라의 문화와 종교, 언어와 교육 체계를 그대로 이스라엘에 이식하고자 했습니다. 이때 마카베 집안을 중심으로 저항 운동이 일어나게 되었고 이 저항 운동의 결과 주전 142년에 하스몬 왕조가 세워지게 됩니다. 마카베 항쟁 때 마가베 집안을 열심히 도왔던 그룹이 있는데 그들을 하시딤이라고 부릅니다. 그런데 하스몬 왕조가 출범하자마자 왕이 대제사장직을 겸직했습니다. 정치 권력과 종교 권력을 독점하고자 하는 반율법적 행위를 한 것입니다. 여기에 하시딤이 실망하게 되면서 두 개로 분화하게 됩니다. 그 가운데 일부는 사해로 물러나서 자신들만의 거룩한 공동체를 세우고자 했고 일부는 각 지역으로 들어가서 율법의 생활화 운동을 펼치고자 했습니다. 전자를 에세네파라고 부르고 후자를 바리새파라고 부릅니다. 그런데 하스몬 왕조가 대제사장직과 왕직을 겸직하는 것을 찬성했던 무리도 있었는데 이들이 사두개파입니다. 이로 인해 사두개파와 바리새파는 갈등하게 되었습니다.

하스몬 왕조의 힐카누스 2세와 아리스토불루스 2세가 서로 왕이 되고자 갈등하면서 로마를 끌어들이게 됩니다. 결국 주전 63년에 로마 폼페이우스 장군에 의해 이스라엘은 로마에 정복되었고 이때부터 로마의 지배를 받게 됩니다. 로마는 절대 충성을 맹세한 헤롯 집안을 이스라엘을 다스릴 수 있는 지도자로 세웠습니다. 그런데 헤롯 집안은 에돔의 후손으로 이스라엘 사람들에게 환영받지 못했습니다. 그래서 헤롯 대왕은 하스몬 왕조의 혈통을 가진 마리암네 2세와 결혼하게 됩니다. 복음서에도 이와 비슷한 사건이 일어납니다. 헤롯 안디바는 자신의 본부인을 버리고 헤로디아와 결혼합니다. 빌립도 자기 본부인이 있었는데 살로메와 또 결혼합니다. 이렇게 한 이유가 무엇일까요? 헤로디아와 살로메가 하스몬 왕가의 혈통을 이어받은 정통 유대인이기 때문입니다. 에돔의 후손이었던 헤롯 집안의 지도자들이 유대인들로부터 인정받기 위해서 하스몬 가문의 여인들과 결혼한 것입니다. 헤롯 대왕 이후에는 분봉왕 체제로 가다가 아그립바 1세 때 다시 이스라엘 전체를 다스리는 왕이 등장하게 됩니다. 그리고 중요한 것이 66년에 로마 총독이 예루살렘 성전에 쌓인 보물을 건드리는 일 때문에 그동안 억눌렸던 유대인들의 불만과 불평이 폭발하게 됩니다. 이로 인해 유대 전쟁이 발발했습니다. 유대 전쟁에서 모든 유대인들이 힘을 모아 로마와 전쟁을 벌였는데 유일하게 유대 그리스도인들은 전쟁에 동참하지 않았습니다. 이때부터 유대인들은 유대 그리스도인들을 민족의 배반자로 규정하고 회당 출입 금지령을 내렸습니다. 유대 그리스도인들을 이단자로 규정하면서 교류하지 않게 된 것입니다. 이때부터 유대교와 초대 교회는 서로 다른 이질적인 집단이 되었습니다.

복음서 강의 2-2

말씀과 함께 | 복음서 강의

복음서 강의 2-2

유대 사회의 제 분파들에 대해 우리가 주목해야 할 것은 크게 다섯 개 분파입니다. 먼저 에세네파입니다. 에세네는 헬라어로 '경건한' 이라는 뜻입니다. 히브리어로 하면 '하시딤'입니다. 히브리어로 하시딤이 헬라어로 에세네입니다. 에세네파의 가장 중요한 특징은 사회 정치에 대한 무관심입니다. 에세네파는 사해 근처로 물러나서 자기들만의 거룩한 공동체를 세운 사람들입니다. 에세네파의 주요 구성원들은 제사장과 그들의 가족입니다. 제사장은 유대 종교 권력자들입니다. 그런데 안티오쿠스 에피파네스 4세 때 성직 매매가 일어나는 것을 보면서 분노했던 제사장이 있었습니다. 이때 일단의 제사장 무리들이 사해로 물러나서 자기들만의 공동체를 세웁니다. 그러다가 마카베 항쟁 때 힘을 보탭니다. 항쟁의 결과 하스몬 왕조가 탄생했는데 왕이 대제사장직까지 겸직하는 것을 보면서 크게 실망합니다. 그래서 마카베 항쟁을 도왔던 하시딤 중에 제사장들을 중심으로 한 일단의 그룹들이 다시 사해로 물러나서 자신들만의 공동체를 세우게 되는데 이것이 에세네파입니다. 반면 하시딤 중에 비례위인들을 중심으로 율법의 생활화 운동을 펼쳤던 이들이 바리새파가 됩니다.

에세네파는 제사장 중심이었기 때문에 이들은 대부분 글을 알았고 매일 성경을 읽었던 사람들입니다. 그래서 그들은 필요한 노동 외에는 성경을 읽고 필사하는 일에 시간을 쏟았습니다. 이들이 생활한 곳이 사해 근처다보니 생활환경이 매우 척박했습니다. 그들은 최소한의 음식만 먹고 금욕적인 삶을 살았습니다. 주후 66년에 발발한 유대 전쟁에서 로마 군인들이 에세네파가 거주하던 사해 지역을 공격했습니다. 로마의 공격이 시작될 때 에세네파는 그동안 필사했던 성경 사본들을 동굴 깊숙한 곳에 숨겼습니다. 그때 숨겨둔 성경 사본들이 1947년에 한 목동에 의해 발견되었습니다. 어떻게 발견 되었을까요? 목동이 양이나 염소를 칠 때 짐승들이 동굴 안으로 들어갈 때가 있습니다. 짐승들이 동굴 안으로 들어가게 되면 목자가 동굴 안으로 쉽게 따라가지 못합니다. 왜 그럴까요? 동굴 안에 맹수가 있을지도 모르기 때문입니다. 맹수가 있는데 목자가 동굴 안으로 들어가게 되면 위험에 처해질 수 있습니다. 그래서 양이나 염소가 깊은 동굴 안으로 들어가게 되면 목자는 일단 밖에서 짐승의 이름을 부릅니다. 그래도 안 나오면 돌멩이를 던집니다. 돌멩이를 던지는데 맹수의 소리가 들리면 빨리 도망가야 합니다. 그런데 돌멩이를 던졌는데도 아무 소리도 들리지 않으면 그때서야 목동이 동굴 안으로 들어가게 됩니다. 어느 날 양이 동굴 안으로 들어갔는데 목동이 불러도 나오지를 않습니다. 그때 목동이 동굴 안으로 돌멩이를 던졌는데 쨍그랑하며 항아리가 깨지는 소리가 들립니다. 그래서 목동이 들어가서 항아리에 담긴 것을 가지고 나왔는데 양피지와 파피루스에 빽빽하게 알 수 없는 글자가 쓰여 있었습니다. 그것이 무엇인지를 몰랐던 목동은 자신이 가져온 것 가운데 일부는 땔감으로 쓰고 일부는 중고상에게 싼 가격에 팔았습니다. 이 소문이 고고학자들의 귀에 들리게 된 것입니다.

2차 세계대전이 끝난 다음 많은 고고학자들이 이스라엘로 몰려가서 발굴을 하게 되었습니다. 왜냐하면 이스라엘 땅에서 무엇인가 하나 발견하게 되면 그 가격은 상상초월입니다. 예를 들면 주전 10세기 다윗 시대나 주전 8세기 히스기야 시대의 유물을 하나라도 발견하게 된다면 인생역전을 하게 되는 것입니다. 그래서 많은 고고학자들이 이스라엘 땅에서 발굴 작업을 하고 있었는데 어느 목동이 중고상에 무엇인가를 팔았다는 소문이 난 것입니다. 가서 보니 주전 2세기부터 주후 1세기까지 고대 필사본이었습니다. 이것을 어디에서 발견했는지를 수소문한 끝에 사해 근처에 있는 14개의 동굴에서 이만 개 이상의 사본을 수집하게 됩니다. 놀라운 것은 이천 년의 세월이 지났음에도 불구하고 보관 상태가 너무나 좋았다는 것입니다. 이스라엘의 날씨는 아주 무덥지만 건조하고 습기가 없습니다. 그래서 보관 상태가 좋았습니다. 이것을 사해 근처에서 발견했다고 해서 사해사본이라고 합니다. 지금도 일단의 신학자들이 사해에서 발견된 이 사본들을 연구하고 있습니다. 발견된 사해 사본은 주전 2세기부터 주후 1세기에 히브리어 성경을 필사한 것입니다. 사해 사본을 연구한 결과 지금 우리가 가지고 있는 구약과 내용이 거의 일치함을 발견했습니다. 그 옛날의 히브리어 성경이 오랜 역사 속에서 여러 나라의 언어로 번역되었습니다. 그런데 지금 히브리어 성경과 사해 사본이 거의 일치하는 것입니다. 이를 통해서 오랜 세월 성경이 전승되는 과정에서 원본 훼손이 거의 발생하지 않았음을 확인하게 되었습니다.

사해 사본에서 구약 본문 대부분의 사본이 발견되었는데 유일하게 발견되지 않은 본문이 에스더입니다. 왜 에스더는 발견되지 않았을까요? 에스더가 발견되지 않았다는 것은 에세네파에서 에스더를 필사하지 않았다는 것입니다. 사해 근처에 살고 있었던 에세네파는 정결 의식을 중시했고 율법에 철저하게 순종했던 사람들입니다. 그런데 에스더는 미스 페르시아 선발대회 과정에서 유대인의 정체성을 숨겼습니다. 자신이 유대인임을 드러내지 않은 것입니다. 이 말이 무슨 말입니까? 안식일 준수를 하지 않았다는 것이고 음식 정결법을 준수하지 않았다는 것입니다. 유대 율법을 철저하게 준수하고 정결법을 중시했던 에세네파 입장에서 에스더는 이방인과 같은 존재였습니다. 그래서 에스더만 필사하지 않았던 것이 아닐까 추측할 수 있습니다.

하스몬 왕조의 타락으로 인해서 결별했던 하시딤 그룹 중에서 사해를 중심으로 엄격한 율법 준수와 자신들만의 공동체 생활을 했던 그룹이 에세네파입니다. 그들은 약 4,000명 정도 되었으며 흰옷을 입었고 독신을 강조했습니다. 그런데 공동체 구성원들이 독신으로 살면 에세네파의 지속은 불가능해집니다. 그래서 자녀를 위해 결혼을 허락하기는 했지만 대부분은 양자를 데려다가 길렀습니다. 특별히 제사장 집안의 고아들을 입양하여 그들을 자녀로 양육했습니다. 당시에는 아버지가 없는 사람을 고아라고 불렀습니다. 아버지가 제사장이면 아들도 제사장이 됩니다. 아버지가 일찍 죽은 제사장 가문의 고아들을 데려다가 양자로 키운 것입니다. 신학자들은 세례 요한이 에세네파에서 그렇게 양육되었을 가능성이 있다고 봅니다. 세례 요한의 아버지는 사가랴입니다. 사가랴는 나이가 많았을 때 세례 요한을 얻게 됩니다. 요한의 어머니 엘리사벳도 나이가 많았습니다. 그런데 누가복음 1장 80절을 보면 "세례 요한이 이스라엘에게 나타나는 날 까지 빈 들에 있으니라"는 말씀이 나옵니다. 여기 '빈 들'을 학자들은 에세네파가 거주하던 사해라고 봅니다. 세례 요한이 나이 많은 아버지가 죽은 다음에 에세네파에 입양되어 에세네파 공동체에서 양육된 것이 아닐까 추측하는 것입니다. 그렇게 보는 이유 중 하나가 세례 요한은 금욕주의자였습니다. 요한은 메뚜기와 석청을 먹었습니다. 그리고 세례를 베풀었습니다. 에세네파도 정결 예식을 중시했습니다. 당시 에세네파의 회원이 되려면 3년 동안 견습 기간을 통과해야만 했습니다. 이 과정이 매우 엄격했습니다. 에세네파에 들어가려고 했다가 많은 사람들이 중간에 탈락했던 이유가 음식 정결법 때문이었습니다. 에세네파는 철저한 정결법 준수로 출처가 분명하지 않은 음식은 먹지 않았습니다.

또 하나 기억해야 할 것은 에세네파가 사해 근처에만 있었던 것은 아닙니다. 도시에도 재가 에세네파가 있었습니다. 그들은 수도원적인 공동체 생활은 하지 않았지만 도시에서 에세네파의 정체성을 가지고 살았습니다. 학자들은 예루살렘 안에도 재가 에세네파 거주지가 있었다고 봅니다. 그리고 재가 에세네파가 살고 있던 거주지 근처에 마가의 다락방이 있었다고 봅니다. 사도행전을 보면 베드로의 설교를 듣고 하루에 3,000명이 세례를 받고 다른 날은 5,000명이 세례를 받는 이야기가 나옵니다. 이때 많은 사람들이 이런 질문을 합니다. 그 많은 사람들이 어디에서 세례를 받았을까? 베드로의 설교를 들은 곳은 예루살렘입니다. 예루살렘에서 베드로의 설교를 듣고 사람들이 회심하였고 세례를 받은 것 아닙니까? 하루에 3,000명과 5,000명의 사람들이 세례를 받았다면 어디서 세례를 받은 것인지 궁금하지 않습니까? 이러한 질문에 학자들은 에세네파의 거주지를 주목합니다. 에세네파는 정결 예식을 중시했기 때문에 정결탕이 있었습니다. 에세네파의 정결탕에서 많은 사람들에게 세례를 베풀지 않았을까 추측하는 것입니다.

두 번째 그룹은 바리새파입니다. 바리새라는 말은 '구별된'이라는 뜻입니다. 즉 바리새파는 구별된 자들의 모임입니다. 바리새파는 정치적으로 정교분리의 입장을 가지고 있었습니다. 자신들의 신앙만 터치하지 않는다면 정치에 대해 무관심했습니다. 그들은 정치는 정치이고 종교는 종교라는 입장을 견지했습니다. 바리새인들은 민족주의적인 입장이 강했습니다. 하시딤 가운데 율법의 생활화를 강조했던 그룹입니다. 중요한 것은 바리새파는 평신도 신앙 공동체였습니다. 평신도라는 말은 비레위인이라는 말입니다. 바리새인들은 비레위인이기 때문에 백성들로부터 십일조를 받을 수가 없었습니다. 그래서 바리새인들은 생계를 위해서 자신의 직업을 가지고 있었습니다. 그들은 평신도들이었기 때문에 제사장들이었던 사두개파나 에세네파는 바리새인들을 기본적으로 하대했습니다. 바리새인들은 초기에는 율법의 생활화를 통한 반헬레니즘의 지도자 역할을 했습니다. 이로 인해 하스몬 왕조로부터 엄청난 박해를 받았습니다. 그러다 살로메 여왕과의 타협 이후에 바리새파는 산헤드린의 회원이 되고 이때부터 지배자의 모습으로 군림하기 시작합니다. 예수님 당시에는 백성들을 율법 체제로 옭아매는 부정적인 역할을 하게 됩니다. 복음서를 보면 예수님과 바리새인들이 충돌을 많이 하기 때문에 아주 나쁜 사람이라고 생각하기 쉬운데 당시 이스라엘에서 가장 존경받았던 종교인들이 바리새파였습니다. 한번 생각해 보십시오. 바리새인들은 비레위인 평신도입니다. 그런데 얼마나 종교적 열심이 대단하냐면 비레위인임에도 불구하고 율법을 연구하고 실천하는 일에 자기 인생을 바친 사람들입니다. 그리고 율법에 어긋나는 무엇인가를 요구받았을 때는 목숨을 내어놓고 저항했습니다. 그래서 헤롯 대왕 통치기에도 수많은 바리새인들이 학살을 당했고 분봉왕 아켈라오와 본디오 빌라도에 의해서도 학살을 당했습니다. 그래서 당시 유대인들의 관점에서 바리새인들은 정말 대단한 사람으로 인식되었습니다. 율법의 말씀을 지키기 위해서 하나님께 순종하기 위해서 자신의 목숨조차 아끼지 않는 그들의 모습은 존경을 불러일으키기에 부족함이 없었습니다. 그런데 당시 바리새인들을 유일하게 비판했던 사람이 예수님입니다. 예수님이 바리새인과 자주 충돌하는 것으로 인해 예수님 당시에 많은 유대인들이 바리새인들을 싫어했다고 생각하시면 안 됩니다. 당시 유대인들은 바리새인들을 존경했습니다. 그러나 예수님은 그들의 겉모양이 아니라 속마음을 보시고 그들을 비판하신 것입니다. 그들의 형식적인 열심을 칭찬하기보다는 그 형식적인 열심 너머에 있는 존경받고 싶고 드러내고 싶고 인정받고 싶은 그 마음을 비판한 것입니다. 겉모양만을 볼 수밖에 없는 대부분의 사람들은 바리새인들을 존경했습니다.

바리새인들이 유대인들로부터 많은 존경을 받았던 증거가 있습니다. 오늘날 국회에 해당하는 것이 당시 산헤드린 공의회입니다. 산헤드린 공의회가 처음 만들어지게 되었을 때 초기에는 사두개파가 공의회를 장악했지만 점차적으로 백성들의 지지를 받는 사람들이 회원이 되었습니다. 산헤드린의 회원은 70명입니다. 바울 당시에는 사두개파와 바리새파가 서의 동수가 됩니다. 사도행전에 보면 바울이 산헤드린에 재판을 받으러 들어갈 때 한쪽에는 사두개인들이 있고 다른 한쪽에는 바리새인들이 있는 것을 보고 바울이 뭐라고 자신을 항변합니까? 자신이 부활을 믿는 것 때문에 이렇게 핍박을 받고 있다고 주장합니다. 그때 죽은 자의 부활을 믿었던 바리새인들이 바울의 편을 듭니다. 이러한 모습을 통해서 우리가 알 수 있는 것이 무엇입니까? 처음에는 사두개파가 장악했던 산헤드린 공의회가 바울 당시 사두개파와 바리새파가 거의 동수로 바뀌었다는 것입니다. 이것이 어떻게 가능했을까요? 그만큼 바리새인들이 국민적인 지지를 받았기 때문입니다.

바리새인들은 평신도 개혁가들입니다. 그들은 613항으로 된 방대한 생활규제법을 제정하여서 백성들에게 이것을 지킬 것을 강조했습니다. 바리새인들의 수는 약 6,000명이었으며 전국 각지의 회당을 중심으로 활동했습니다. 제사장들을 중심으로 한 사두개파와 에세네파는 모세오경을 중시했습니다. 그럴 수밖에 없는 것이 제사장과 레위인이 자신을 옹호하기에 가장 좋은 책이 무엇이었을까요? 출애굽기와 레위기입니다. 출애굽기와 레위기를 보면 제사장 위임식에 대한 내용, 제사장 복장 이야기, 제사에 대한 내용이 나옵니다. 모세오경을 보면 하나님이 이스라엘 열두 지파 가운데 누구를 선택하셨습니까? 레위 지파입니다. 레위 지파 가운데서 누구를 선택하셨습니까? 아론의 집안입니다. 이처럼 제사장들이 자기를 옹호하기에 가장 좋은 텍스트가 모세오경입니다. 그런데 바리새인들은 상대적으로 예언서를 좋아합니다. 왜 예언서를 좋아할까요? 예언서에는 성전에 대한 비판이 나옵니다. 제사장들에 대한 비판이 나옵니다. 바리새인들 입장에서는 예언서를 가장 좋아할 수밖에 없었습니다. 바리새파는 토라도 중시하지만 예언서도 중시하고 성문서도 중시하고 구전으로 전달되어지는 말씀도 중시했습니다. 구전으로 전달되는 말씀을 복음서에서는 장로들의 유전이라고 말합니다. 이처럼 하나님의 말씀의 범위에 대해 사두개파와 바리새파는 전혀 다른 입장을 가지고 있었습니다.

세 번째 그룹은 열심당입니다. 열심당을 젤롯당이라고도 부릅니다. 열심당은 정치적으로 로마에 저항했던 독립 운동가들입니다. 에세네파가 정치적으로 무관심했다면 바리새파는 정교분리의 입장을 열심당은 정치적인 저항의 모습을 드러냈고 마지막에 살펴 볼 사두개파는 정치적인 결탁의 입장을 드러냈습니다. 로마의 식민 지배 하에서 이스라엘의 독립을 힘으로 쟁취하고자 했던 그룹이 열심당입니다. 일제시대 활동했던 의열단이나 한인 애국단과 같은 무장 독립운동을 했던 그룹을 생각하시면 됩니다. 그들과 같은 사람들이 바로 열심당입니다. 열심당 운동은 주후 6년에 로마에 대한 세금 불납 운동으로 출발하게 됩니다. 열심당 운동의 지도자는 갈릴리 사람 유다였습니다. 열심당 본부가 갈릴리에 있었기 때문에 갈릴리 지역에 열심당원들이 많았습니다. 재미있는 것은 열심당이 회원을 모집할 때 내걸었던 구호가 '십자가를 지자'였습니다. 열심당이 신입 회원을 모집할 때와 예수님이 제자들을 모집할 때 사용했던 구호가 거의 유사합니다. 당시 십자가는 로마에 저항했던 무장 독립운동가들을 처형했던 도구였습니다. 이런 유사함으로 인해 예수 운동을 열심당 운동으로 오해했을 가능성이 아주 높습니다.

앞에서 살펴 본 에세네파도 예수님과 공통점이 하나 있습니다. 예수님과 에세네파의 공통점은 예루살렘 성전을 강도의 소굴로 보았다는 것입니다. 이것이 예수님과 에세네파의 공통점입니다. 에세네파가 언제 출현했습니까? 성직 매매로 인해 예루살렘 성전이 타락했을 때 에세네파가 출현했습니다. 에세네파는 타락한 예루살렘 성전에서 드려지는 예배는 하나님께 열납되지 않는다고 주장했습니다. 그런데 어느 날 예수님께서 예루살렘 성전에 가셔서 상을 뒤집어엎으시고 채찍을 만들어 휘두르시며 성전 안에서 장사하는 사람들을 몰아내셨습니다. 예수님께서 행하신 일을 듣게 되었을 때 에세네파가 얼마나 예수님에 대해서 동질감을 느꼈겠습니까? 그런데 어느 날 갑자기 예수님에 대해서 이런 이야기를 듣게 됩니다. 예수님이 세리와 죄인들과 식사하시고 사마리아 여인과 대낮에 우물가에서 대화를 나누셨다는 이야기입니다. 이것은 에세네파와 너무 다른 모습입니다. 에세네파는 정결함에 목숨을 건 사람들입니다. 그들은 세리와 죄인들과 함께 식사하지 않았습니다. 복음서에 보시면 예수님은 바리새파 중에서 니고데모 같은 사람들과 아주 가까웠습니다. 죽은 자의 부활을 믿고 죽음 이후에 하나님의 심판을 믿는다는 것에 있어서는 예수님과 바리새인들이 일치하는 부분이 많았습니다. 열심당은 앞에서 이야기한 것처럼 제자들을 모집할 때 '십자가를 지자'라는 구호가 예수님이 제자를 모집할 때와 너무나 유사했습니다. 공교롭게도 예수님이 십자가에 달리실 때 좌우에 누가 달렸습니까? 강도입니다. 여기서 강도는 우리가 생각하는 돈을 강탈하는 그런 강도가 아닙니다. 복음서에 나오는 강도는 헬라어로 '레스타이'로 열심당원을 말합니다. 이스라엘 백성들 입장에서는 독립운동가입니다. 안중근 의사가 이토 히로부미를 죽였을 때 일본 신문에 안중근을 뭐라고 규정했겠습니까? 테러리스트로 규정했습니다. 우리는 안중근을 독립운동가요 의사라고 하는데 일본인들의 눈으로 볼 때는 테러리스트인 것입니다. 열심당이 그렇습니다. 이스라엘의 입장에서는 독립운동가인데 로마의 입장에서는 테러리스트이고 반역자인 것입니다. 이들을 로마는 강도라고 불렀습니다. 예수님의 좌우에 달려 죽었던 강도는 일반 잡범인 강도가 아닙니다. 당시 십자가 처형은 로마에 저항하는 사람들을 죽였던 사형 도구였습니다. 잡범은 십자가에 달릴 자격조차 없었습니다.

그래서 학자들은 복음서가 기록될 당시 로마의 검열로 인해 독립

운동가라고 쓰지 못하고 로마가 규정한 강도라는 표현을 쓴 것이 아닐까 말하기도 합니다. 여기서 주목해야 할 것은 예수님의 제자 중에도 한 명 또는 두 명이 열심당 출신이라는 것입니다. 확실한 것은 젤롯당 출신의 시몬이라는 사람이 있었습니다. 당시 젤롯당이 주로 했던 일 가운데 하나가 민족 배반자와 매국노들을 암살하는 것이었습니다. 그 영순위가 누구냐면 세리였습니다. 로마 제국과 손을 맞잡고 이스라엘 백성들의 재산을 강탈했던 세리가 암살 영순위였습니다. 그런데 예수님의 제자 중에는 세리 출신의 마태도 있고 그 세리를 암살하고자 했던 열심당 출신의 시몬도 있었습니다. 이것이 예수 제자 공동체의 가장 중요한 특징입니다. 예수가 아니었다면 도저히 함께 할 수 없는 사람들이 예수로 인해서 하나 된 공동체를 일궈낸 것입니다. 열심당은 66년부터 있있딘 유대 전쟁의 중심 세력이 되있습니다.

네 번째 그룹은 사두개파입니다. 사두개파는 헬레니즘의 문화를 적극적으로 수용했던 사람들입니다. 이들은 당시의 정치 권력자들과 결탁한 사람들입니다. 사두개파라고 하는 명칭과 관련해서는 두 가지 주장이 있습니다. 하나는 히브리어로 '의로운 자'를 뜻하는 의미라고 하는 것과 다른 하나는 다윗 시대에 대제사장이었던 사독의 후손이라는 의미에서 사두개파라고 한다는 것입니다. 이들은 주로 성전을 중심으로 활동했던 대자산가들입니다. 사두개파는 산헤드린 공의회의 주축을 이루었으며 모세오경의 율법만 인정하고 부활, 천사, 심판, 영, 마귀의 존재를 부인했습니다. 사독은 주전 10세기 인물입니다. 솔로몬 때 성전을 짓고 나서부터 사독의 후손들이 계속해서 성전의 권력을 장악했습니다. 사두개파가 진정 사독의 후손이라면 이들은 성전의 출범과 동시에 유대 종교 권력을 장악했던 사람들로 이해하시면 됩니다. 그런데 그들은 부활이나 내세를 믿지 않고 현세만 믿었습니다. 사두개파는 사람이 죽게 되면 그의 영혼이 소멸된다고 보았습니다. 지금의 안식교와 비슷합니다. 내세와 부활과 심판을 믿지 않았던 사두개파가 오랜 기간 동안 유대교 권력을 장악했을 때 토라와 예언서가 정경이 되었습니다. 주전 400년경에 토라가 정경으로 확정되었고 주전 200년경에 예언서가 정경이 되었습니다. 이 작업을 주도했던 이들이 사두개파입니다. 그래서 토라와 예언서에는 부활과 내세에 대한 언급이 거의 없습니다. 왜 토라와 예언서에는 부활과 내세와 사후 심판에 대한 언급이 거의 나오지 않았을까요? 당시 유대 종교 권력을 장악했던 사람들이 사두개파이기 때문입니다. 사두개파는 내세와 부활을 믿지 않았습니다. 내세와 부활을 믿지 않았던 사두개파가 유대 권력을 장악했을 때 정경으로 채택된 것이 토라와 예언서입니다. 그래서 토라와 예언서에는 부활과 내세에 대한 언급이 거의 나오지 않습니다. 구약에서 부활에 대하여 거의 유일하게 언급된 본문이 다니엘 12장 2절입니다. 다니엘은 성문서입니다. 성문서가 정경이 된 것은 주후 90년입니다.

주후 70년에 예루살렘 성전이 무너지면서 사두개파가 몰락합니다. 사두개파가 몰락하면서 유대교 중심 권력을 바리새파가 차지하게 됩니다. 바리새파가 90년에 성문서를 정경으로 확정합니다. 이로써 토라와 예언서와 성문서의 구약이 완성됩니다. 90년에 성문서를 정경으로 확정한 사람들은 바리새파입니다. 바리새파는 부활에 대해 어떤 입장이었습니까? 그들은 부활을 믿었습니다. 그래서 바리새파가 정경으로 인정했던 다니엘 12장 2절에는 부활과 심판에 대한 이야기가 나옵니다. 이 말씀을 강조하는 이유가 있습니다. 구약을 읽다가 이런 궁금증이 생길 수 있습니다. 왜 이렇게 구약에는 부활과 내세와 심판에 대한 언급이 나오지 않았을까요? 그 이유는 구약 시대 유대 종교 권력을 장악했던 사람들이 사두개파였기 때문입니다. 사두개파는 교리적으로 부활과 내세와 심판을 믿지 않는 사람들입니다. 이들은 현세만을 사는 사람들이고 현세만을 믿는 사람들입니다. 이와 마찬가지로 오늘날도 한국 교회를 어지럽히는 목회자들이 사두개파와 같은 입장이라고 봅니다. 하나님을 믿기는 하지만 사두개파적 신앙을 가진 분들입니다. 그분들도 하나님을 믿습니다. 그러나 그분들이 믿는 하나님은 현실에서 복을 가져다주는 존재입니다. 제가 볼 때 문제가 많은 목사님들은 진짜 부활을 믿지 않습니다. 하나님의 심판이 있다고도 믿지 않습니다. 그렇다고 그분들이 하나님을 믿지 않을까요? 그렇지도 않습니다. 그분들도 하나님을 믿기는 하지만 사두개파적 신앙을 가지고 있는 것입니다.

마지막으로 살펴볼 그룹은 서기관과 랍비들입니다. 바벨론 포로기에 본격적으로 율법에 대한 연구가 시작되었고 그 결과 서기관이 탄생합니다. 서기관은 성경을 연구하고 필사하는 사람입니다. 대표적 인물이 에스라입니다. 서기관은 율법 교사 또는 단순히 교사로 불렸습니다. 랍비는 '나의 선생님'이라는 뜻입니다. 서기관과 랍비들을 통해서 율법이 연구되고 필사되고 전승되었습니다. 서기관과 랍비들의 주류가 바리새인입니다. 그러나 반드시 바리새인들만 서기관과 랍비가 되는 것은 아닙니다. 사두개인들 중에도 성경을 필사하는 사람은 서기관이 되는 것입니다. 에세네파에서도 성경 필사를 많이 했습니다. 이처럼 다양한 종교인들이 서기관과 랍비가 될 수 있었습니다. 그래서 서기관과 랍비를 따로 구분하여 이야기한 것입니다. 정리하면 신약 시대 유대교 안에는 크게 네 개의 종교 그룹이 있었습니다. 에세네파, 바리새파, 열심당, 사두개파입니다. 에세네파와 사두개파의 공통점은 제사장 중심이라는 것입니다. 반대로 바리새파는 비레위인인 평신도 중심의 공동체입니다. 사두개파가 주로 활동했던 곳은 성전이고 바리새인들은 지방의 회당을 중심으로 사역했습니다. 70년에 예루살렘 성전이 무너지게 되면서 사두개파는 몰락하게 되었고 이때부터 바리새파가 유대 종교 권력을 장악하게 되었습니다.

복음서 강의 3-1

말씀과함께 | 복음서강의

복음서 강의 **3-1**

신약 성경은 총 27권입니다. 27권의 신약 성경은 장르별로 네 개로 구분할 수 있습니다. 4권의 복음서, 1권의 역사서, 21권의 서신서, 1권의 묵시록입니다. 4개의 복음서에는 마태, 마가, 누가, 요한복음이 있습니다. 이 가운데 가장 먼저 쓰인 복음서는 마가복음입니다. 일반적으로 마가복음의 저술 시기를 70년, 마태와 누가복음은 80년, 요한복음은 90년으로 잡습니다. 그런데 우리가 기억해야 할 것이 하나 있습니다. 오늘날 누군가 책을 쓰게 되면 저자가 누구인지, 이 책을 언제 썼는지가 명시되어 있습니다. 그러나 신약 성경 27권 중 어떤 본문도 저자의 이름이나 기술된 시점이 남아 있지 않습니다. 예를 들어 마태복음 같은 경우에도 마태복음 서두에 저자가 마태이고 기술 시기는 80년이라는 식의 기록이 없습니다. 따라서 본문의 저자나 기술 시점은 모두가 추측일 뿐입니다. 오랜 세월 동안 다양한 사람들의 주장과 연구를 통하여 이 본문은 마태가 쓴 것이고 80년경에 쓴 것일 가능성이 높다는 합의가 이루어진 것입니다. 그러나 저자가 마태이고 기술 시점은 80년임을 정확하게 주장할 수 있는 근거는 없습니다. 성경의 모든 본문이 그렇습니다. 그나마 저자에 대해서 보다 명확하게 말할 수 있는 본문이 서신서입니다. 바울 서신 같은 경우에는 서신 앞부분에 "하나님으로부터 사도로 부름 받은 나 바울"과 같은 표현들이 있습니다. 이러한 표현들을 통해서 우리는 이 서신을 바울이 썼다고 받아들이는 것이 상대적으로 수월합니다. 그러나 대부분의 본문은 저자나 저술 시기를 규정하는 것이 명확하지 않습니다. 우리가 이야기하는 저자나 기록 시점은 초대 교회 때부터 많은 사람들이 합의한 의견이지 그것이 정확한 사실인지는 알 길이 없습니다. 일반적으로는 네 개의 복음서 가운데 마가복음이 제일 먼저 쓰였다고 봅니다. 마가복음의 기술 시점은 70년, 그리고 10년 후인 80년에 마태복음과 누가복음이 기술되었고, 10년 후인 90년에 요한복음이 기술되었다고 봅니다.

네 개의 복음서 가운데 마태, 마가, 누가복음을 공관복음이라고 하는데 공관이라는 말은 '관점을 공유한다' 는 뜻입니다. 그러면 어떤 관점을 공유하는 것일까요? 마태, 마가, 누가복음은 예수님께서 우리와 똑같은 인간임을 강조합니다. 다시 말해 공관복음은 예수님의 인성을 요한복음은 예수님의 신성을 강조합니다. 마태, 마가, 누가복음은 같은 관점을 공유한다는 공통점이 있는데 그 관점이란 예수님께서 우리와 똑같은 인간이시라는 것입니다. 그런데 우리와 똑같은 인간이신 예수님께서 마지막 순간에 하나님의 아들로 고백되어집니다.

이 방향성이 아주 중요합니다. 예수님은 우리와 똑같은 인간으로 생의 첫걸음을 시작하셨는데 공생애 사역을 거치고 마지막 순간에는 하나님의 아들로 고백되어집니다. 우리와 똑같은 인간이셨던 예수님께서 어떻게 하나님의 아들로 고백되어졌는가를 강조하는 것이 공관복음입니다. 그러나 요한복음은 그 반대입니다. 요한복음은 예수님께서 태초부터 성부와 함께하셨던 신이심을 강조합니다. 예수님은 처음부터 우리 인간과 질적으로 다른 존재이신 것입니다. 태초부터 신이셨던 그분이 우리와 똑같은 인간이 되셨음을 강조하는 것이 요한복음입니다. 방향성과 관련하여 공관복음은 예수님의 인성에서 출발하여 그분의 신성으로 나아가고 요한복음은 예수님의 신성에서 출발하여 그분의 인성으로 나아갑니다. 단순하게 구분하면 공관복음은 예수님의 인성을 요한복음은 예수님의 신성을 강조한다고 이해하시면 됩니다.

공관복음이 예수님의 인성을 강조하고 있다는 것을 무엇을 통해 알 수 있습니까? 공관복음에서는 예수님께서 보통의 사람과 똑같이 여인의 몸에서 태어나심, 피곤하시면 주무심, 슬픈 일을 경험하시게 되면 눈물을 흘리심, 음식을 먹지 못하시면 배고파하시고 음식을 드심, 창에 찔리면 피를 흘리심 등이 기술되어 있습니다. 이 모든 것은 일반적인 사람들이 모두 경험하는 이야기인데 예수님께서도 이 모든 것들을 경험하신 것입니다. 그렇다면 왜 공관복음서에서는 예수님의 인성을 강조하게 되었을까요? 초대 교회를 어지럽힌 강력한 이단이 있었습니다. 그 이단의 이름은 영지주의입니다. 영지주의는 쉽게 말하면 헬레니즘의 이원론에 근거해서 예수를 이해한 것입니다.

헬레니즘의 특징은 이원론입니다. 즉 성속 이원론, 영육 이원론이 헬레니즘의 특징입니다. 신이 있는 하늘 위의 세상과 인간이 살고 있는 물질세계는 질적으로 완전히 다른 세계입니다. 거룩하시고 온전하신 신이 이 죄 많고 추악한 물질세계 속으로 들어온다는 것을 인정할 수가 없었습니다. 그래서 영지주의는 이렇게 주장합니다. 예수님께서 진짜 인간의 몸을 입고 이 땅에 오신 것이 아니라 인간의 몸을 입은 것처럼 보였을 뿐이라고 주장합니다. 이것을 가현설이라고 합니다. '거짓 가'(假), '나타날 현'(現)을 써서 가현이라는 것입니다. 인간으로 나타난 것처럼 보인 것이지 실제로 인간이 되신 것은 아니라는 주장입니다. 이렇게 가현설을 주장하는 영지주의가 초대 교회를 어지럽혔던 가장 강력한 이단입니다. 여기에 반박하기 위해서 70년부터 기술된 것이 마가, 마태, 누가복음의 공관복음입니다. 공관복음이 무엇을 강조합니까? 예수님께서 인간인 것처럼 보인 것이 아니라 우리와 똑같은 진짜 인간이셨다는 것입니다. 우리와 똑같이 여인의 몸에서 태어나셨고 음식을 드시지 못하면 배고파하셨고 슬픈 일을 경험하면 눈물을 흘리셨고 피곤하시면 주무셨고 창으로 몸을 찌르면 피가 나왔음을 기술함으로써 예수님의 인간되심을 강조한 것입니다. 이러한 내용을 강조한 이유는 영지주의에 대한 반박이 주된 목적이었습니다.

오늘날 21세기를 살고 있는 우리들은 복음서를 읽으면서 예수님의 이런 모습에 대해서 그다지 주목하지 않습니다. 왜냐하면 대부분의 신앙인들에게는 예수님의 인간되심이 너무나 당연한 전제이기 때문입니다. 대부분의 신앙인들은 교리적으로 예수님을 100% 인간임과 동시에 100% 신이라는 이해를 가지고 있습니다. 그래서 예수님께서 우리와 똑같은 인간이 되셨다는 것을 의심하거나 의문을 갖는 신앙인들은 거의 없습니다. 복음서를 읽을 때에도 예수님의 인간다운 면이 별로 놀랍게 다가오지 않습니다. 그런데 복음서가 기술될 당시에는 그렇지 않았음을 기억해야 합니다. 초대 교회를 어지럽힌 영지주의는 예수님께서 진짜 인간이 된 것이 아니라고 주장했습니다. 거룩하신 신이 어떻게 인간이 될 수 있는가 하면서 예수님께서 인간인 것처럼 보였을 뿐이지 실제로 인간이 된 것은 아니라고 주장했습니다. 그래서 복음서 기자들은 복음서를 기술하면서 당시 교회를 어지럽혔던 영지주의에 대해서 반박을 한 것입니다. 예수님께서 인간인 것처럼 보인 것이 아니라 우리와 똑같은 진짜 인간이 되셨음을 강조한 것입니다. 그래서 예수님의 출생부터 시작하여 여러 가지 인간다운 모습들을 자세하게 기술하고 있는 것이 공관복음입니다. 그런데 요한복음은 방향성이나 강조점에 있어서 공관복음과는 정반대입니다. 요한복음에서 예수님은 처음부터 하나님이십니다. 태초부터 성부와 함께 계십니다. 그 하나님이셨던 분이 어떻게 우리와 똑같은 인간이 되셨는가 하는 것을 강조하는 것이 요한복음입니다. 다시 말하지만 공관복음은 예수님의 인성을 요한복음은 예수님의 신성을 강조했습니다.

4권의 복음서 다음에는 1권의 역사서가 있는데 사도행전입니다. 예수님이 승천하신 이후에 성령 받은 사도들이 어떻게 복음을 세계 만민에게 전파하였는가에 대해 초대 교회의 역사를 기술하고 있는 것이 사도행전입니다. 다음으로는 21권의 서신서가 있습니다. 신약 성경이 총 27권인데 그 가운데 21권이 서신서입니다. 그래서 신약의 별명이 편지의 글들입니다. 신약 성경의 4분의 3이 편지입니다. 27권 가운데 21권입니다. 서신서는 크게는 세 개, 작게는 두 개로 구분할 수 있습니다. 세 개로 구분하면 바울 서신, 공동 서신, 요한 서신이고 두 개로 구분하면 바울 서신과 공동 서신으로 나눌 수 있습니다. 공동 서신의 저자들은 대부분 예루살렘 교회의 지도자들입니다. 야고보, 베드로, 요한, 이 세 사람은 예루살렘 교회의 지도자들입니다. 예루살렘 교회의 지도자들이 쓴 편지를 공동 서신이라고 합니다. 그 예루살렘 교회의 지도자들과 대척점에 있었던 사람이 사도 바울입니다. 그래서 서신서를 크게 두 개로 나누면 바울의 편지와 예루살렘 교회의 지도자들의 편지로 나눌 수 있습니다. 그리고 공동 서신을 좀 너 세분화하면 공동 서신과 요한 서신으로 나눌 수 있습니다. 어기서 바울 서신이나 요한 서신이라고 하는 말은 발신자의 이름을 중심으로 구분한 것입니다. 바울이 쓴 편지가 바울 서신이고 요한이 쓴 편지가 요한 서신입니다. 그렇다면 공동 서신이라는 말은 무슨 의미일까요? 공동 서신에서 공동이라는 말은 수신자가 공동이라는 말입니다. 하나님의 백성, 예수의 제자라고 고백하는 누가 읽어도 괜찮은 편지가 공동 서신입니다.

바울 서신의 중요한 특징은 특정한 교회나 개인에게 편지를 보냈다는 것입니다. 바울이 쓴 편지는 특정 수신자에게 정확하게 전달이 되어야 합니다. 어떤 교회나 개인이 읽어도 상관없는 편지가 아닙니다. 예를 들면 바울이 고린도 교회에 보낸 편지가 로마 교회로 전달이 된다면 매우 곤란한 상황이 벌어지게 됩니다. 왜냐하면 그 편지

안에 고린도 교회에 해당되는 문제를 기술하고 있기 때문입니다. 고린도 교회 안에서 발생한 문제에 대한 신앙적인 해법이나 고린도 교인들이 바울에게 질문했던 내용에 대한 답변이 그 편지 안에 있습니다. 그런데 특정한 문제와 상관없는 교회가 그 편지를 읽게 된다면 얼마나 낯설겠습니까? 따라서 바울 서신은 바울이 그 편지를 보냈던 수신 교회가 읽어야 합니다. 고린도 교회에 보낸 편지는 고린도 교회가 먼저 읽어야 하는 것입니다. 그런데 공동 서신은 그렇지 않습니다. 자신을 하나님의 백성이나 예수의 제자로 고백하는 누가 읽어도 상관이 없습니다. 수신자가 특정 교회나 개인이 아니라 공동이기 때문에 공동 서신이라고 하는 것입니다. 예를 들면 야고보서 같은 경우에는 흩어져 있는 열두 지파에게 보낸 편지입니다. 여기 흩어져 있는 열두 지파가 누구입니까? 하나님의 백성이라고 고백하는 모든 사람입니다. 이처럼 하나님의 백성이라면 누가 읽어도 상관없는 것이 공동 서신입니다. 바울 서신과 요한 서신은 편지를 보내는 발신자를 중심으로 구분한 것이고 공동 서신은 편지를 받는 수신자를 중심으로 구분한 것입니다.

바울 서신은 로마서부터 빌레몬서까지입니다. 바울은 특정 교회와 특정 개인에게 편지를 보냈는데 바울의 편지가 어떻게 배치되어 있는가를 잘 보시기 바랍니다. 먼저 바울의 편지 가운데 교회에게 보낸 편지는 앞에 배치하고 개인에게 보낸 편지는 뒤에 배치했습니다. 그리고 교회에게 보낸 편지는 분량이 많을수록 앞에 배치하고 분량이 적을수록 뒤에 배치합니다. 교회에게 보낸 편지 가운데 로마서가 제일 먼저 배치된 이유가 무엇일까요? 분량이 제일 많기 때문입니다.

바울의 편지는 교회에게 보낸 편지가 앞에 나오고 개인에게 보낸 편지가 뒤에 나오고 교회에게 보낸 편지들 중에는 분량이 많은 것을 앞에 배치하고 분량이 작은 것을 뒤에 배치했습니다. 그리고 특정 교회에 보낸 편지가 두 개 이상이라고 할 때는 분량이 많은 것이 전서가 되고 분량이 작은 것이 후서가 됩니다. 요한 서신도 마찬가지입니다. 요한일이삼서가 있다고 할 때 분량이 가장 많은 것이 일서가 되고 그다음이 이서, 그다음이 삼서가 됩니다. 여기서 분량이 많다는 것은 절이 많다는 것이 아닙니다. 예를 들면 요한이서가 요한삼서보다 절은 짧습니다. 요한이서는 13절, 요한삼서는 15절입니다. 이처럼 요한이서가 요한삼서에 비해서 절은 짧지만 분량은 더 많습니다. 여기서 분량이 많다는 것은 본문 안에 사용된 단어수가 더 많다는 것입니다. 정리하면 시신서 배치의 중요한 기준은 교회에게 보낸 편지가 앞에 나오고 개인에게 보낸 편지가 뒤에 나온다는 것입니다. 다음으로 교회에게 보낸 편지들도 분량이 많은 것이 앞에 배치되고 분량이 작은 것이 뒤에 배치됩니다. 그리고 어떤 특정한 교회에 두 개 이상의 편지를 보냈다고 할 때 분량이 많은 것이 전서가 되고 분량이 작은 것이 후서가 됩니다. 요한일이삼서도 분량의 순서대로 일서, 이서, 삼서로 배치되어 있습니다. 요한이 편지를 쓸 때 처음부터 요한일서, 요한이서, 요한삼서라는 제목을 붙인 것이 아닙니다. 요한일서와 요한이서는 교회에 보낸 편지인데 분량이 많은 것이 일서가 되고 분량이 작은 것이 이서가 된 것입니다. 그리고 요한삼서는 개인에게 보낸 것입니다. 교회에게 보낸 편지가 앞에 개인에게 보낸 편지가 뒤에 배치된다는 원칙을 그대로 지키고 있는 것입니다.

네 번째는 묵시록입니다. 묵시록은 1권으로 요한계시록이 여기에 해당됩니다. 구약에는 이사야부터 말라기까지가 예언서입니다. 구약에 나오는 예언서와 신약의 묵시록은 몇 가지 점에서 분명한 차이가 있습니다. 첫째로 하나님의 심판을 말하는 순간에도 청중의 반응 여하에 따라 얼마든지 변경 가능한 것이 예언입니다. 그러나 묵시는 청중의 반응이 중요하지 않습니다. 이미 결정되어 있는 시간표에 따라 움직입니다. 하나님께서 예언자를 보내셔서 "너희가 지금의 죄 된 삶을 지속하게 되면 40일 후에 심판이 임할 거야"라고 했을 때도 청중들이 그 경고의 말씀을 듣고 회개한다면 심판은 철회됩니다. 예언에서는 청중의 반응이 중요합니다. 하나님께서 심판을 경고하실 때조차도 사람들이 그 메시지를 듣고 회개하기를 원하십니다. 예언자를 보내셨다는 것 자체가 회개할 수 있는 기회를 주시는 사랑의 증거라고 할 수 있습니다. 그러나 묵시에서는 청중의 반응이 그리 중요하지 않습니다. 이미 모든 것은 결정되어 있습니다. 둘째로 예언은 인간의 삶에 어떤 잘못된 부분을 고치는 것에 관심이 많습니다. 예를 들면 이 땅의 정치가 잘못되었다고 하면 그 잘못된 부분을 질타함을 통해서 그것을 고쳐내는 것에 관심이 있습니다. 그런데 묵시는 무엇 하나를 고치는 것에 관심이 없습니다. 이 땅 전체가 총체적으로 타락하여 부분적인 변화나 개혁이 아무런 의미를 갖지 못하는 상황에서 묵시가 등장합니다. 총체적으로 타락한 지금의 하늘과 땅이 새 하늘과 새 땅으로 완전히 교체되는 것을 말하는 것이 묵시입니다. 예언이 부분적인 변화를 기대하고 선포되는 것이라면 묵시는 전체적이고 총체적이며 전면적인 변화를 선포하는 것입니다. 셋째로 예언은 이사야나 예레미야나 에스겔과 같은 인간 예언자를 통해 전달됩니다. 그런데 묵시는 천사와 같은 천상적 존재에 의해서 전달됩니다. 이 세 가지 차이가 중요합니다. 묵시의 특징은 첫째로 모든 것이 결정되어 있다는 것입니다. 묵시가 선포됨에 있어서 청중의 반응은 그렇게 중요하지 않습니다. 둘째로 이 땅 전체가 죄악으로 충만한 상황 속에서 새 하늘과 새 땅으로의 교체를 말하는 것이 묵시입니다. 셋째로 묵시는 인간 예언자에 의해서 전달되지 않고 천사와 같은 천상적인 존재에 의해서 전달된다는 것입니다.

신약 27권의 장르별 배치 순서는 70인경 장르 배치 순서를 따랐습니다. 본문 배치에 있어서 본문이 기술된 시점에 따라 배치된 것이 아닙니다. 마태복음부터 요한계시록까지 신약 27권의 배치가 마태복음이 제일 먼저 기록되었고 요한계시록이 제일 마지막에 기록되었기 때문에 지금의 순서로 배치된 것이 아니라는 것입니다. 기록된 시점에 따라서 신약이 배치되었다면 가장 앞에 와야 하는 것은 바울서신입니다. 바울은 네로 황제에 의해서 64년경에 순교했다고 봅니다. 그렇다면 우리가 바울이 썼다고 생각하는 모든 편지들은 아무리 늦어도 64년 이전에 기록되어야만 합니다. 복음서 가운데 제일 먼저 쓰인 복음서가 마가복음인데 마가복음은 70년에 기록되었습니다. 복음서 가운데 제일 먼저 쓰인 마가복음도 바울의 편지보다는 늦게 쓰인 것입니다. 이처럼 마태복음부터 요한계시록까지 27권의 배치 순서는 기술된 시점에 따라 배치된 것이 아닙니다. 신약 성경의 배치 순서는 70인경 장르 배치 순서를 그대로 따랐습니다.

유대인들의 히브리어 성경은 성경을 세 개의 장르로 구분했습니다. 즉 토라, 예언서, 성문서입니다. 이것을 유대인들은 성막에 비유했습니다. 성막 전체가 하나님의 임재를 상징하는 거룩한 공간이지만 어디가 가장 거룩한 곳입니까? 지성소입니다. 그다음 거룩한 곳이 어디입니까? 성소입니다. 그다음 거룩한 곳이 마당입니다. 성경 전체가 거룩한 하나님의 말씀이지만 가장 거룩한 말씀이 어디입니까? 토라입니다. 그다음 거룩한 말씀이 어디입니까? 예언서입니다. 그다음 거룩한 말씀이 성문서입니다. 그래서 유대인들은 토라는 지성소에, 예언서는 성소에, 성문서는 마당에 비유했습니다. 그리고 가장 거룩한 말씀을 앞부분에 배치했습니다. 그래서 유대인들의 성경 배치는 토라가 제일 앞에 예언서가 그다음에 성문서가 제일 마지막에 배치되어 있습니다. 본문으로는 창세기가 제일 앞에 나오고 역대기가 제일 마지막에 나옵니다. 이것이 유대인들이 가지고 있는 히브리어 성경입니다. 이 히브리어 성경을 주전 3세기부터 헬라어로 번역한 것이 70인경입니다. 70인경으로 성경을 번역하면서 두 가지 수정이 가해졌습니다. 첫째는 책의 제목이 만들어졌다는 것입니다. 창세기, 출애굽기, 레위기와 같은 책의 제목이 70인경 때부터 생겨났습니다. 둘째는 태초의 창조부터 주전 400년경에 사역한 말라기까지 시간적 순서에 따라 성경을 재배치했습니다. 그것이 창세기부터 말라기까지의 순서입니다. 그러면서 성경을 네 개의 장르로 구분했습니다. 어떻게 구분했습니까? 창세기부터 신명기까지는 율법서, 여호수아부터 에스더까지는 역사서, 욥기부터 아가까지는 시가서, 이사야부터 말라기까지는 예언서로 구분했습니다. 배치 순서는 율법서, 역사서, 시가서, 예언서입니다. 이 70인경의 장르 배치 순서를 그대로 따라한 것이 신약 27권입니다.

토라인 율법서에는 어떤 내용이 나옵니까? 하나님의 구원 사건인 출애굽이 나오고 하나님의 말씀인 율법과 십계명이 나옵니다. 예수 그리스도의 구원 사건과 예수 그리스도의 말씀과 예수님이 행하셨던 사역이 기술되어 있는 것이 복음서입니다. 율법서가 제일 앞에 나오는 것처럼 복음서를 제일 앞에 배치한 것입니다. 율법서 다음에는 여호수아부터 에스더까지가 역사서입니다. 신약 27권 가운데 유일한 역사서가 사도행전입니다. 교회가 이 땅에 어떻게 세워졌는지, 이방 땅에 복음이 어떻게 전파되었는지와 관련하여 초대 교회 역사를 기술하고 있는 것이 사도행전입니다. 율법서 다음에 역사서가 나오는 것처럼 복음서 다음에 역사서인 사도행전을 배치한 것입니다. 역사서 다음에는 욥기부터 아가까지가 시가서입니다. 이 시가서에 대응하는 것이 21권의 시신서입니다. 70인경의 마지막에는 이사야부터 말라기까지 예언서가 나옵니다. 이 예언서에 대응하는 것이 묵시록인 요한계시록입니다. 이처럼 신약 27권의 배치는 70인경의 장르 배치 순서를 그대로 따르고 있습니다.

　우리가 가진 성경에서 시점과 관련하여 1, 2, 3을 주목해야 합니다. 1은 본문의 배경 시점입니다. 2는 본문이 쓰인 시점입니다. 3은 본문이 정경으로 확정된 시점입니다. 여기서 1과 2와 3의 시간적인 간격이 가장 큰 본문이 욥기입니다. 욥기는 본문의 배경 시점은 족장 시대입니다. 주전 20세기부터 18세기입니다. 그런데 욥기가 쓰인 시점은 페르시아 시대입니다. 또한 욥기가 정경이 된 시점은 주후 90년입니다. 시점과 관련해서 1과 2와 3의 시간적인 차이가 가장 큰 것이 욥기입니다. 복음서도 마찬가지입니다. 복음서 본문이 말하고 있는 배경의 시점은 20년대 말에서 30년까지입니다. 그런데 복음서가 쓰인 시점은 70년부터 90년 사이입니다. 그리고 복음서가 정경으로 최종 확정된 시점은 397년입니다. 신약의 4분의 3은 편지입니다. 서신서는 1과 2 사이의 차이가 거의 없습니다. 본문의 배경과 본문이 쓰인 시점이 거의 차이가 나지 않는 것이 서신서입니다.

유대인들의 성경 배치와 70인경의 성경 배치에는 차이가 있습니다. 유대인들의 성경 배치는 율법서, 예언서, 성문서의 장르별 배치를 하고 있고 본문으로는 창세기로 시작해서 역대기로 마무리가 됩니다. 창세기로 시작해서 역대기로 마무리한다는 것은 족보로 시작해서 족보로 마무리가 된다는 것입니다. 마태, 마가, 누가, 요한의 네 개의 복음서 가운데 가장 먼저 쓰인 것은 마가복음입니다. 그런데 왜 초대 교회는 마태복음을 제일 앞에 배치했을까요? 유대인들의 성경은 창세기로 시작해서 역대기로 끝납니다. 창세기는 총 50장으로 구성되어 있는데 50장 안에 족보가 10번 정도 나옵니다. 그래서 창세기의 별명이 족보의 책입니다. 그리고 역대상 1장에서 9장에도 이스라엘 열두 지파의 족보가 나옵니다. 역대기도 족보의 책입니다. 유대인들이 창세기로 시작해서 역대기로 마무리하는 성경 배치를 한 것은 족보로 시작해서 족보로 마무리하기 위함입니다. 신약 성경을 본문 배치할 때 70인경의 장르 배치 순서를 따라 가장 먼저 복음서를 배치했습니다. 그런데 가장 먼저 쓰인 복음서는 마가복음입니다. 그런데 왜 마가복음이 아니라 마태복음을 제일 앞에 배치했을까요? 족보 때문입니다. 마태복음 1장에 족보가 나옵니다. 이 족보는 신약 성경이 구약의 역사를 그대로 계승하고 있음을 드러내는 의미가 있습니다. 구약의 역사를 그대로 계승한다는 의미에서 족보가 제일 먼저 나오는 마태복음을 신약 성경 가장 앞부분에 배치한 것입니다.

오늘날 네 개의 복음서를 정경으로 인정하고 있지만 초대 교회 당시 복음서라는 이름의 텍스트가 약 40개 정도 있었다고 합니다. 행전도 수십 개의 텍스트가 있었습니다. 수십 개의 복음서 가운데 네 권만 정경이 된 것이고 수십 개의 행전 가운데 사도행전만 정경이 된 것입니다. 서신서는 어떨까요? 초대 교회의 인물들이 썼던 편지가 얼마나 많았겠습니까? 최소 수백 개에서 최대 수천 개는 되었을 것입니다. 그런데 그 가운데 스물 한 개의 서신이 정경이 된 것입니다. 그렇다면 이런 질문을 할 수 있습니다. 많고 많은 복음서 가운데 어떤 것은 성경이 되고 어떤 것은 정경이 되지 못했는데 그 기준은 무엇인가요? 오늘날 많은 분들이 매스컴을 통해서 유다복음이나 도마복음이라는 책의 이름을 들어보셨을 것입니다. 그 외에도 마리아복음도 있고 베드로복음도 있습니다. 초대 교회 당시 수많은 복음서가 있었습니다. 그런데 많고 많은 복음서 가운데 마태복음은 정경이 되었고 유다복음은 정경이 되지 못했습니다. 그 이유가 무엇인가요? 많은 신앙인들은 초대 교회 당시에 네 개의 복음서만 있었다고 생각하기 쉽습니다. 행전도 사도행전만 있었다고 생각하기 쉽습니다. 그러나 그렇지 않습니다. 수십 개의 복음서 가운데 네 권이, 수십 개의 행전 가운데 하나가, 수백 수천 개의 편지 가운데 스물 한 개의 서신만이 정경이 된 것입니다. 묵시록도 마찬가지입니다. 많은 묵시록이 있었는데 요한계시록만 정경이 된 것입니다. 그렇다면 어떤 본문은 정경이 되고 어떤 본문은 정경이 되지 못한 이유가 무엇일까요? 크게 세 가지 기준이 중요합니다.

　첫째는 누가 썼는가 하는 것입니다. 사도가 쓴 것일수록 정경으로
서의 권위를 획득하게 되었습니다. 사도라는 말은 '보냄을 받았다'
라는 뜻입니다. 누구로부터 보냄을 받았습니까? 예수로부터 세상으
로 보냄 받은 자가 사도입니다. 이 사람이 사도인가 아닌가에서 가장
중요한 것은 예수님과 공생애를 함께했는가의 여부입니다. 예수님의
공생애 사역에 함께 동역하고 예수 부활과 승천의 목격자라면 사도
로 인정을 받았습니다. 바울이 평생 열심히 사역했음에도 사도로 인
정받지 못한 이유가 여기에 있습니다. 사도의 기준은 예수님으로부
터 세상으로 보냄 받은 자, 파송된 자입니다. 사도가 되기 위한 중요
한 전제 조건이 있습니다. 예수님으로부터 보냄 받기 위해서는 그와
공생애를 함께해야 하고 예수 부활과 승천의 목격자여야 합니다. 그
런데 바울은 예수와 공생애를 함께하지 않았고 예수 부활과 승천의
목격자도 아니었습니다. 바울이 자신을 아무리 사도라고 주장해도
사람들은 이렇게 반박합니다. "당신이 예수 공생애를 함께했어? 당
신이 예수 부활과 승천의 목격자야?" 이 질문 앞에서 바울은 침묵할
수밖에 없었습니다. 그럼에도 바울은 계속해서 무엇을 주장합니까?
자신도 다메섹 도상에서 예수님으로부터 보냄을 받았다는 것입니다.
그런데 바울이 예수님으로부터 그러한 사명을 받았다고 하는 것을
입증해 줄 목격자가 없었습니다. 바울 스스로가 그렇게 주장한 것입
니다. 그래서 죽을 때까지 바울의 사도성을 인정하지 않았던 사람들
이 많았습니다.

바울이 어느 교회에 편지를 보낼 때 수신 교회가 자신의 사도성을 인정하지 않는 경우에는 편지 서두에 자신이 사도임을 꼭 강조합니다. 수신 교회가 바울의 사도성을 인정했는가, 그렇지 않은가를 1장 앞부분에 나오는 표현을 통해서 알 수 있습니다. 일반적으로 바울은 자신에 대해서 "그리스도 예수로 말미암아 사도로 부름 받은 나 바울"이라는 표현을 사용합니다. 이런 표현이 서신 앞부분에 나온다면 이 편지를 받는 수신 교회는 바울의 사도성을 인정하지 않는 교회일 가능성이 높습니다. 그런데 바울의 사도성을 인정하는 교회에 편지를 보낼 때는 바울은 자신이 사도임을 강조하지 않습니다. 이런 것과 동일합니다. 여러분이 제가 목사라고 하는 것을 믿어주신다면 제가 여러분을 만날 때마다 목사라고 하는 것을 강조할 필요가 없습니다. 그런데 여러분이 제가 목사라고 하는 깃에 대해 의심을 하신다면 저는 계속해서 제가 몇 년도에 총신대학교 신학과에 입학했는지, 몇 년도에 목사 안수를 받았는지를 설명할 수밖에 없습니다. 바울의 처지가 그러했습니다. 정말 안타까운 것은 바울은 심지어 자신이 개척한 교회에서도 사도로 인정받지 못했습니다. 사도로 인정받지 못했기 때문에 선교 후원을 받지 못했습니다. 많은 분들이 오해하시는 것이 하나 있는데 바울이 자비량 사역을 한 것이 그의 선교 원칙인 것처럼 말씀하는 분들이 계신데 절대 그렇지 않습니다. 바울이 자비량 사역을 한 것은 맞지만 왜 자비량 사역을 하게 되었을까요? 후원 교회가 없었기 때문입니다. 만약 선교헌금이 넉넉하게 들어왔다면 바울은 선교 사역에만 매진했을 것입니다. 그런데 바울이 낮에 일하고 밤에 선교 사역을 할 수밖에 없었던 이유는 후원이 넉넉하지 않았기 때문입니다. 그렇다면 초대 교회는 왜 바울의 선교 사역을 후원하지 않았을까요? 대부분의 교회가 바울의 사도성을 인정하지 않았기 때문입니다. 어떤 텍스트가 교회 공동체에 소개가 될 때 이것이 영감 받은 하나님의 말씀인지 아닌지를 분별하는 첫째 기준은 이 본문을 누가 썼는가 하는 것입니다. 사도의 글일수록 정경으로서의 가치를 인정받았습니다. 정경으로 인정받음에 있어서 가장 중요한 것은 사도성임을 기억하시기 바랍니다.

둘째는 얼마나 많은 교회로부터 하나님의 말씀으로 인정받고 있는가 하는 것입니다. 초대 교회가 예루살렘에서 출범한 이후에 시간이 지날수록 다양한 지역에 교회가 세워지게 됩니다. 예를 들면 초대 교회 당시에 지중해를 중심으로 한 지역에 100개의 교회가 있었다고 생각해 보십시오. 어떤 텍스트에 대해 100개 교회 가운데 80개 교회는 영감 받은 하나님의 말씀으로 인정하고 20개 교회는 인정하지 않으면 이 텍스트는 정경으로 인정될 가능성이 높습니다. 반대로 어떤 텍스트가 있는데 20개 교회는 하나님의 말씀으로 인정하고 80개 교회는 인정하지 않는다면 그것은 정경이 될 가능성이 낮아지게 됩니다. 이처럼 둘째 기준은 얼마나 많은 교회로부터 하나님의 말씀으로 인정받고 있는가 하는 것입니다. 첫째는 누가 썼는가에 있어서의 사도성이고, 둘째는 보편적 교회로부터의 승인입니다. 셋째는 기존의 신앙 공동체에서 하나님의 말씀으로 인정받은 것과 일관성이 있는가 하는 것입니다. 예를 들면 하나님은 십계명을 통해 '살인하지 말라, 간음하지 말라, 도둑질하지 말라'고 말씀하셨는데 어떤 텍스트가 등장했는데 거기에는 '이제는 너희들이 원하는 모든 것을 다해도 된다, 이웃의 것을 마음껏 훔쳐도 된다'는 말씀이 나온다면 이것은 하나님의 말씀으로 받아들이기 어려운 것입니다. 이전에 하나님의 말씀으로 인정받은 텍스트와 내용적인 일관성이 있어야만 하나님의 영감 받은 말씀으로 인정받을 수 있었습니다. 이것이 셋째 기준입니다. 중요한 것은 첫째와 둘째 기준입니다. 저자에 있어서의 사도성과 보편적 교회로부터의 승인이 무엇보다 중요합니다.

　복음서와 관련해서 이런 질문이 나올 수가 있습니다. 예수님이 공생애를 시작하셨을 때는 20년대 말입니다. 그리고 공생애 기간을 3년으로 잡으면 예수님의 십자가 죽음과 부활, 승천 사건은 30년에 일어난 것으로 봅니다. 복음서 가운데 가장 먼저 기록된 마가복음의 저술 시점이 70년, 마태복음과 누가복음은 80년, 요한복음은 90년에 기록된 것으로 봅니다. 그렇다면 왜 예수님이 승천하자마자 복음서가 기록되지 않고 한 세대 또는 두 세대가 지난 후에 기록되었을까요? 70년에 마가복음이 기록된 이후에 봇물 터지듯 다양한 복음서가 등장하게 됩니다. 왜 70년 이후에 이렇게 많은 복음서가 기록된 것일까요? 이 질문에 대한 가장 확실한 대답은 믿을 만한 증인들이 사라져가고 있다는 일종의 위기감으로 인해서 복음서가 기록되었다는 것입니다. 초대 교회 안에서 세월이 흐를수록 믿을 만한 증인들이 하나님의 부름을 받게 됩니다. 당시 초대 교회 안에서는 중요한 신학적인 공유가 있었는데 바로 임박한 종말 신앙입니다. 초대 교회는 예수님이 곧 오실 것이라고 믿었습니다. 예수님이 곧 오시는데 어떤 기록을 남겨놓는다는 것은 별 의미가 없었습니다. 그런데 재림의 지연으로 인해 우리가 생각했던 시점과 하나님의 시점이 다를 수 있음을 깨달은 순간부터 기록을 남기기 시작한 것입니다. 예수님이 승천하신 30년부터 70년 사이에는 문서를 기록하는 것보다 예수 사건을 경험했던 사람을 불러서 그 사람을 통해서 예수 사건을 듣는 것이 훨씬 더 편하고 빠른 일이었습니다. 예를 들면 오병이어 사건이 너무 궁금하다면 당시에 오병이어를 먹은 남자들만 5천명이 넘었습니다. 얼마나 많은 증인들이 있었습니까? 예수님의 부활과 승천 사건도 최소 열두 명의 사도는 목격했습니다. 그것에 대해 알고 싶다면 제자들을 초청해서 예수님께서 어떤 일을 행하셨는지, 어떤 말씀을 선포하셨는지를 듣는 것이 가능했습니다. 그런 의미에서 초대 교회의 최고 강사는 누구였을까요? 제가 볼 때는 베드로를 비롯한 사도들과 마리아를 비롯한 육신의 가족이었을 것입니다. 베드로는 일 년 내내 다양한 지역에 초청 받아서 예수님의 말씀과 사역에 대해서 교인들에게 가르침을 주었을 것입니다. 그런데 시간이 지날수록 예수님의 사역에 함께했던 증인들이 하나 둘 역사의 무대에서 사라지게 됩니다. 특히 네로 황제 때 많은 신자들이 순교하게 됩니다. 지금까지는 증인들의 증언에 의존하여 신앙의 중요한 내용들을 배워왔는데 이제 좀 더 시간이 지나게 되면 모든 증인들이 사라지게 되는 위기 상황을 맞이하게 된 것입니다. 이런 상황에서 영구적으로 자신들의 증언을 보존할 수 있는 방법을 모색하게 된 것이고 이때부터 기록물이 등장하게 된 것입니다. 왜 복음서가 70년경부터 등장하게 되었는가 할 때 가장 중요한 것은 믿을 만한 증인들이 점점 사라져가고 있었다는 것과 깊은 연관이 있습니다.

우리가 복음서를 보게 되면 예수님을 만났던 사람들의 이야기가 나옵니다. 요한복음 4장에 보면 수가성에서 예수님을 만났던 사마리아 여인이 나옵니다. 요한복음 8장에 보면 간음하다 잡혀 온 여인이 예수님과 대화를 나누는 장면이 나옵니다. 누가복음 19장에 보면 삭개오가 예수님을 자신의 집으로 초대하여 나누었던 대화가 나옵니다. 이 모든 것은 예수님과 그 당사자들 간의 대화인데 이것을 어떻게 복음서 기자들이 기록하게 되었을까요? 수가성 여인과 예수님이 나누었던 이야기는 그 여인과 예수님밖에 모르는 거 아닙니까? 요한복음 8장에서 간음하다 잡힌 여인과 예수님이 나누었던 대화도 그 여인과 예수님만 알 수 있는 대화가 아닙니까? 그런데 어떻게 그것을 요한이 쓸 수가 있었을까요? 복음서 안에서 예수님을 만났던 사람들은 이후에 초대 교회의 중요한 일원이 되었다고 이해하시면 됩니다. 복음서 안에 기록된 예수님을 만난 사람들, 예수님으로부터 치유함을 받은 사람늘은 이후에 초대 교회의 일원이 된 것입니다. 자신들이 어떻게 예수님을 만나게 되었는지와 예수님과의 만남을 통해서 어떤 변화가 있었는지에 대해 간증을 한 것이고 그러한 것들이 전승되다가 복음서 기자에 의해 기록된 것입니다. 그러한 간증들이 초대 교회 당시에 얼마나 많이 있었겠습니까? 그 엄청난 자료 가운데 복음서 저자들이 취사선택하여 기록한 것입니다.

마태, 마가, 누가복음을 공관복음으로 요한복음과는 구분한다고 했는데 공관복음과 요한복음에는 몇 가지에서 차이가 있습니다. 먼저 예수님의 공생애 기간과 관련하여 공관복음은 공생애 기간을 1년 미만으로 봅니다. 마태, 마가, 누가복음은 예수님의 공생애 기간을 짧으면 몇 개월 길어도 1년 미만으로 봅니다. 그런데 요한복음은 예수님의 공생애 기간을 3년 정도로 봅니다. 오늘날 한국 교회는 요한복음 전성시대라고 할 수 있습니다. 현재 한국 교회가 가장 사랑하는 복음서가 요한복음입니다. 시간 되실 때 기독교 서점을 한번 가 보십시오. 서점 안에 있는 복음서 코너를 보면 마태, 마가, 누가, 요한복음 가운데 어느 본문의 책이 제일 많은지를 금방 확인하실 수 있을 것입니다. 단언컨대 요한복음입니다. 그리고 조금이라도 이름난 목사님들의 설교집을 보면 요한복음 강해 설교가 많습니다. 목사님들이 복음서로 강해 설교를 한다고 할 때 누가복음을 본문으로 강해 설교하는 목사님은 거의 없습니다. 목사님들이 제일 좋아하는 복음서가 요한복음입니다. 한국 교회는 1980년 이후부터 요한복음에 대한 과도한 짝사랑을 하고 있습니다. 마태, 마가, 누가복음인 공관복음은 총세 개의 본문이 있습니다. 요한복음은 하나입니다. 그런데 대부분의 신앙인들이 세 개의 복음서가 말하는 것보다 요한복음이 말하는 내용에 더 익숙합니다. 그 가운데 하나가 예수님의 공생애 기간에 대한 생각입니다. 대부분의 신앙인들은 예수님의 공생애 기간이 3년이라고 생각합니다. 그런데 3년이라고 말하는 것은 요한복음밖에 없습니다. 마태, 마가, 누가복음은 짧으면 몇 개월이고 길어도 1년 미만입니다. 요한복음만 3년이라고 말하는 것입니다. 그렇다면 한번 생각해보십시오. 마태, 마가, 누가복음 세 권이 말하는 것을 우리가 더 신뢰해야 합니까, 요한복음 한 권이 말하는 것을 더 신뢰해야 합니까? 그런데 대부분 요한복음이 말하는 3년을 정답처럼 암기하고 있습니다. 그만큼 한국 교회가 요한복음 중심의 이해를 가지고 있다는 반증이기도 합니다.

다른 질문을 해보겠습니다. 예수님께서 오병이어로 놀라운 기적을 행하셨는데 그 오병이어는 원래 누구의 것입니까? 이 질문을 받으면 대부분은 어린 소년이라고 대답합니다. 이것도 요한복음에 근거한 답변입니다. 하지만 마태, 마가, 누가복음은 제자들이 가지고 있었던 것이라고 말합니다. 이것도 공관복음과 요한복음의 기록이 다릅니다. 그런데 대부분의 신앙인들은 오병이어가 누구의 것이었는가 할 때 한 어린 소년이라고 생각합니다. 이렇게 말하는 본문은 요한복음밖에 없습니다. 마태, 마가, 누가복음은 제자들이 가지고 있던 것을 예수님께 드렸다고 말합니다. 예수님의 공생애 기간, 오병이어의 원소유자가 누구인가에 대해 예를 들었습니다. 우리가 얼마나 요한복음을 중심으로 복음서를 이해하고 있는가를 아셔야 합니다.

지금 한국 교회는 요한복음에 대한 지나친 짝사랑을 하고 있습니다. 그렇다면 요한복음을 지나치게 짝사랑하는 것이 어떤 위험성이 있을까요? 공관복음은 예수님의 인성을 강조하고 요한복음은 예수님의 신성을 강조합니다. 공관복음을 보시면 예수님은 우리와 똑같은 인간이십니다. 그런데 예수님은 죽기까지 하나님께 온전히 순종하셨습니다. 그리고 제자 된 우리에게 '나를 따르라'고 요청하십니다. 공관복음을 읽게 되면 예수님을 따름에 대한 부담감이 밀려옵니다. 그런데 요한복음은 예수님의 신성을 강조합니다. 예수님은 태초부터 하나님입니다. 그래서 그분이 행하시는 일이 별로 놀랍지가 않습니다. 그분은 신이시고 나와 질적으로 다른 분이시기 때문입니다. 요한복음을 읽게 되면 예수님은 내가 찬양하고 경배해야 할 대상입니다. 예수님을 따라야 할 부담감이 생기지 않습니다. 한국 교회가 1980년대 이후에 요한복음을 지나치게 짝사랑하는 중요한 이유 가운데 하나가 요한복음을 중시하게 되면 예수님을 경배하고 찬양하면 되는 것입니다. 예수님처럼 살 수도 없고 살 필요도 없는 것입니다. 우리와 예수님은 질적으로 다른 존재이기 때문입니다. 이처럼 요한복음에 대한 지나친 짝사랑은 예수님 따름에 대한 부담감으로부터 우리를 해방시켜주는 측면이 있습니다. 그래서 저는 이것이 아주 위험하다고 봅니다. 공관복음과 요한복음을 균형 있게 대하는 것이 정답입니다.

한국 교회사에서 1980년대가 아주 중요합니다. 1980년대 마이카 시대가 시작되면서 소위 강남의 대형 교회가 등장하게 됩니다. 자신이 살고 있는 곳은 A지역인데 출석하는 교회는 B지역에 있습니다. 그래서 주일마다 차를 타고 교회에 갑니다. 교인들과는 주일날 몇 시간 얼굴을 대하는 것이 전부이기에 서로의 삶을 알 길이 없습니다. 예배드릴 때만 잠깐 만나고 교제하는 관계가 되어버린 것입니다. 이때부터 소위 강남의 대형 교회가 등장하기 시작하고 한국 교회가 요한복음을 지나치게 짝사랑하기 시작했습니다. 더 이상 목사들이 누가복음을 설교하지 않습니다. 누가복음의 별명이 무엇입니까? 가난한 자들의 복음입니다. 1980년대 이후부터는 교회 구성원이 중산층으로 바뀌었습니다. 옛날에는 가난한 사람들이 많았다면 이제는 중산층이 한국 교회의 중심 세력이 된 것입니다. 이런 상황에서 예수님 따름을 강조하는 공관복음보다는 예수님은 찬양과 경배의 대상임을 강조하는 요한복음이 사람들의 사랑을 받게 된 것입니다. 1980년대 등장한 것이 경배와 찬양 문화 아닙니까? 내가 예수님을 찬양하고 경배하면 예수님에 대해 내가 해야 할 도리를 다한 것처럼 생각하게 된 것입니다. 이처럼 요한복음에 대한 지나친 짝사랑은 예수님 따름에 대한 부담감으로부터 우리를 자유하게 만들어준 부작용이 있습니다. 지금 행정구역상 도 단위로 봤을 때 그리스도인의 비율이 가장 높은 곳이 어디일까요? 전라도입니다. 전라도는 개신교 비율이 최소 20%, 최대 30% 정도 됩니다. 인구 10명당 2~3명이 개신교인입니다. 그렇다면 인구 대비 그리스도인 비율이 가장 낮은 곳이 어디일까요? 대구 경북입니다. 대구 경북은 최소 5%, 최대 8% 정도 됩니다. 그렇다면 시나 구 지역으로 봤을 때 그리스도인 비율이 가장 높은 곳이 어디일까요? 강남 3구입니다. 강남 3구는 최소 30%, 최대 40% 정도 됩니다. 이게 무슨 말이냐면 이미 그리스도교는 한국 사회에서 중산층의 종교가 되어버린 것입니다. 제가 어린 시절에는 이런 말이 있었습니다. 부자들은 불교 신자가 많고 가난한 사람들은 개신교 신자가 많다고 했습니다. 그런데 지금은 아닙니다. 우리나라 국회의원들이나 장차관 등 사회 지도층을 보시면 아시겠지만 그리스도인의 비율이 아주 높습니다. 이미 그리스도교는 한국 사회에서 중산층의 종교가 되었습니다. 언제부터 이런 변화가 뚜렷하게 생겼는가 하면 1980년대 부터입니다.

옛날에는 교회 안에 가난한 신자들이 많았기 때문에 누가복음을 설교하는 것이 어렵지 않았습니다. 그런데 오늘처럼 중산층이 많이 있는 상황에서 누가복음이 말하고 있는 것처럼 가난한 자는 복이 있다고 설교하게 되면 중산층들이 싫어합니다. 부자들은 다른 교회로 가버립니다. 지금은 요한복음을 설교할 수밖에 없습니다. 요한복음은 추상적인 내용들이 많고 이원론적인 언어가 많습니다. 그리고 예수님의 신성을 강조하기 때문에 예수님을 찬양하고 경배하면 됩니다. 그래서 지금 한국 교회에서 요한복음이 지나치게 사랑받고 있습니다. 저는 이것이 매우 위험한 현상이라고 봅니다. 공관복음은 예수님의 공생의 기간을 짧으면 몇 개월 길어도 1년 미만으로 보는데 요한복음만 3년으로 봅니다. 그런데 요한복음의 입장을 정답처럼 생각하고 있습니다. 예수님의 주 사역지도 공관복음은 갈릴리고 요한복음은 예루살렘을 중심으로 한 유대 땅입니다. 그리고 이야기 전개 방식이 다릅니다. 공관복음에서 예수님은 처음부터 우리와 똑같은 인간이십니다. 그분이 어떻게 하나님의 아들로 고백되어졌는가를 말하는 것이 공관복음입니다. 그런데 요한복음에서 예수님은 처음부터 하나님이십니다. 태초부터 하나님이신 그분이 어떻게 우리와 똑같은 인간이 되셨는가를 말하는 것이 요한복음입니다. 공관복음은 예수님의 인성을 요한복음은 예수님의 신성을 강조하고 있다고 이해하시면 됩니다.

복음서 강의 3-2

말씀과함께 | 복음서강의

복음서 강의 **3-2**

한국 교회 역사를 보면 오랜 세월 동안 사복음서 가운데 가장 사랑을 받았던 복음서는 누가복음입니다. 한글로 성경이 번역될 때 가장 먼저 번역된 복음서도 누가복음입니다. 왜 한국 교회에서 오랫동안 누가복음이 사랑을 받았을까요? 누가복음에 대한 여러 별명이 있습니다. 이방인들의 복음, 가난한 자들의 복음, 여인들의 복음, 기도 복음, 성령 복음입니다. 한국 교회 초기에 어떤 사람들이 교회에 많이 왔을까요? 가난한 천민들과 사회적으로 무시당해왔던 사람들, 그리고 여인들과 어린이들이 많이 왔습니다. 이들을 가장 많이 위로했던 본문이 누가복음입니다. 그래서 한국 교회가 1970년대까지는 누가복음을 사랑했습니다. 그런데 1980년대로 넘어가면서 요한복음이 한국 교회로부터 가장 많은 사랑을 받고 있습니다. 요한복음은 예수님의 신성을 강조합니다. 예수님의 신성을 강조하게 되면 우리는 예수님을 찬양하고 경배하면 됩니다. 예수님을 따라가야 한다는 부담으로부터 자유함을 누리게 됩니다. 그러나 예수님의 인성을 강조하는 공관복음은 그렇지 않습니다. 예수님의 인성을 강조하게 되면 그분은 우리와 똑같은 인간이셨는데 죽기까지 하나님께 온전히 순종하셨습니다. 그리고 우리에게도 자기를 따르라고 요청하고 계십니다. 공관복음을 계속 읽다 보면 어떤 부담감이 밀려옵니까? 예수님처럼 살고 있지 못한 자신에 대한 부끄러움과 하나님에 대한 송구함이 몰려옵니다. 그래서 신앙인들이 점점 공관복음보다는 예수님을 찬양하고 경배하면 되는 요한복음을 더 사랑하게 됩니다. 예언서에서 이스라엘이 하나님께 책망 받았던 이유가 무엇입니까? 예배를 드리지 않거나 찬양이 부족해서입니까? 전혀 그렇지 않습니다. 구약의 이스라엘이 하나님께 책망 받았던 가장 중요한 이유는 종교의식에는 최선을 다했지만 일상의 삶에서 말씀에 근거한 순종의 삶을 살아내지 못했기 때문입니다. 그것 때문에 하나님께 책망을 받은 것입니다. 오늘날 한국 교회도 하나님에 대한 사랑을 종교의식으로 퉁 치고자 하는 경향이 너무도 강합니다. 구약의 이스라엘이 실패했던 모습과 너무나 유사한 것이 오늘 한국 교회의 모습이라고 할 수 있습니다. 저는 그런 의미에서 요한복음에 대한 지나친 짝사랑으로부터 우리가 하루 빨리 돌이켜야 된다고 봅니다. 복음서에 대한 균형 잡힌 이해가 필요합니다.

예수님께서 거라사 지방에서 만났던 군대 귀신 들린 사람은 몇 명이었습니까? 마가복음에는 한 명이라고 하고 마태복음에는 두 명이라고 합니다. 예수님이 돌아가신 이후에 아리마대 사람 요셉이 예수님을 돌무덤에 뉘었는데 여인들이 예수님의 몸에 향품을 바르기 위해서 무덤을 찾아옵니다. 그런데 예수님은 부활하셨고 무덤은 비어 있었습니다. 그 빈 무덤에서 여인들이 누구를 만났나요? 여기에 대해서 마태, 마가, 누가, 요한복음이 모두 다른 기록을 하고 있습니다. 마태복음은 유대인들을 대상으로 기록된 복음입니다. 유대인들은 이것이 정말 믿을 만한 내용이라고 인정할 때 최소 증인이 두 명 이상 있어야 합니다. 그래야 그 이야기를 신뢰할 수 있습니다. 그래서 유대인들을 대상으로 기록된 마태복음에는 예수님의 어떤 사건을 기록할 때마다 둘이라고 하는 숫자가 많이 나옵니다. 예를 들면 거라사 지방에서 군대 귀신 들린 사람도 마태복음은 두 명입니다. 예수님이 예루살렘에 타고 갔던 나귀도 두 마리입니다. 마태복음에서 둘이라고 하는 숫자가 강조되는 이유는 유대인들을 대상으로 기록된 복음서이기 때문입니다. 유대인들은 어떤 이야기를 들을 때 이것을 신뢰하려면 최소 두 명 이상의 증언이 필요합니다. 그래서 마태복음에는 둘이라고 하는 숫자가 강조됩니다. 하지만 마가복음은 유대인을 대상으로 기록된 복음서가 아닙니다. 그래서 거라사 지방에서 예수님을 만났던 군대 귀신 들린 사람도 마가복음은 한 명입니다. 이처럼 복음서를 자세히 읽다 보면 동일한 사건에 대한 기록이 복음서마다 조금씩 다르다는 것을 알 수 있습니다. 현대인들은 사실을 중시합니다. 우리가 무슨 이야기를 할 때 사람들이 가장 많이 질문하는 것이 무엇입니까? '사실이 뭔데?' 입니다. 현대인들에게는 사실이 매우 중요합니다. 그런데 복음서는 21세기에 기록된 본문이 아니라 주후 1세기에 기록되었습니다. 주후 1세기는 사실보다 의미를 중시하던 시대입니다. 이것을 항상 기억하셔야 됩니다. 복음서를 비롯한 성경의 모든 텍스트는 21세기 대한민국 사회에 살고 있는 사람들이 읽기를 기대하면서 기록된 것이 아닙니다. 모든 성경의 본문은 일차 독자가 있습니다. 일차 독자들을 생각하면서 본문이 기록되어진 것입니다. 그것을 전혀 다른 시대를 살고 있는 오늘 우리가 읽고 있는 것입니다. 그런데 중요한 것이 1세기와 21세기는 사람들의 인식과 세계관이 완전히 다르다는 것입니다.

고대인들은 신화론적인 세계관을 가지고 있지만 현대인들은 과학적 세계관, 합리주의적 세계관을 가지고 있습니다. 신화론적 세계관이라는 것은 삶에서 일어나는 모든 것을 신과 연관시켜 사유하는 방식을 말합니다. 고대인들에게 신의 존재는 너무나 당연한 것입니다. 땅에서 일어나고 있는 모든 일들은 모두 신에 의해서 일어나는 깃으로 이해했습니다. 예를 들면 오랜 기간 가뭄이 발생하게 되면 신이 진노했다고 생각합니다. 그래서 신의 진노를 풀기 위해 기우제를 드렸습니다. 오늘날에는 비가 오지 않으면 기상청에서 분석을 하지만 고대인들은 신과 연관시켜 그 문제를 해결하고자 했습니다. 고대인들은 결혼하고 몇 년이 지나도 아이가 생기지 않으면 신에게 저주를 받았다고 생각했습니다. 아이가 금방 생기면 신이 복을 주셨다고 생각합니다. 이런 식의 사유 방식을 신화론적 세계관이라고 말합니다. 모든 것을 신과 연관시켜 사유하는 것입니다. 하지만 현대인들은 그렇지 않습니다. 현대인들은 사유의 내용 안에서 신을 제외시키는 것을 보다 합리적인 것이라고 생각합니다.

어떤 기록을 보면 전쟁에서 물리친 적군의 피가 무릎까지 찼다는 내용이 있습니다. 현대인들이 볼 때 이 기록은 너무나 과도한 부풀림으로 다가옵니다. 어떻게 적군의 피가 무릎까지 올라올 수 있습니까? 하지만 고대인들에게 이러한 기술은 전혀 문제되지 않았습니다. 왜 문제되지 않았을까요? 고대에는 의미 중심의 세계관을 갖고 있었기 때문입니다. 적군의 피가 무릎까지 올라왔다는 말은 많은 적들을 무찔렀다는 뜻입니다. 그런데 오늘날 과학주의적 세계관을 가지고 있는 현대인들은 이러한 기술을 볼 때마다 수학적 계산을 하려고 합니다. 전쟁이 벌어진 들판의 넓이가 어느 정도 되는지를 분석하고 한 개인의 몸 안에 있는 혈액의 양을 가지고 피가 무릎까지 올라오려면 몇 명이 죽어야 하는지를 계산합니다. 복음서를 읽다 보면 동일한 사건에 대해 복음서 간에 서로 다른 기록을 하는 것을 보면서 현대인들은 상처를 받습니다. 모순이라고 생각합니다. 똑같은 사건을 말하는데 일치된 주장이 안 나오고 여기서는 이렇게 말하고 저기서는 저렇게 말하는 것을 용납할 수 없는 것입니다. 이러한 문제를 어떻게 해결할 수 있을까요? 여기서 꼭 기억해야 할 것이 있습니다. 고대 사회는 의미 중심의 사회였고 현대 사회는 사실 중심의 사회라는 것입니다. 예수님이 예루살렘에 입성하실 때 나귀를 한 마리를 탔는지 두 마리를 탔는지가 현대인들에게는 중요합니다. 하지만 고대인들에게는 나귀를 탔다는 것이 더 중요합니다. 빈 무덤에서 여인들이 누구를 만났는가에 대해 복음서마다 다른 기록을 하고 있습니다. 이것 때문에 현대인들은 상처를 받습니다. 그런데 고대인들에게는 무덤이 비어 있었다는 것이 중요합니다. 예수님이 더 이상 죽음의 지배 가운데 속박되지 않았다는 것이 중요합니다. 이처럼 고대인들과 현대인들이 중요하게 생각하는 인식의 지점이 다름을 기억해야 합니다.

우리나라 1세기 설화를 보면 김수로나 박혁거세와 같은 인물들은 모두가 알에서 태어났습니다. 그것을 그 당시 사람들은 믿었습니다. 오늘날 현대인들의 시각으로는 어떻게 사람이 알에서 나올 수가 있지 생각하지만 김수로나 박혁거세가 알에서 나왔다고 하는 것이 당시 사람들에게는 전혀 문제되지 않았습니다. 알에서 나왔다고 하는 것은 신비로운 존재라는 것이고 하늘에 의해서 탄생했다는 것입니다. 보통의 인간과는 질적으로 다른 존재라는 것입니다. 이런 의미가 고대인들에게는 중요했습니다. 그런데 근대 이후에 세계관이 달라졌습니다. 현대인들은 합리적으로 타당하지 않으면 그 주장을 받아들이려고 하지 않습니다. 과학적으로 입증되거나 증명되지 않으면 받아들이려고 하지 않습니다. 현대인들은 모든 것에 있어서 사실을 중시합니다. 팩트를 중시합니다. 그래시 마태, 마가, 누가, 요한복음에서 동일한 사건에 대한 서로 다른 기술이 있는 것이 현대인들에게는 걸림돌이 됩니다. 그런데 복음서 간에 이런 모순이 있다는 것을 초대 교인들도 알았을 것 아닙니까? 그런데 어떻게 초대 교인들은 그러한 모순을 받아들일 수 있었을까요? 그들에게는 사실이 중요한 것이 아니라 의미가 중요했기 때문입니다.

2세기 중후반 타티안이라는 사람이 있었습니다. 타티안은 마태, 마가, 누가, 요한복음이 동일한 사건에 대해 서로 다른 기술을 하고 있기 때문에 이러한 모순을 해결하기 위해서 마태, 마가, 누가, 요한복음을 연대기적으로 하나의 복음서로 짜깁기 했습니다. 이것을 「디아테사론」이라고 합니다. 그런데 초대 교회는 모순 없이 마태, 마가, 누가, 요한복음을 하나의 복음서로 짜깁기 한 「디아테사론」이 아니라 서로 다른 주장을 하고 있는 마태, 마가, 누가, 요한복음을 정경으로 받아들였습니다. 그 당시 사람들에게는 마태, 마가, 누가, 요한복음이 동일한 사건에 대해서 서로 다른 기술을 하고 있는 것이 전혀 문제되지 않았음을 알 수 있습니다. 그런데 현대인들에게는 이것이 걸림돌이 됩니다. 마태복음은 이렇게 말하고 마가복음은 저렇게 말하면 대부분은 고민하게 됩니다. 마태복음은 예수님께서 거라사에서 만난 군대 귀신들린 사람을 두 명이라고 말하고 마가복음은 한 명이라고 말하면 현대인들은 이것으로 인해 머리를 싸매게 됩니다. 그러나 고대인들에게는 이것이 전혀 문제되지 않았습니다. 그 시대에는 의미가 중요하고 오늘날에는 사실이 중요하기 때문입니다. 그래서 성경을 읽을 때는 이것을 항상 기억하셔야 합니다. 성경은 일차적으로 21세기 대한민국 사회를 살고 있는 사람들이 읽으라고 쓰인 책이 아니라는 것입니다. 그리고 근대 이후에 사람들의 세계관이 달라졌다는 것을 기억하셔야 합니다. 성경이 쓰인 그 당시에는 이것이 전혀 문제되지 않았다는 것을 기억하셔야 합니다.

초대 교회 지도자 가운데 마르키온이라는 사람이 있습니다. 마르키온은 2세기 초중반에 로마 교회 평신도 지도자였는데 스스로 바울의 후계자라고 주장했습니다. 그러면서 진짜 하나님의 영감으로 주어진 성경은 누가복음과 10권의 바울 서신이라고 했습니다. 마르키온이 초대 교회를 향해 선제공격을 한 것입니다. 이때까지만 하더라도 초대 교회는 하나님의 말씀으로 인정받아 왔던 구약만을 붙잡고 있었습니다. 그런데 갑자기 마르키온이 하나님으로부터 주어진 영감 받은 말씀은 누가복음과 10권의 바울 서신이라고 주장한 것입니다. 마르키온의 주장에서 알 수 있듯이 마르키온은 구약을 부정했습니다. 마르키온은 구약에 나오는 하나님과 예수가 아버지라고 부른 하나님은 전혀 다른 하나님이라고 주장했습니다. 그리스도교 역사를 보면 마르키온 이후에 동일한 주장을 펼친 사람들이 많습니다. 구약의 하나님과 신약의 하나님은 다르다는 것입니다. 구약의 하나님은 폭력적이고 유대인들만을 사랑하시는데 반해 신약의 하나님은 사랑과 자비가 넘치고 세계 만민을 사랑하는 하나님이시라는 것입니다. 이렇게 구약의 하나님과 신약의 하나님을 구분시켜 놓고 자신은 구약의 하나님이 아니라 신약의 하나님을 믿는다고 주장하는 사람들이 계속 등장했는데 그 원조가 마르키온입니다. 마르키온은 반유대주의자입니다. 그가 구약을 싫어한 이유 중 하나는 구약은 대다수가 유대인들이 주인공입니다. 유내인들이 하나님께 선택받은 민족인 것처럼 기록되어 있습니다. 그래서 마르키온은 구약을 전면적으로 부정합니다. 반면 초대 교회 사도 가운데 가장 이방인 친화적인 사도가 누구였습니까? 바울입니다. 바울은 유대인에게 선포된 복음을 세계 만민에게 전파한 사람입니다. 사복음서 가운데 가장 이방인 친화적인 복음서는 이방인의 복음이라는 별명을 가지고 있는 누가복음입니다. 그래서 마르키온은 누가복음과 10권의 바울 서신만이 하나님의 말씀이라고 선제공격을 한 것입니다.

여기에 대해서 초대 교회가 반격을 하게 됩니다. 창세기부터 말라기까지 39권의 구약과 4권의 복음서, 1권의 역사서, 21권의 서신서, 1권의 묵시록이 하나님이 우리에게 주신 계시의 말씀이라고 주장했습니다. 마르키온의 선제공격 이후에 초대 교회가 하나님의 영감 받은 말씀들을 수집하기 시작하여 탄생한 것이 27권의 신약 성경입니다. 만약 마르키온의 선제공격이 없었다면 초대 교회는 구약의 말씀만 가지고 신앙의 삶을 살았을지도 모릅니다. 그런데 마르키온의 선제공격으로 인해 하나님의 영감 받은 말씀들을 수집하기 시작했습니다. 이때 무엇이 기준이 되었습니까? 저자의 사도성과 그 본문에 대한 보편적 교회로부터의 승인이라는 기준으로 정경이 확정되기 시작했습니다. 그래서 구약을 계승하는 27권의 새로운 언약의 말씀을 확정했습니다. 이렇게 신약이 탄생하게 된 것입니다. 어떻게 보면 마르키온의 선제공격이 없었다면 신약 27권은 탄생하지 않았을 수도 있습니다.

마가복음 개론

누가복음 1장에서 저자 누가는 자기 이전에 예수님에 대해서 글을 쓰기 위해 붓을 든 사람들이 많았고 자신도 상세하게 자료들을 조사하여 복음서를 작성하고 있음을 기술합니다. 그렇다면 최초로 복음서를 기술한 마가는 어떤 자료들을 참고했을까요? 마가는 열두 제자에 포함되지 않았기 때문에 사도는 아닙니다. 마가는 베드로의 믿음의 아들입니다(벧전 5:13). 베드로가 로마에서 사역할 때 마가가 통역을 했습니다. 마가가 알고 있는 예수 이야기는 거의 대부분 베드로를 통해 들은 이야기입니다. 마가는 열두 제자는 아니었지만 마가복음을 사람들이 권위 있게 인정했던 이유가 여기에 있습니다. 마가복음을 베드로가 쓴 것과 동일하게 인정해 준 것입니다. 주후 1세기에는 주인이 직접 글을 쓰기도 했지만 자신은 말을 하고 글을 알고 있는 종이 대신 쓰는 경우가 많았습니다. 로마서도 그렇지 않습니까? 바울은 말을 하고 더디오(롬 16:22)가 대필했습니다. 그런데 우리는 로마서의 저자를 더디오가 아닌 바울이라고 생각합니다. 그 이유가 무엇입니까? 바울이 자신의 손으로 쓴 것은 아니지만 더디오로 하여금 쓰게 만들었기 때문입니다. 글을 쓰게 만든 사람을 그 글의 저자라고 보는 것입니다. 마가복음은 베드로를 통해서 들은 예수 이야기를 마가가 쓴 것입니다.

초신자들이 읽기에 가장 무난한 복음서가 마가복음입니다. 여기에는 크게 세 가지 이유가 있습니다. 첫째는 마가복음이 복음서들 가운데 가장 먼저 기술된 복음서입니다. 둘째는 분량이 가장 짧습니다. 셋째는 사건이 연속적으로 기술되어 있기에 읽기가 쉽습니다. 하나의 사건을 기록한 이후에 곧, 즉시라는 표현이 나오고 곧바로 새로운 사건을 기록하고 있습니다. 마가복음이 우리에게 주어지기까지 어떤 과정을 거쳤을까요? 먼저 예수님의 사역과 가르침이 있었습니다. 예수님이 사역하지 않고 가르치지 않으셨다면 복음서는 탄생할 수 없었을 것입니다. 예수님의 사역과 가르침의 내용이 오랜 시간 입에서 입으로 전달되었습니다. 그것을 70년경 마가가 문서로 기록한 것입니다.

마가복음의 저자 마가는 로마식 이름이고 유대식 이름은 요한입니다(행 12:12). 마가가 두 개의 이름을 가지고 있었던 이유는 디아스포라 유대인이기 때문입니다. 유대인은 유대인인데 이방인의 땅에 살고 있는 유대인을 디아스포라 유대인이라고 합니다. 오늘날로 말하면 교포인 것입니다. 디아스포라 유대인들은 태어날 때부터 두 개의 이름을 갖게 됩니다. 하나는 자신이 살고 있는 이방 지역에서 소통되는 이름이고 다른 하나는 유대식 이름입니다. 예를 들면 바울의 경우 이방 지역에서 사용하던 이름은 바울이고 유대식 이름은 사울입니다. 다메섹 도상에서 사울이 바울이 된 것이 아니라 태어날 때부터 사울임과 동시에 바울이었던 것입니다(행 13:9). 디아스포라 유대인이었던 마가는 이후에 베드로의 믿음의 아들이 됩니다. 파피아스의 기록에 따르면 마가는 베드로의 통역을 맡아서 활동했고 바울과는 처음에는 사이가 나빠서 헤어졌지만(행 15:36~41) 이후에 다시 화해하여 소중한 동역자가 됩니다(골 4:10; 딤후 4:11). 마가는 바나바의 조카입니다. 바울과 바나바가 1차 전도 여행 때 마가를 데리고 갔는데 마가는 선교 여행의 힘겨움을 참지 못하고 밤빌리아 버가에서 중도에 포기합니다. 마가는 120명이 들어갈 만큼 큰 다락방을 소유하고 있을 정도로 부유한 집안의 아들로 편안한 삶을 누려오다가 고된 전도 여행을 견디지 못한 것입니다. 마가가 중도에 포기한 이후에도 바울과 바나바는 협력하여 1차 전도 여행을 마무리합니다. 그런데 2차 전도 여행을 떠나기 전 바나바는 이번에도 조카인 마가를 데려가고자 합니다. 이때 바울이 단호하게 반대합니다. 이로 인해 바울과 바나바가 갈라서게 됩니다. 이 사건을 경험하면서 마가가 얼마나 큰 충격을 받았겠습니까? 결국에는 자기 때문에 환상의 콤비였던 바울과 바나바의 사이가 틀어진 것입니다. 이때부터 마가가 개과천선하지 않았을까요? 그래서 이후에는 마가가 바울에게 큰 칭찬을 받는 자로 변화됩니다.

마가는 사도가 아니었음에도 어떻게 마가복음의 사도성을 인정받았을까요? 어떤 텍스트가 정경으로 채택됨에 있어서 세 가지 중요한 기준이 있습니다. 첫째는 저자의 사도성이고, 둘째는 보편적 교회로부터의 승인이고, 셋째는 정경으로 채택된 본문들과의 일관성입니다. 마가는 베드로의 믿음의 아들로서 그에게서 예수님의 행적과 그의 가르침을 듣고 배웠을 것입니다. 그 내용들을 주후 70년경에 기록한 것이 마가복음입니다. 저자는 마가이지만 베드로에게서 들은 내용을 기록한 것이기에 마가복음은 거의 베드로 복음서로서의 권위를 가지게 된 것입니다. 마가복음 1장 1절은 이렇게 시작됩니다.

하나님의 아들 예수 그리스도의 복음의 시작이라.

마가가 말하려고 하는 목적은 예수님께서 하나님의 아들이라는 것입니다. 이것을 사람들로 하여금 믿게 하는 것이 복음서를 기록한 가장 중요한 목적입니다. 마가는 이 목적에 부합하는 내용들을 중심으로 자료를 선택했을 것입니다. 또한 자신의 복음서를 읽을 마가 공동체에게 유의미한 내용들을 중심으로 복음서를 기록했을 것입니다. 예를 들면 마가 공동체 안에 어떤 문제가 있다고 했을 때 마가는 그 문제를 해결하기 위한 어떤 해답을 예수님을 통해서 제시하고 싶었을 것입니다. 이처럼 마가는 복음서를 기록할 때 두 가지 목적에 근거하여 자료를 취사선택했습니다. 첫째는 복음서를 쓰는 목적에 부합되는 것을 중심으로 선택했고, 둘째는 자기의 글을 읽게 될 공동체에게 유의미한 내용을 중심으로 자료를 선택한 것입니다.

성경은 본문이 말하는 배경의 시점, 본문이 쓰인 시점, 본문이 정경으로 확정된 시점이 다르다고 했습니다. 본문이 말하는 배경 시점을 1이라고 하고 본문이 쓰인 시점을 2라고 하고 본문이 정경으로 확정된 시점을 3이라고 할 때 대부분의 성경 본문은 1, 2, 3이 다릅니다. 복음서도 그렇습니다. 복음서의 배경은 주후 20년 후반입니다. 마가복음이 쓰인 시점은 주후 70년경입니다. 마가복음이 최종적으로 정경이 된 것은 397년입니다. 이처럼 마가복음도 시점과 관련하여 1, 2, 3이 다릅니다. 그렇다면 여기서의 질문은 왜 일정한 시간이 지난 후에 그동안 구전으로만 전해오던 전승들을 문서화 할 필요를 느꼈을까 하는 것입니다. 모든 복음서는 예수님께서 사역하시던 때에 쓰인 것이 아닙니다. 예수님의 사역이 마무리되고 한참의 시간이 지난 후에 쓰였습니다. 왜 예수님의 승천 사건 이후에 바로 복음서를 쓰지 않고 40년이 지난 이후에 복음서를 쓰게 되었을까요? 여기에는 여러 요인들을 생각할 수 있지만 가장 중요한 요인은 믿을 만한 증인들이 사라져가고 있다는 일종의 위기감 때문이었습니다. 교회가 탄생할 즈음에는 예수님의 사역에 함께했던 증인들이 많았습니다. 예수님 사역의 증인과 부활의 증인들이 많았습니다. 예수 이야기에 대해 알고 싶다면 이 증인들을 초대하여 간증을 들으면 목마름을 어느 정도 해결할 수 있었습니다. 그런데 시간이 지남에 따라서 증인들이 하나둘 삶을 마감하게 된 것입니다. 이때 교회 입장에서는 일종의 위기감이 밀려오게 됩니다. 증인들이 사라져가고 있는 상황에서 예수 이야기를 문서화함을 통해 이 기록을 영구히 남길 필요성이 대두된 것입니다. 이것이 복음서를 기록하게 된 가장 중요한 이유입니다. 또한 신앙 공동체가 점차적으로 널리 퍼져 나가게 되면서 개별 공동체가 처해 있는 상황에 걸맞은 문서화의 필요가 대두되었을 것입니다. 공동체의 상황이 복음서를 기록하게 만든 주요 요인이 된 것입니다. 이것은 각 복음서의 특징을 구별 짓는 가장 중요한 요인입니다. 마가 공동체가 처해 있던 '삶의 정황'(Sitz im Leben)이 지금의 마가복음의 내용을 구성하게 된 주요 이유가 되었다고 봅니다. 그렇다면 당시 마가 공동체의 상황은 어떠했을까요? 이와 관련해서는 두 가지 주장이 있습니다. 첫째는 당시 마가 공동체가 로마로부터 핍박을 당함에 있어 핍박의 현실로 인하여 힘들어 하고 있던 공동체에게 핍박과 수난은 예수님께서 친히 당하신 것이므로 예수 제자인 우리들이 핍박과 고난을 당하는 것은 당연한 일임을 선포하기 위해서라는 주장입니다. 둘째는 첫째 주장과는 반대로 마가 공동체가 당시 다른 초대 교회와는 달리 번영을 추구하는 현실 속에서 그리스도의 정신을 되찾고자 수난의 그리스도를 강조했다는 주장입니다. 이처럼 마가는 복음서를 기술하면서 한 눈은 과거에 일어났던 예수 사건을 주목하고 다른 한 눈은 현재 그가 속해 있는 공동체의 실제적인 문제에 주목하고 있습니다. 예수님의 삶과 말씀을 통하여 현재의 문제를 해결하고자 하는 의도를 가지고 복음서를 기록했음을 기억해야 합니다. 마가 공동체는 이방에 있던 대부분의 교회처럼 이방 그리스도인과 디아스포라 유대 그리스도인들이 함께한 공동체였다고 봅니다. 처음에는 디아스포라 유대 그리스도인들이 다수였고 시간이 지남에 따라 이방 그리스도인이 점점 많아지게 되었다고 봅니다.

마가복음은 언제 어떤 사람들을 위해 기록되었을까요? 신학자들은 기독론 또는 제자도를 중심으로 마가복음을 연구했습니다. 마가복음은 고난 받는 메시아를 강조합니다. 교회는 처음에는 유대교로부터 이후에는 로마로부터 극심한 박해를 받게 되었습니다. 초대 교회가 로마로부터 박해를 받은 네 가지 이유가 있습니다. 첫째는 황제 숭배를 거부한 것으로 인해 박해를 받았습니다. 당시 로마 제국의 백성들은 황제를 퀴리오스라고 불렀습니다. 퀴리오스는 주인님이라는 말입니다. 황제를 퀴리오스로 부른 것은 자신이 주인인 황제에게 귀속된 존재라는 고백입니다. 우리가 예수님을 퀴리오스로 부르는 것은 예수님이 내 인생의 주인 되심을 선언하는 것이고 이제는 내가 원하는 대로 내 인생을 살지 않고 내 인생의 주인 되신 그분이 원하는 대로 살겠다고 다짐하는 것입니다. 당시에 일반 백성들은 자기를 황제의 종이라고 생각하여 황제를 퀴리오스라고 불렀는데 초대 교회는 그것을 거부합니다. 황제가 아닌 예수님이 자기 인생의 주인임을 고백한 것입니다. 이로 인해 로마로부터 교회는 극심한 박해를 받았습니다.

둘째는 무신론자라는 이유로 박해를 받았습니다. 초대 교회는 예수님을 믿는 자들의 모임인데 이들이 무신론자로 규정된 것이 이해가 안 갈 것입니다. 당시 로마 제국이 인정하는 신을 믿으면 유신론자입니다. 그런데 로마 제국이 인정하지 않는 신을 믿으면 무신론자가 됩니다. 그리고 무신론자는 로마 제국으로부터 박해를 받았습니다. 로마의 백성이라면 당연히 로마가 인정하는 신만을 믿어야 했기 때문입니다. 당시 로마는 유대인들이 믿었던 야웨는 신으로 인정해 주었습니다. 그러나 초대 교회가 믿었던 예수는 신으로 인정하지 않았습니다. 그래서 무신론자라는 이유로 박해를 받은 것입니다. 이것이 언제부터 중단되었을까요? 313년 밀라노 칙령 때부터입니다. 많은 분들이 콘스탄틴 황제가 선포한 밀라노 칙령을 그리스도교를 로마 국교로 인정한 것으로 착각합니다. 그리스도교가 로마의 국교가 된 것은 데오도시우스 황제의 통치 시기인 주후 392년경입니다. 콘스탄틴이 선포한 밀라노 칙령은 그리스도교를 로마가 인정하는 하나의 종교로 승인해 준 것입니다. 승인해 주었다는 말은 이때부터 그리스도인들이 믿는 예수를 로마가 신으로 인정해 주었다는 것입니다. 이때부터 그리스도인은 무신론자라는 이유로는 박해를 받지 않게 됩니다.

셋째는 식인종이라는 이유로 박해를 받았습니다. 이는 성찬에 대한 오해 때문에 발생한 것입니다. 로마의 박해가 시작되면서 초대 교인들이 공개적으로 모임을 갖지 못하고 비밀 모임을 가졌습니다. 이때 주로 모인 곳이 지하 묘지인 카타콤입니다. 당시 초대 교회의 의식은 1부 예배와 2부 성찬으로 이루어졌는데 이 성찬을 외부인들이 오해한 것입니다. 일단 모인 곳이 지하 묘지였습니다. 성찬이 무엇입니까? 예수님의 몸을 먹고 피를 마시는 것 아닙니까? 이로 인해 교회를 박해할 때 초대 교인들에게 식인종이라는 낙인을 붙인 것입니다. 이와 비슷한 경우가 근친상간자라는 명목으로 박해를 받은 것입니다. 당시 그리스도인들은 아내를 자매라고 부르고 남편을 형제라고 불렀습니다. 이런 표현이 교회 바깥사람들에게는 오해를 불러일으켰습니다. 이로 인해 신앙 공동체를 비윤리적인 집단으로 규정하고 박해를 한 것입니다.

넷째는 군대 징집을 거부한 것으로 인해 박해를 받았습니다. 초대 교회는 평화의 왕이신 예수님을 믿는 사람들로 사람을 죽이는 전쟁에 참여하지 않겠다고 징집을 거부했습니다. 로마 군대 안에 있던 병사들도 예수를 믿는 순간 무기를 버리고 탈영을 했습니다. 이것이 로마 제국에서는 큰 문제가 되었습니다. 예수 믿는 사람들이 많아질수록 군대를 떠나는 사람들이 많아지고 로마를 위해 싸울 수 있는 병력이 축소되어 버린 것입니다. 그리스도인들이 늘어나는 것과 로마의 군사력이 반비례하는 상황에서 로마는 군대 징집을 거부한 그리스도인들을 박해했습니다. 그러나 이후 그리스도교가 로마의 국교가 된 이후부터는 군대에 가서 로마를 위해 장렬하게 싸우는 것이 하나님을 위한 충성이라고 주장하기 시작했습니다. 국가를 위한 충성이 곧 하나님을 위한 충성으로 인식된 것입니다.

마가복음에서 가장 중요한 키워드는 예수님의 고난 받으심입니다. 예수님께서 메시아이신 이유는 수난 받은 메시아이기 때문입니다. 여기서 마가복음의 제자도가 나옵니다. 제자는 스승을 따르는 존재입니다. 스승이신 예수님께서 불의한 세상으로부터 고난과 핍박을 받음으로 십자가에서 죽게 됩니다. 당연히 스승의 길을 따르는 제자들도 불의함으로 충만한 이 땅에서 미움 받을 가능성이 높습니다. 우리는 이론적으로는 이것을 알지만 예수님의 길을 따르다가 고난과 핍박을 받게 되면 실존적으로 깊은 고뇌에 빠지게 됩니다. 우리가 스승 대신 예수 그리스도의 길을 따르는 제자라고 말하면서도 정작 고난과 핍박의 상황에서 고뇌하게 되는 것입니다. 이런 상황에서 마가복음은 계속적으로 고난 받는 메시아를 강조합니다. 고난 받는 메시아, 이것이 마가복음이 강조하고 있는 기독론의 핵심입니다. 마가복음은 십자가를 중심으로 한 심오한 기독론을 담고 있습니다. 당시 유대인들이 소망하며 바라던 정치 군사적 지배자로서의 그리스도가 아니라 섬기는 자, 담을 허무는 자, 우는 자를 위로하는 그리스도를 소개합니다. 또한 예수님에 대한 두 부류의 사람들을 소개하는데 한 편이 환영자라면 다른 한 편은 적대자입니다. 우리가 복음서를 공부하면서 이 시대에 예수의 환영자와 적대자들이 누구인지를 살펴보는 것도 중요한 주제가 될 것입니다. 마가는 종의 모습으로 이 땅에 오신 예수님을 부각시키며 특별히 그분의 수난에 초점을 맞추고 있습니다. 예수님께서 고난당하셨듯이 교회도 고난을 당하나 예수님께서 고난 가운데서 승리하셨듯이 교회도 고난 속에서 승리할 수 있다는 신앙을 강조합니다.

기독론이라고 하는 것은 예수가 누구인가에 대한 신학적인 주장입니다. 마가가 강조하는 기독론의 핵심은 고난 받는 메시아입니다. 우리가 진짜 예수님의 제자라면 죄악으로 충만한 이 땅 가운데서 고난 받을 수밖에 없음을 강조합니다. 이것을 강조하는 이유가 무엇일까요? 마가복음의 일차 독자인 마가 공동체가 고난 가운데 있었기 때문입니다. 고난의 상황 속에서 정말 하나님이 살아계셔서 이 땅을 다스리시는가, 예수님은 진정한 구원자가 맞는가에 대해 고민하고 있는 사람들에게 너희의 스승 되신 예수 그리스도께서 이 고난의 길을 친히 걸어가셨음을 강조하며 예수의 제자 된 자들이 고난 받고 있다는 것이야말로 예수의 길을 잘 따르고 있는 증거임을 강조하는 것이 마가복음입니다. 마가는 마가 공동체에게 진정한 제자 됨이 무엇인지를 제시하며 제자답게 살아가도록 돕기 위한 목회적 의도에서 마가복음을 기록했습니다.

로마의 역사가 타키투스는 네로 시대 로마의 그리스도인들이 직면했던 상황에 대해 다음과 같이 기술하고 있습니다.

그동안 그리스도인의 숫자는 현격하게 증가하였으며 이러한 때 네로가 로마를 불로 파괴하는 일이 발생하였다. 모든 사람들이 화재의 원인을 황제에게 돌렸으며 네로가 그곳에 새로운 도시를 건설하기 위해 그렇게 한 것으로 간주했다. 그러나 그는 그 비난을 그리스도인들에게 돌렸으며 따라서 죄 없는 사람들에게 가장 잔혹한 고문과 박해가 가해지기 시작했다. 들짐승의 가죽으로 덮어 씌워 맹수들에게 먹혀 죽게 하는 새로운 사형법이 고안되었는가 하면 많은 사람들이 십자가에 매달려 죽거나 불에 타서 죽었으며 어떤 사람들은 따로 남겨졌다가 날이 저문 후에 밤 동안 불을 밝히기 위해 태움을 당하기도 하였다. 처음에는 그들에 대한 잔인한 박해로 나타났으나 후에는 그들의 종교가 법적으로 금지되었으며 그리스도인이 되는 것은 법령을 위반하는 불법 행위로 선포되었다. 바로 이 시기에 바울과 베드로가 순교 당했는데 바울은 칼로 머리를 베어 죽임을 당하고 베드로는 십자가에 달려서 죽었다.

마가복음에는 예수님을 제외하고 제자들이 가장 두드러진 등장인물로 등장합니다. 마가복음은 처음부터 끝까지 제자도의 이야기입니다. 제자도 이야기를 다루고 있는 마가복음은 처음부터 끝까지 누가

진정한 예수님의 제자들인가를 질문합니다. 재미있는 사실은 예수님과 가장 가까이에 있었던 자들, 그래서 소위 예수를 가장 잘 알고 있다고 스스로 생각했던 자들은 예수님의 메시아 되심을 이해하고 받아들이는데 실패했다는 것입니다. 고향 사람들의 실패(6:6), 종교 지도자들의 실패, 친척들과 가족들의 실패(3:21~35), 열두 제자들의 실패 이야기가 계속해서 등장하고 있습니다. 반면 중간 중간에 등장하는 인물들을 통해 참 제자의 길이 무엇인지를 제시하고 있습니다. 마가복음에서 제자도의 핵심은 십자가와 부활로 말할 수 있습니다. 예수님의 메시아 되심을 이해하지 못했던 제자들과 가족들이 예수의 십자가와 부활을 통하여 인식의 눈이 새롭게 열리게 되고 예수와의 관계가 회복됩니다. 어느 누구도 십자가와 부활을 떠나서는 제자 됨의 온전한 의미를 이해할 수 없습니다. 미기복음의 제지도에서 중요한 역할을 하는 단어가 '길에서'입니다. 제자는 스승과 한 길에서 있는 존재이자 스승을 따르는 존재입니다. 마가의 교회관도 제자도라고 할 수 있습니다. 예수 그리스도의 죽음과 부활을 통해 새로운 공동체가 탄생했고 이 공동체는 예수님을 따르는 무리입니다.

마가복음을 중심으로 복음서의 내용을 살펴보고자 하는데 왜 사복음서 가운데 마가복음을 중심으로 공부해야 할까요? 가장 중요한 이유는 마가복음이 제일 먼저 기록된 복음서이기 때문입니다. 마가복음을 마태복음과 누가복음, 요한복음이 많이 참고했습니다. 그래서 마가복음을 중심으로 살펴보고자 하는 것입니다. 마가복음에는 예수님의 탄생과 관련된 이야기가 나오지 않습니다. 먼저 예수 탄생과 관련된 이야기를 하겠습니다. 질문을 먼저 하겠습니다. 예수님께서 탄생하시고 몸을 누이신 곳이 집입니까, 구유입니까? 중고등부 시절 크리스마스 이브 때 교회에서 성극을 했습니다. 그런데 크리스마스 때 공연하는 성극을 보면 마태복음과 누가복음이 뒤섞여 있는 경우들이 많았습니다. 사복음서 가운데 예수님의 출생을 말하고 있는 복음서가 마태복음과 누가복음입니다. 그런데 마태복음과 누가복음은 예수님의 출생에 대한 내용에 있어서 조금씩 다른 기술을 하고 있습니다. 마태복음은 예수님이 유대인의 왕으로 태어나셨음을 강조합니다. 예수님을 다윗의 후손인 유대인의 왕으로 기록하고 있습니다. 이것이 마태복음의 주장입니다. 그런데 누가복음은 가난한 자들을 위한 복음서입니다. 누가복음은 예수님의 자기 낮추심, 자기를 한없이 낮추신 예수 그리스도를 강조합니다. 마태복음에는 예수님의 아버지와 어머니인 요셉과 마리아가 원래 살던 집이 베들레헴에 있습니다. 그런데 누가복음에는 요셉과 마리아가 살던 집은 갈릴리 나사렛에 있습니다. 호적을 등록하기 위해서 본적인 베들레헴에 왔다가 아기 예수를 낳은 것입니다. 마태복음 2장을 보면 요셉과 마리아의 집이 베들레헴에 있고 마리아는 자신의 집에서 예수를 출산합니다. 마태복음 2장 11절입니다.

집에 들어가 아기와 그의 어머니 마리아가 함께 있는 것을 보고 엎드려 아기께 경배하고 보배합을 열어 황금과 유향과 몰약을 예물로 드리니라.

마태복음은 예수님께서 태어나신 곳이 요셉과 마리아가 살았던 베들레헴 집이라고 말하는데 누가복음에는 구유라고 말합니다. 또한 마태복음은 아기 예수께서 태어나셨을 때 동방박사가 경배하러 옵니다. 동방박사는 이방의 외교 사절을 말합니다. 마태복음은 예수님께서 유대인의 왕으로 태어나심을 강조합니다. 따라서 유대인의 왕으로 태어나신 아기 예수를 이방의 외교 사절들이 경배하러 온 것입니다. 이들은 빈손으로 오지 않고 너무나 값진 황금과 유향과 몰약이라는 예물을 가지고 와서 유대인의 왕으로 나신 아기 예수께 바칩니다. 하지만 누가복음은 자신을 한없이 낮추신 예수, 자기를 비우신 예수 그리스도를 강조합니다. 그분은 태어나실 때부터 집에 누이지 못하시고 말구유에 누이십니다. 누가 와서 경배합니까? 당시 인간 대접받지 못하고 천대 받았던 목자들이 와서 경배합니다. 이처럼 마태복음과 누가복음은 예수님의 탄생에 대한 이야기가 많이 다릅니다. 이렇게 다를 수밖에 없는 이유는 각 복음서가 강조하는 예수님의 모습이 다르기 때문입니다.

예수님께서 태어났던 당시에 목자들은 가장 천대받던 직업군 가운데 하나였습니다. 대부분의 교인들은 목자라는 말을 들으면 시편 23장을 떠올립니다. 그래서 목자라는 단어를 아주 우호적으로 이해합니다. "여호와는 나의 목자시니"라는 구절은 신앙인들에게 큰 위로와 힘이 됩니다. 시편 23장에서 시인은 자신을 양으로 묘사하고 있습니다. 양에게 목자는 절대 의존의 대상이고 절대 신뢰의 대상입니다. 그런데 당시에 목자는 천대 받았던 직업 가운데 하나로 다섯 개의 단어와 동의어로 취급되었습니다. 첫째, 노숙자, 둘째, 동성애자, 셋째, 수간자, 넷째, 도둑놈, 마지막으로 스파이입니다. 목자에 대한 사람들의 부정적인 이미지가 이 단어 안에 모두 담겨 있습니다.

당시 목자들의 일상은 아침에 짐승을 몰고 나가서 저녁에 돌아오는 그런 일이 아니었습니다. 비가 많이 내리는 우기에는 목축을 하지 못합니다. 우기에 비가 내리면 풀이 자라게 됩니다. 그리고 건기가 시작되면 양과 염소를 끌고 나가서 몇 개월을 풀을 따라 이동하면서 양과 염소를 먹이고 돌아오는 것이 목자들의 일상이었습니다. 약 6~7개월 동안을 바깥 생활을 했습니다. 그래서 목자들은 노숙인과 동의어로 취급되었습니다. 6~7개월 동안 목자들이 성욕을 해결하는 방법은 두 가지입니다. 목자들 끼리 성욕을 해결하면 동성애자가 되는 것이고, 양과 염소에게 해결하면 수간자가 되는 것입니다. 또한 목자들이 양과 염소에게 먹이는 풀은 자신들의 소유가 아니었습니다. 다른 사람 소유의 땅으로 들어가서 풀을 먹이는 것이기에 목자는 도둑놈 취급을 받았습니다. 마지막으로 목자들은 계속 풀을 따라 이동합니다. 지난달에는 에돔에서 풀을 먹이다가 이번 달에는 모압 땅으로 올라옵니다. 그러면 모압 사람들이 목자를 만나 에돔의 정세가 어떠한지 동향을 파악합니다. 목자들을 통해서 다른 나라의 정세를 파악하는 것입니다. 문제는 목자가 다른 나라로 넘어가게 되면 이전에 머물렀던 나라에 대한 정보를 모두 전달할 가능성이 높다는 것입니다. 그래서 목자는 신뢰할 수 없는 사람이라는 낙인이 찍히게 된 것입니다. 이처럼 고대 사회에서 목자는 노숙인, 동성애자, 수간자, 도둑놈, 스파이 등 온갖 부정적인 이미지를 가지고 있었습니다. 그런 목자가 아기 예수께 경배한 것입니다. 왜 누가복음이 가난한 자들의 복음인지 아시겠습니까? 마태는 예수님께서 유대인의 왕으로 나심을 강조했습니다. 그래서 예수는 집에서 탄생하시고 동방박사들이 외교 사절로 와서 아기 예수께 경배를 합니다. 유대인의 왕으로 나신 분을 알현할 때 빈손으로 올 수 있겠습니까? 그래서 황금과 유향과 몰약을 들고 온 것입니다. 그런데 누가복음은 자신을 한없이 낮추신 예수 그리스도를 강조합니다. 자신을 얼마나 낮추셨습니까? 태어났을 때도 집에 누일 곳이 없어서 구유에 누이게 됩니다. 누가 와서 아기 예수를 경배합니까? 당시에 인간 취급받지 못했던 목자들이 와서 경배합니다. 이렇게 마태와 누가가 예수 탄생과 관련하여 전혀 다른 기술을 하는 이유는 예수가 어떤 분이신가에 대한 규정이 달랐기 때문입니다. 서로 다른 기술을 통하여 마태와 누가가 예수를 어떤 분으로 강조하고 있는지를 잘 이해하는 것이 무엇보다 중요합니다.

중고등부 시절 크리스마스 이브 때 연극을 보면 동방박사나 목자가 아기 예수를 경배하는 날이 언제였나요? 태어난 낭일입니다. 마리아가 예수를 출산한 후에 동방박사나 목자들이 와서 경배한 것처럼 생각합니다. 하지만 레위기의 출산 정결법을 생각하면 이것은 맞지 않는 이야기입니다. 레위기 12장에 나오는 출산 정결법에 근거하면 여인이 남자아이를 낳게 되면 7일 동안 부정합니다. 그런데 동방박사나 목자 같은 외간 남자들이 아기를 출산한 당일에 어떻게 출산한 여인이 있는 곳에 들어갈 수 있었을까요? 최소한 출산 후 7일 이후에 들어갔다고 봐야 합니다. 짧으면 7일이고 피가 완전히 깨끗해지는 40일 이후에나 방문이 가능했습니다. 당시 헤롯이 베들레헴에서 두 살 이하의 남자 아이를 죽이라고 말하는 것을 보면 예수님께서 태어난 시점과 헤롯이 아이들을 죽이라고 명령한 시점 사이에도 시간적인 간격이 있음을 알 수 있습니다. 동방박사나 목자가 출산 당일에 방문한 것은 아닙니다. 출산 정결법의 규례에 따라서 출산 이후에 얼마의 시간이 지나고 나서 방문하여 경배했다고 봐야 합니다. 헤롯이 왜 최근에 태어난 갓난아이들을 죽이라고 하지 않고 두 살 이하의 남자아이를 죽이라고 명령했는지를 생각해야 합니다. 예수님께서 태어나신 시점과 헤롯이 명령을 내린 시점 사이에 시간적 간격이 있음을 생각한다면 동방박사가 아기 예수를 방문한 시점도 출산 직후가 아니라 얼마의 시간이 지난 이후의 사건이라는 것을 알 수 있습니다. 이것이 출산 정결법과도 맞아 떨어집니다.

마가복음 1장을 보겠습니다. 1장 1절은 이렇게 시작합니다.

하나님의 아들 예수 그리스도의 복음의 시작이라.

예수님을 하나님의 아들과 예수 그리스도로 고백하면서 예수 그리스도가 이 땅에 전해준 소식을 복음이라고 말합니다. 그렇다면 예수님께서 이 땅에 선포하신 복음의 내용은 무엇일까요? 마가복음의 마지막 구절인 16장 20절을 보겠습니다.

제자들이 나가 두루 전파할새 주께서 함께 역사하사 그 따르는 표적으로 말씀을 확실히 증언하시니라.

마가복음의 제일 마지막 구절에는 제자들이 나아가 두루 전파했다고 말하고 있습니다. 그러면 무엇을 전파한 것입니까? 복음을 전파한 것입니다. 마가복음 1장 1절은 복음의 시작이라고 말하고 16장 20절은 이 복음을 전파했다고 말합니다. 그렇다면 복음의 내용은 무엇입니까? 1장 2절부터 16장 19절까지가 복음의 내용입니다. 이처럼 마가복음은 아주 단순한 구조를 가지고 있습니다. 서두에 복음의 시작이라고 선포하고 마지막에 제자들이 이 복음을 두루 전파했다고 말합니다. 그렇다면 제자들이 전파한 복음의 내용이 무엇입니까? 1장 2절부터 16장 19절까지가 제자들이 선포했던 복음의 내용입니다.

마가복음은 세례 요한의 등장으로부터 시작합니다. 1장 4절에 보시면 세례 요한이 광야에 이르러 죄 사함을 받게 하는 회개의 세례를 베풉니다. 세례 요한이 시행한 물세례 운동은 유대인들에게는 매우 낯선 행위였음을 기억해야 합니다. 유대인들은 물세례를 받지 않았습니다. 개역개정에 따라 세례라는 표현을 사용했지만 여기 나오는 세례는 성수기에 담긴 물을 찍어 머리에 뿌리는 것이 아닙니다. 정말 물속으로 온몸이 잠긴 다음에 올라오는 침례를 말합니다. 세례와 침례를 받는 이유가 무엇입니까? 왜 물에 완전히 잠겼다가 다시 올라오는 것입니까? 물에 잠기는 것은 하나님과 무관했던 옛 삶을 죽인다는 의미가 있습니다. 물에서 다시 올라오는 것은 하나님 안에서 새롭게 태어났음을 의미합니다. 저는 장로교 목사이지만 교파와 상관없이 세례식을 거행할 때 침례를 할 수 있으면 좋겠다는 생각입니다. 물에 완전히 잠겼다가 올라오는 의식을 통해서 하나님과 무관했던 자신의 옛 삶을 죽이고 이제 하나님 안에서 새롭게 태어난다는 의미를 보다 분명하게 살렸으면 좋겠습니다. 우리나라는 삼면이 바다이고 동네마다 계곡도 많이 있습니다. 교회 안에 침례탕을 만들어도 좋고 교회 근처 개울가로 가도 좋고 머리에 물을 뿌리는 세례보다는 물에 완전히 잠기는 침례를 하는 것이 좋다고 생각합니다. 왜냐하면 본질을 구현함에 있어서 때로는 형식이 큰 역할을 할 때가 있기 때문입니다.

그렇다면 유대인들은 왜 이런 세례를 받지 않았을까요? 유대인들은 태어나는 순간부터 하나님의 백성이라는 자의식이 있었습니다. 세례는 누가 받는 것입니까? 하나님과 무관한 삶을 살아왔던 자들이 하나님의 백성이 되기로 결단할 때 받는 것입니다. 그런데 태어날 때부터 하나님의 백성이라는 자의식을 가지고 있는 유대인들이 하나님과 무관했던 시간이 있겠습니까? 없습니다. 그래서 유대인들은 정결예식은 행했지만 물에 온몸을 담그는 세례를 받지는 않았던 것입니다. 그렇다면 누가 세례를 받았을까요? 이방인이었다가 유대교로 개종하고자 하는 사람들이 세례를 받았습니다. 하나님과 무관한 삶을 살아오던 이방인이 유대교로 개종하고자 할 때 세 가지 의식을 행하게 됩니다. 첫째는 언약 백성의 표징인 할례를 행해야 합니다. 둘째는 예루살렘 성전에 와서 제사를 드려야 합니다. 그리고 마지막이 세례입니다. 하나님과 무관했던 옛 삶을 죽이고 새로운 존재로 거듭 태어나는 세례는 이방인이 유대교로 개종하고자 할 때 받는 것이었습니다. 일반 이스라엘 백성들은 이런 세례를 받지 않았습니다. 그런데 세례 요한이 이스라엘 백성들에게 세례를 받을 것을 요청한 것입니다. 이게 무슨 말입니까? 너희가 입으로는 하나님의 백성이라고 말하지만 사실은 하나님과 무관한 삶을 살고 있다는 것입니다. 따라서 하나님과 무관했던 옛 삶을 죽이고 하나님 안에서 새로운 존재로 거듭 태어나야 함을 전파한 것입니다. 세례 요한은 물세례를 통해 죄

사함을 받을 수 있음을 강조했습니다. 이것이 종교 권력자들과 충돌을 일으킨 지점입니다.

세례 요한이 시행한 회개의 물세례는 회개의 본질을 회복한 반율법 운동이었습니다. 이것이 참으로 중요합니다. 모든 종교의식에는 본질과 형식이 있습니다. 회개의 본질은 무엇입니까? 회개의 본질은 크게 세 가지입니다. 첫째는 내가 범했던 죄에 대해서 통회자복하는 마음입니다. 이것이 회개의 본질입니다. 둘째는 내 죄로 말미암아 피해를 입은 사람에 대해 배상하고 보상하는 것입니다. 이것이 회개의 본질입니다. 마지막으로 다시는 이런 죄를 범하지 않겠다는 다짐과 결단입니다. 이것이 회개의 본질입니다. 이처럼 내가 범했던 죄에 대해 통회자복하는 마음, 내 죄로 인해서 피해를 입은 사람에 내해서 미안해하고 배상과 보상을 행하는 것, 다시는 이런 죄를 범하지 않겠다는 다짐과 결단이 회개의 본질입니다. 구약에서 이러한 회개의 본질을 감싸는 형식이 동물 속죄 제사입니다. 그렇다면 여러분이 보시기에 회개에 있어서 본질을 갖추는 것이 중요합니까 아니면 형식을 갖추는 것이 중요합니까? 본질을 갖추는 것이 중요합니다. 그런데 시간이 지날수록 본질은 뒤로 밀려나고 형식을 중시하는 분위기가 형성이 됩니다. 회개의 본질은 갖추지 않으면서 형식만 갖춘 사람들이 회개한 사람으로 인정받게 된 것입니다.

많은 사람들에게 큰 피해를 준 악인이 있다고 가정해 보십시오. 이 사람은 자신이 범한 죄에 대해 통회자복하는 마음이 전혀 없습니다. 피해자에 대해 미안해하는 마음도 전혀 없습니다. 다시는 이런 죄를 범하지 않겠다고 다짐과 결단도 하지 않습니다. 그런데 돈은 많습니다. 그래서 자신이 가지고 있는 돈을 가지고 소와 양과 염소를 많이 사서 대규모로 제사를 드립니다. 그러면 사람들은 그 사람을 자신의 죄를 회개한 사람으로 인정해 줍니다. 그 반대의 경우도 발생할 수 있습니다. 어떤 사람은 회개의 본질은 다 갖추었지만 돈이 없어서 제사를 드리지 못하는 경우도 있습니다. 그러면 사람들은 누구를 회개한 사람으로 인정해 줍니까? 본질을 갖춘 사람입니까 아니면 동물 속죄 제사라는 형식을 갖춘 사람입니까? 형식을 갖춘 사람을 회개한 사람으로 인정해 줍니다. 이런 상황에서 회개의 본질은 갖추었다고 하더라도 돈이 없는 사람들은 회개하지 않는 사람으로 낙인찍히는 것입니다. 경제력에 따라 회개 여부가 판가름 나는 상황이 연출되는 것입니다. 물론 하나님께서는 가난한 사람들을 위해 비둘기나 소제로도 속죄 제사를 드릴 수 있도록 하셨습니다. 그러나 소나 양이나 염소를 속죄 제물로 바치는 사람들과의 비교 속에서 가난한 자들이 비둘기나 소제로 속죄 제사를 바치는 것은 쉽지 않았을 것입니다.

동물 속죄 제사라는 형식을 갖추어야만 회개한 것으로 인정받는 상황에서 예루살렘 종교 권력자들은 제물로 바쳐질 짐승을 비싼 가격에 판매하면서 이권을 챙겼습니다. 이런 상황에서 세례 요한이 등장한 것입니다. 세례 요한은 자기에게 나오는 모든 사람에게 세례를 베푼 것이 아닙니다. 1장 5절에는 이렇게 기록되어 있습니다.

온 유대 지방과 예루살렘 사람이 다 나아가 자기 죄를 자복하고 요단 강에서 그에게 세례를 받더라.

요한은 어떤 사람에게 세례를 베풀었습니까? 자기 죄를 자복하는 사람입니다. 자기 죄를 자복했다는 것은 회개의 본질을 갖춘 사람이라는 말입니다. 자신이 무엇을 잘못했는지를 깨우친 사람에게만 요한은 세례를 베풀었습니다. 다시 말해 세례 요한은 회개의 본질을 갖춘 사람에게 물세례를 베푼 것입니다. 물세례의 성격이 어떤 것입니까? 죄 사함을 얻게 하는 세례입니다. 이것이 예루살렘 종교 권력자들이 볼 때 문제가 된 것입니다. 왜 문제가 되었을까요? 율법에 근거하면 사람이 자기 죄를 사함 받을 수 있는 길은 하나밖에 없습니다. 동물 속죄 제사입니다. 그런데 율법에 나오지 않는 물세례를 요한이 베풀고 있는 것입니다. 그리고 자기에게 와서 세례 받은 사람에게 죄사함을 선포하고 있으니 이런 요한의 행동은 반 율법적인 행동인 것입니다. 무엇보다도 너무나 많은 이스라엘 백성들이 요한에게 몰려갔습니다. 어떤 사람들이 요한에게 갔을까요? 예루살렘 성전의 타락에 대해서 분노했던 사람들이 요한에게 갔을 것입니다. 또 하나는 회개의 본질은 갖추고 있지만 짐승을 살 만한 경제력이 없는 사람들이 요한에게 갔을 것입니다. 그런데 요한에게 가는 사람들이 많아지면 많아질수록 예루살렘 성전의 수입은 줄어들 수밖에 없는 것입니다. 이것을 예루살렘 종교 권력자들은 용인할 수 없었던 것입니다.

세례 요한에게 죄 사함을 얻게 되는 물세례를 받을 때 경제력은 중요한 문제가 아니었습니다. 회개의 본질을 갖추고 있다면 누구든지 받을 수 있는 것입니다. 요한은 자기 죄를 자복하는 자에게 회개의 물세례를 베풀었습니다. 문제는 요한에게 많은 사람들이 몰려가서 세례를 받으면 받을수록 예루살렘 성전 수입이 급감한다는 것입니다. 그런데 예루살렘 성전에 있는 종교인들이 "요즘 세례 요한 때문에 장사가 안 되네"라고 말할 수는 없지 않습니까? 그래서 예루살렘 성전에 있는 종교 권력자들이 요한을 이단으로 공격합니다. 무슨 이단입니까? 반율법적 이단입니다. 헤롯 안디바가 요한을 죽일 수 있었던 이유도 예루살렘 종교 권력자들이 묵인해 주었기 때문입니다. 그래서 요한을 처형하는 것이 아무런 문제가 되지 않았습니다. 이처럼 예루살렘 종교 권력자들은 요한이 너무 싫었습니다. 너무나 많은 사람들이 요한에게 몰려갔고 요한에게 많은 사람들이 몰려가면 몰려갈수록 자신들의 수입이 줄어들었기 때문입니다. 이때 예루살렘 종교 권력자들이 요한을 뭐라고 비판했겠습니까? "세례 요한은 짐승 속죄 제사라는 율법의 말씀을 어긴 이단자"라고 공격했을 것입니다. 이렇게 예루살렘 종교 권력과 요한이 갈등하고 있을 때 예수님은 요한에게 찾아가서 물세례를 받으신 것입니다. 이런 행동에는 어떤 의미가 담겨 있는 것입니까? 예루살렘 종교 권력자들과 요한의 갈등 상황에서 요한이 옳다고 손을 들어준 것입니다. 예수님은 회개의 본질을 갖춘 요한을 인정하신 것입니다.

시대마다 예배의 모습은 얼마든지 달라질 수 있습니다. 신앙생활을 오래 하신 분들이 가끔 '옛날에는 이렇게 했는데'라고 말씀하실 때가 있습니다. 자신에게 낯선 형식에 대해 경계를 표시하는 것입니다. 중요한 것은 어떤 형식을 보존하는 것이 아니라 본질을 지켜내는 것이 중요합니다. 본질은 지켜내야 하지만 형식은 얼마든지 변경될 수 있는 것입니다. 세례 요한이 했던 그 모든 행위는 반율법적인 행위가 분명합니다. 율법 어디에도 죄 사함을 얻게 하는 물세례는 존재하지 않습니다. 요한은 죄 사함과 관련하여 파격적인 새로운 형식을 도입한 것입니다. 그런데 왜 예수님은 요한을 인정해주신 것입니까? 형식은 파격적이었지만 회개의 본질을 갖추었기 때문입니다. 요한은 어떤 사람에게 물세례를 베풀었습니까? 자기 죄를 자복하는 사람에게 베풀었습니다. 회개의 본질을 갖춘 사람에게 물세례를 베푼 것입니다. 우리 하나님은 본질과 형식이 충돌할 때 본질을 더 중요하게 생각하시는 분임을 기억하셔야 합니다.

　그런데 개교회 안에서 본질과 형식이 충돌하면 익숙한 형식의 편을 들 때가 많습니다. 질문을 해보겠습니다. 목사님이 예배를 인도하거나 설교하실 때 양복이 아닌 캐주얼한 복장을 입는 것에 대해 어떻게 생각하십니까? 목사님이 예배 시간에는 꼭 양복을 입으셔야 합니까? 목사님들이 양복만 입는 것이 아니라 화려한 가운도 입는 경우가 있습니다. 그런데 여러분의 교회 목사님이 청바지에 티셔츠를 입고 설교하는 것에 대해서 어떻게 생각하시는지요? 분명한 것은 형식의 파괴가 본질을 파괴하는 것은 아니라는 것입니다. 설교의 핵심과 본질은 무엇입니까? 하나님의 말씀을 있는 그대로 선포하는 것입니다. 그런데 때로는 우리가 이러한 본질보다 형식을 더 중요하게 생각합니다. 그래서 목회자가 설교할 때는 양복을 입어야 하는 것 아닌가 그렇게 생각합니다. 굳어진 형식에 자기도 모르는 사이에 지배받고 있는 것입니다. 설교의 본질은 하나님의 말씀을 있는 그대로 선포하는 것인지 어떤 옷을 입느냐의 문제가 아닙니다. 그런데도 우리는 익숙한 형식을 정답처럼 사수하는 경향들이 많습니다. 그래서 설교 시간에 목사가 양복을 입지 않으면 "저 사람이 목사야"라는 식으로 생각합니다. 본질보다 형식을 더 중시하는 경우들이 참으로 많습니다.

구약에서 신약으로 넘어오면서 형식이 파괴되거나 새롭게 전환된 것들이 많습니다. 오늘날에는 동물 제사를 드리지 않습니다. 음식 정결법도 준수하지 않습니다. 그러나 구약에서 신약으로 넘어오면서 여전히 유지되고 있는 것이 있습니다. 바로 본질입니다. 예배의 본질, 하나님의 백성으로서 거룩한 삶을 살아내야 한다는 본질은 변하지 않았습니다. 세례 요한과 당대 종교 권력자들의 갈등은 본질과 형식의 싸움입니다. 예수님은 형식을 준수하고 있는 예루살렘 종교 권력자들이 아니라 본질은 지켜내면서 형식을 새롭게 전환했던 요한의 손을 들어주셨습니다. 우리도 어떤 문제가 벌어졌을 때 본질을 더 중시해야 합니다. 본질을 더욱 붙잡아야 합니다. 형식은 얼마든지 변할 수 있는 것입니다. 그런데 너무 오랜 세월 동안 어떤 형식에 익숙해져 버리면 형식을 전환하는 것에 대해 스스로가 용납하지 못하는 경우가 많습니다. 요한의 이야기를 통해서 우리 하나님은 형식을 고수하는 분이 아니라 본질을 지켜내는 것을 훨씬 더 중시하는 분임을 기억하셨으면 좋겠습니다.

복음서 강의 4-1

말씀과함께 | 복음서강의

복음서 강의 4-1

　예수님께서 공생애를 시작하시기 전 사탄으로부터 세 가지 시험을 받으셨습니다. 세 가지 시험은 돌을 떡 덩어리가 되게 하라는 것, 성전에서 뛰어내림을 통해 하나님의 특별한 보호를 받고 있음을 입증하라는 것, 사탄에게 절함을 통하여 천하만국을 다스릴 수 있는 권세를 얻으라는 것이었습니다. 여기에서 세 번째 시험이 중요합니다. 세 번째 시험은 현재 지상에서 권력을 휘두르는 자들 상당수가 사탄에게 절하여 그 권력을 차지한 자라는 함의가 담겨 있습니다. 그래서 사탄은 자신에게 절함을 통해서 천하만국을 다스릴 수 있는 권세를 가지라고 유혹을 한 것입니다. 그러나 예수님은 사탄이 요청하는 그런 메시아가 아닌 하나님의 말씀에 철저하게 순종하고 복종하는 메시아가 될 것을 결심하셨고 실제로 유리방황하는 백성들의 목자가 되는 삶을 살아내신 것입니다. 마가복음 6장 34절을 보면 예수님이 당대에 정치 종교 지도자들과 갈등 할 수밖에 없었던 이유가 나옵니다.

예수께서 나오사 큰 무리를 보시고 그 목자 없는 양 같음으로 인하여 불쌍히 여기사 이에 여러 가지로 가르치시더라.

여기에 "목자 없는 양 같음으로 인하여 불쌍히 여겼다"는 말이 중요합니다. 당대에 정치 지도자와 종교 지도자들이 있었습니다. 하나님께서 이 땅에 그러한 정치 지도자와 종교 지도자들을 세워주신 목적이 무엇입니까? 하나님을 대신해서 이스라엘 백성들을 잘 돌보고 먹이라고 지도자로 세워주신 것입니다. 백성들의 삶을 하나님의 손길을 대신하여 지켜주라는 깃입니다. 그것을 위해시 하나님께서 정치 지도자와 종교 지도자들을 세워주셨습니다. 그런데 예수님이 보실 때 당대의 현실은 어떠했습니까? 하나님의 마음과 하나님의 손과 발이 되어 이스라엘 백성들을 먹이고 돌보는 목자가 없는 것입니다. 양을 잡아먹으려고 하는 삯꾼들은 넘쳐나는데 양을 돌보고 먹이고 입히는 목자, 양을 위해서 자기 목숨을 바치고자 하는 목자들은 보이지 않았던 것입니다. 그래서 예수님은 목자 없는 양 같은 이스라엘 백성들을 불쌍히 여기셨습니다. 이것 때문에 결국은 당대의 정치 종교 지도자들과 갈등하게 된 것입니다. 왜 갈등하게 되었을까요? 당대의 정치 종교 지도자들은 자신들이 이스라엘 백성들의 목자라고 주장했습니다. 자신들이 이스라엘 백성들을 먹이고 돌보고 있다고 자부했습니다. 그래서 백성들은 자신들의 말만 잘 따르면 된다고 요청한 것입니다. 그런데 예수님이 보실 때는 당시 정치 종교 지도자들 가운데 그 누구도 백성들의 목자가 없었던 것입니다. 현재 백성들은 목자 없는 양 같은 상태이고 삯꾼들에게 착취를 당하고 있는 모습입니다. 그래서 예수님이 그런 이스라엘 백성들을 불쌍히 여기신 것입니다. 이것 때문에 당대의 정치 종교 지도자들과 예수님은 갈등할 수밖에 없었습니다.

예수님께서 공생애를 시작하실 때 나이가 어떻게 되었습니까? 누가복음 3장 23절입니다.

예수께서 가르치심을 시작하실 때에 삼십 세쯤 되시니라.

예수님은 '삼십 세쯤' 공생애를 시작하셨습니다. 그런데 삼십 세라는 나이는 예수님이 자신의 입으로 말씀하신 것이 아닙니다. 사람들이 예수님의 겉모습을 보고 삼십 세쯤 되는 것 같다고 평가한 것입니다. 예수님이 공생애를 시작하셨을 때 정확한 나이는 알 수 없습니다. 개신교 영화나 성화를 보면 예수님은 젊은 청년의 얼굴이고 제자들은 중년의 모습을 하고 있습니다. 그래서 대부분은 제자들이 예수님보다 나이가 더 많을 거라고 생각합니다. 정말 그럴까요? 성경에 근거해보면 절대 그렇지 않습니다. 제자들이 예수님보다 나이가 적습니다. 그것을 어떻게 알 수 있을까요? 마태복음 17장 24절 이하에 성전세 납부와 관련해서 베드로와 성전세를 받는 사람 사이에 논쟁하는 장면이 나옵니다. 마태복음 17장 24절에 "가버나움에 이르니 반세겔 받는 자들이." 여기서 반 세겔을 받는 자는 성전세를 수금하는 자를 가리키는 말입니다. "반 세겔을 받는 자들이 베드로에게 나아와 이르되 너의 선생은 반 세겔을 내지 아니하느냐." 공관복음과 요한복음의 차이 가운데 하나가 예수님과 성전이 충돌하는 시점입니다. 공관복음에는 예수님이 공생애 마지막에 성전을 뒤집어엎는 사건이 나옵니다. 그런데 요한복음에는 공생애 시작부터 성전을 뒤집어엎는 사건이 나옵니다. 공생애 처음부터 예수님께서는 성전의 종교 권력자들과 충돌하신 것입니다. 예수님의 공생애 기간 내내 예수님과 성전의 종교 지도자들 사이의 관계가 좋지 않았음을 기억해야 합니다. 이런 전제에서 성전세를 받는 사람들이 베드로에게 도발적인 질문을 던진 것입니다. "너희 스승 예수는 예루살렘 성전을 싫어하니까 당연히 성전세도 내지 않지"라며 시비를 걸었습니다. 25~26절입니다.

이르되 내신다 하고 집에 들어가니 예수께서 먼저 이르시되 시몬아 네 생각은 어떠하냐 세상 임금들이 누구에게 관세와 국세를 받느냐 자기 아들에게냐 타인에게냐 베드로가 이르되 타인에게니이다 예수께서 이르시되 그렇다면 아들들은 세를 면하리라.

예수님은 하나님의 아들 된 자들은 성전세를 내지 않아도 된다고 분명히 말씀하셨습니다. 여기서 중요한 구절이 27절입니다.

그러나 우리가 그들이 실족하지 않게 하기 위하여 네가 바다에 가서 낚시를 던져 먼저 오르는 고기를 가져 입을 열면 돈 한 세겔을 얻을 것이니.

원론적으로는 아들은 아버지에게 세금을 내지 않아도 됩니다. 그러나 사람들로 실족하지 않게 하기 위해서 성전세를 내라는 것입니다. 그리고 납부해야 할 성전세는 신비로운 방법으로 얻게 될 것이라고 말씀합니다. 그다음 말씀이 중요합니다. "가져다가 나와 너를 위하여 주라 하시니라." 성전세는 이스라엘 공동체에서 이십 세 이상 남성들이 내는 것으로 한 사람에 반 세겔을 내야 합니다. 한 세겔은 성전세 두 사람의 몫입니다. 예수님은 베드로에게 물고기 입에서 한 세겔을 얻게 될 것인데 그것을 나와 너를 위해서 바치라고 말씀합니다. 여기에서 나는 예수님을 너는 시몬 베드로를 가리킵니다. 이것을 통해서 예수님과 열두 제자 가운데 성전세를 납부해야 될 사람은 예수님과 베드로밖에 없었음을 알 수 있습니다. 누가복음 3장 23절에서 본 것처럼 예수님은 당시 삼십 세쯤 되셨기에 당연히 성전세를 납부해야 했습니다. 베드로도 성전세를 납부하는 것을 보면 이십 세 이상이었음을 알 수 있습니다. 복음서에는 베드로의 장모가 있다는 표현이 여러 번 나옵니다. 베드로에게 장모가 있다는 말은 베드로는 기혼 남성이라는 말입니다. 이것을 통해 베드로가 이십 세는 넘었다고 추측할 수 있습니다. 당시 이스라엘 남성들은 주로 십대 후반에 결혼을 했습니다. 그렇다면 베드로를 제외한 나머지 제자들의 나이는 얼마였을까요? 예수님과 베드로만 성전세를 납부하는 것을 보면 이십 세가 되지 않았음을 알 수 있습니다. 대부분 십대 후반이었을 것입니다.

복음서를 읽을 때 현재의 맥락에서만 읽게 되면 난해한 본문들이 있습니다. 그 가운데 하나가 나이입니다. 예수님이 사역했던 주후 1

세기 평균 수명과 현대의 평균 수명은 두 배 이상 차이가 납니다. 1세기 유대 남성들의 평균 수명은 40세가 되지 않았습니다. 오늘날 대한민국 남성들의 평균 수명은 80.6세입니다. 여성들은 86.8세입니다. 복음서에 나와 있는 사람의 나이를 오늘날 맥락에서 이해하려면 곱하기 2 내지 2.5 정도는 해야 합니다. 예수님이 30세 즈음에 공생애를 시작하셨다고 할 때 이것을 청년의 때에 공생애를 시작했다고 생각하면 안 됩니다. 예수님 당시 30세는 오늘날에는 60대 초반에서 70대 초반의 나이입니다. 청년 예수가 아닙니다. 당시 유대 남성들은 10대 후반에 결혼했고 여성들은 12~14세에 주로 결혼했습니다. 당시 이스라엘을 비롯한 고대 근동의 대부분의 여성들이 초경을 하는 시기에 결혼을 준비했습니다. 복음서에 따르면 야이로라는 회당장의 딸이 죽었는데 예수님께서 야이로의 딸을 살리시는 이야기가 나옵니다. 그때 야이로의 딸의 나이가 12세입니다. 오늘날 12세이면 초등학교 6학년입니다. 하지만 당시 12세는 결혼을 앞두고 있는 처녀를 의미합니다. 가브리엘 천사가 마리아에게 나타나서 마리아가 아기 예수를 잉태할 것이라고 알려주었을 때 마리아의 나이는 얼마였을까요? 12세 정도였다고 추측합니다. 왜냐하면 마리아는 요셉과 정혼했지만 결혼은 하지 않았습니다. 당시 이스라엘 남성들은 보통 17~19세에 결혼하고 여성들은 12~14세에 결혼을 했기에 그렇게 추측할 수 있습니다.

성전세는 20세 이상 남성이 납부하는 세금입니다. 당시 20세 이상 남성은 한 가정의 가장이라고 생각하시면 됩니다. 즉 성전세는 한 집안의 가장이 가족 전체를 대표해서 내는 세금인 것입니다. 오늘날의 주민세로 이해하시면 됩니다. 확실한 것은 예수님과 열두 제자 가운데 성전세를 납부해야 할 사람은 예수님과 베드로밖에 없었다는 것입니다. 예수님의 나이를 30세라고 볼 때 베드로는 20대 초반으로 생각됩니다. 갈라디아서 2장을 보시면 바울이 안디옥에서 공개적인 자리에서 베드로를 책망한 사건이 나옵니다. 교인들은 이 장면을 목격하면서 마음 한구석으로 불편함을 느낍니다. 그 이유는 나이어린 바울이 나이 많은 베드로를 공개적으로 책망하는 것이 과연 옳은 일인가 라고 생각하기 때문입니다. 교인들은 베드로가 나이가 많고 바울은 청년이었을 것이라고 생각합니다. 그래서 나이 어린 바울이 베드로를 사람들 앞에서 책망한 것은 아무리 내용적으로 타당하다 하더라도 너무도 예의가 없는 것이 아닌가 라고 생각합니다. 하지만 많은 성서학자들은 예수님이 30세일 때 바울은 25세쯤이었을 것이고 베드로는 20대 초반이었을 것으로 봅니다. 바울이 베드로보다 연장자라고 이해하는 것입니다. 그런데 대부분의 교인들은 베드로가바울보다 나이가 더 많았을 것이라고 생각합니다. 왜 그럴까요? 미디어의 영향 때문입니다. 특별히 예수님과 관련된 영화를 보면 예수님은 너무나 멋지고 잘 생긴 청년의 모습이고 제자들은 대부분 중년 아저씨처럼 나옵니다. 그래서 그런 영화를 보면서 자연스럽게 예수의 제자들이 예수님보다 훨씬 나이가 많다고 생각하는 것입니다.

오래 전에 어떤 분이 「예수전」이라는 책을 썼습니다. 이분은 인문학자로 유명하신 분인데 모 대학교 신학과를 나오셨습니다. 학부에서 신학을 전공하고 이후에는 다양한 공부를 하신 분입니다. 그런데이분이 한글 번역 성경은 많은 부분을 수정해야 한다고 하면서 그 가운데 하나로 제시하는 것이 나이와 연관된 것이었습니다. 예수님의 성품에 근거해 보면 예수님은 참 인자하시고 사람들에게 함부로 하시는 분이 아니신데 복음서에 보면 예수님은 자기보다 나이가 많은 제자들에게 항상 반말 또는 명령형으로 말씀하셨다는 것입니다. '나를 따르라, 받아먹어라' 는 식으로 말씀하시는 것입니다. 이분은 예수님이 자기보다 나이 많은 제자들에게 그렇게 버릇없이 반말을 하거나 명령하지 않았을 것이라고 보고 예수님의 그러한 말투가 사람들로 하여금 예수님에 대해 오해를 불러일으킨다고 보면서 이것을 존댓말로 바꾸어야 한다고 주장했습니다. '나를 따르시지요, 드시지요' 라고 말입니다. 나름 설득력 있는 주장이라고 할 수 있지만 이분이 그러한 주장을 하게 된 전제 자체가 잘못된 것입니다. 예수님은 제자들보다 나이가 많았습니다. 당시 남성의 나이 30세는 결혼을 앞둔 딸이 있는 나이입니다. 17세 정도에 결혼해서 딸을 낳았다고 생각해 보십시오. 그 딸이 결혼을 앞둔 처녀의 나이인 12세 정도가 되었다면 그때 아버지의 나이가 30세 정도 되는 것입니다. 오늘날 30세는 청년의 나이지만 예수님 당시 30세는 청년의 나이가 아닙니다. 예수님이 제자들보다 훨씬 나이가 많았다는 것을 기억하셔야 합니다. 예수님이 30세 즈음이었을 때 제자들 중에 20세 이상은 베드로 한 사람 뿐이었습니다. 그 근거가 어디에 나옵니까? 마태복음 17장 27절에 예수님과 열두 제자 공동체 안에서 성전세를 내야 될 사람은 예수님과 베드로 밖에 없었습니다. 베드로는 20대 초반이고 나머지 제자들은 대부분 10대 후반이었습니다.

열두 제자 중에 가장 나이 어린 제자를 사도 요한으로 봅니다. 요한복음에 보면 요한은 "예수께서 특별히 사랑하시는 제자"라는 표현을 자주 사용했습니다. 학자들은 대부분 그 사람이 요한복음의 저자인 요한이라고 생각합니다. 요한은 신약 성경 다섯 개 본문을 썼습니다. 요한복음, 요한일서, 이서, 삼서, 요한계시록입니다. 요한계시록이 언제 쓰였습니까? 도미티안 황제 박해 때 쓰였다고 봅니다. 로마의 도미티안 황제가 통치했던 기간은 주후 81년부터 96년입니다. 예수님이 30세일 때 제자들이 예수님보다 나이가 더 많았다고 생각해 보십시오. 50세 정도 중년의 아저씨라고 가정하면 예수님이 승천하신 30년부터 50년이 지났을 때면 80년 아닙니까. 이 시기에 요한이 밧모섬에서 요한계시록을 쓴 것이라면 요한의 나이는 100세에서 110세가 됩니다. 요한이 그렇게 장수했다는 것도 말이 안 되지만 그 나이에 요한계시록의 그 긴 본문을 기록했다는 것은 더더욱 말이 되지 않습니다. 예수님이 제자들보다 나이가 더 많았다는 것을 꼭 기억하시기 바랍니다.

예수님의 사역은 하나님의 뜻을 독점하고 있던 종교 기득권 세력과의 충돌을 불러일으켰습니다. 당시에는 예루살렘 성전과 유대 종교 권력자들이 하나님의 뜻을 독점하고 있었습니다. 그런데 예수님은 전혀 다른 하나님의 뜻을 전파하셨습니다. 종교 지도자들이 말하는 하나님의 뜻과 예수님이 말씀하시는 하나님의 뜻 사이에 충돌이 일어나게 된 것입니다. 예수님의 말씀 하나 하나와 사역 하나 하나가 당시의 종교 기득권자들을 분노하게 만들고 화나게 만들었습니다. 그래서 종교 지도자들은 예수 운동을 잠잠케 만들기 위하여 색깔론으로 예수님을 공격했습니다. 그 색깔론의 대표적인 것이 예수님께서 바알세불의 조종을 받는다는 것입니다. 바알세불은 블레셋 사람들이 섬기는 신입니다. 블레셋은 지중해 근처에 자리 잡은 다섯 개 도시 연방 국가입니다. 그 다섯 개 도시 가운데 하나가 에그론인데 에그론 사람들이 섬겼던 주신이 바알세불입니다. 이스라엘 사람들에게 블레셋은 원수 국가입니다. 우리나라와 일본 같은 나라입니다. 그런데 종교 지도자들이 예수님을 어떻게 공격하고 있습니까? 예수가 블레셋의 귀신에게 사로잡혀 있다는 것입니다. 블레셋 귀신에 사로잡혀서 이런저런 기사를 행하고 있다는 것입니다. 오늘날로 말하면 전형적인 색깔론을 가지고 예수를 공격한 것입니다. 요즘은 덜하지만 몇 년 전까지만 해도 한국 사회에서 누군가를 향해 빨갱이라고 말하면 그 사람의 인생은 그냥 나락으로 떨어졌습니다. 그만큼 색깔론이 무서운 것입니다. 그런데 유대 종교 지도자들이 예수님에 대해 색깔론으로 공격했습니다.

색깔론으로 예수를 제압하려고 하다가 이것이 신통치 않으니 마가복음 3장에 보면 친족들을 동원하여 예수 사역을 방해했습니다. 그런데 이것이 실패로 끝나자 이후에는 가족들을 동원하여 예수 사역을 방해했습니다. 이것이 어떤 의미인지를 잘 보셔야 합니다. 이스라엘은 정치와 종교가 통일된 사회입니다. 우리들이 일본의 이지메 문화나 우리나라의 왕따 문화를 이야기하지 않습니까? 이스라엘 사회 안에서 예루살렘 성전의 종교 지도자들과 갈등하게 된다면 정상적인 사회생활을 하는 것이 거의 불가능합니다. 친인척들의 취업이나 사업이 힘들어집니다. 친인척들이 왜 예수 사역을 중단시키기 위해 찾아왔겠습니까? 정상적인 사회생활을 하기가 어려웠기 때문입니다. 예수가 당시의 종교 지도자들과 갈등하고 충돌하는 것으로 인해 나쁜 사람으로 낙인이 찍혔고 당연히 예수의 친인척이라는 이유로 그들의 삶도 어려워진 것입니다. 그래서 그들은 예수 사역을 중단시키기 위해서 온 것입니다. 예수의 가족들도 마찬가지입니다. 예수의 어머니와 형제들이 예수 사역을 중단시키기 위해서 온 이유도 그것 때문입니다. 그런데 마가복음 3장 35절에 보시면 예수님이 자기를 잡으러 온 어머니와 형제들에게 뭐라고 하십니까? "하나님의 뜻대로 행하는 자가 내 어머니이고 내 형제"라는 너무나 충격적인 발언을 하십니다. 가족에 대한 새로운 정의를 내리신 것입니다.

당시 이스라엘 종교 지도자들과 백성들이 예수에 대해서 비판했던 내용 가운데 주목해야 할 것이 하나 있습니다. 누가복음 7장 33~34절입니다. 여기에 보시면 세례 요한도 싫고 예수도 싫은 사람들이 요한과 예수님을 어떻게 비판했는가를 잘 알 수 있습니다.

세례 요한이 와서 떡도 먹지 아니하며 포도주도 마시지 아니하매 너희 말이 귀신이 들렸다 하더니 인자는 와서 먹고 마시매 너희 말이 보라 먹기를 탐하고 포도주를 즐기는 사람이요 세리와 죄인의 친구로다 하니.

이 사람들은 지금 세례 요한도 싫고 예수도 싫은 것입니다. 이런 부류의 대표적인 사람이 누구일까요? 예루살렘 성전의 종교 지도자들입니다. 이들은 요한을 싫어했습니다. 요한에게 세례를 받겠다고 사람들이 몰려가는 것이 너무나 싫었습니다. 왜 그렇습니까? 요한에게 많은 사람들이 몰려가면 몰려갈수록 성전의 수입이 반 토막이 났기 때문입니다. 자기들에게 집중해야 할 사람들의 시선이 요한에게 쏠리는 것을 그들은 참을 수 없었습니다. 그래서 요한을 뭐라고 비난합니까? 요한은 먹지도 아니하고 마시지도 않는다는 것입니다. 요한은 취미가 금식이고 특기가 단식입니다. 요한은 금욕적인 삶을 살았습니다. 그래서 요한에게 뭐라고 비난합니까? 저건 사람이 아니야, 분명히 귀신이 들린 거라고 비난했습니다. 그런데 예수님에 대해서는 뭐라고 비난합니까? 예수님은 일반적인 사람들이 기대하는 종교적인 경건과는 거리가 먼 삶을 사셨습니다. 오늘날 한국 교회에 예수님이 오시게 되면 대부분의 교인들은 예수님을 환영하기 어려울 것입니다. 왜 그렇습니까? 대부분이 기대하는 종교인의 모습은 요한 같은 타입이기 때문입니다.

여기에 두 분의 목사님이 있다고 생각해 보십시오. A 목사님은 늘 금식하시고 하루 종일 기도하시고 시간이 날 때마다 성경을 읽습니다. B 목사님은 늘 먹기를 좋아하시고 사람들과 어울리며 맥주를 마시고 포도주를 마시는 것을 좋아합니다. 여러분이 보실 때 누가 더 목사님 같으신가요? 당연히 A 목사님일 것입니다. 당시 사람들에게 세례 요한은 A 목사님 같은 유형이고 예수님은 B 목사님 같은 유형입니다. 예수님은 시간이 날 때마다 사람들과 어울리며 밥상 교제를 하시는 것을 좋아하셨습니다. 이런 예수님의 모습이 한국 교회에는 아주 낯선 모습으로 다가올 수 있습니다. 신실한 그리스도인들은 예수님 때문에 술을 마시지 않습니다. 그런데 예수님은 얼마나 자주 포도주를 드셨습니까? 이런 것들이 신앙인들에게는 감추고 싶은 실족

거리가 됩니다. 예수님의 이런 모습을 보게 되면 경건함을 추구하는 신앙인들은 상처 입을 수밖에 없습니다. 당시 사람들에게도 걸림돌이었고 오늘날 그리스도인들에게도 예수님의 이런 모습은 걸림돌이 되는 것이 사실입니다. 왜 그렇습니까? 우리가 흔히 생각하는 경건한 종교인의 모습과는 너무나 대조적이기 때문입니다. 예수님은 사람들과 어울려 밥상 교제를 나누는 것을 좋아하셨습니다. 예수님은 하나님 나라가 어떤 곳인지를 말로만 설명한 것이 아니라 잔치를 통해서 하나님 나라는 이런 곳이라는 것을 보여주신 것입니다. 잔치는 원수된 자들의 막힌 담을 허무는 자리입니다. 서로 몰랐던 자들을 초대하여 함께 식사하고 포도주를 마시면서 하나 됨을 누리는 자리입니다. 예수님은 잔치의 모습을 통하여 하나님 나라가 세상의 막힌 담을 허무는 곳이고 하나 될 수 없었던 사람들을 하나 되게 만드는 곳임을 실제적인 모습을 통해서 보여주신 것입니다.

이것이 예수님과 당시 4대 종교 그룹과의 중요한 차이입니다. 예수님께서 공생애 사역을 행하시던 때에 이스라엘 공동체에는 크게 네 개의 종교 그룹이 있었습니다. 바리새파, 사두개파, 에세네파, 열심당입니다. 이들은 평소에는 집단 간에 원수 같은 관계를 유지했습니다. 그런데 예수님과의 관계 속에서 이들은 철저하게 하나가 되었습니다. 이 네 개의 종교 그룹이 공유한 공통의 인식이 있었기 때문입니다. 이들은 하나님은 어떤 분이신가 라는 질문에 대해 같은 입장을 공유했습니다. 오늘날도 그렇지만 신앙인에게 있어서 하나님을 어떤 분으로 고백하느냐는 아주 중요한 문제입니다. 하나님을 어떤 분으로 고백하느냐에 따라서 하나님의 백성 된 사람들은 그 모습을 닮아가기 위해 노력해야 하는 것입니다. 네 개의 종교 그룹은 하나님은 어떤 분이시냐는 질문에 하나님은 거룩하신 분이라고 답했습니다. 하나님이 거룩하신 분이라면 하나님의 백성 된 자들도 어떤 존재가 되어야 합니까? 거룩한 존재가 되어야 합니다. 자신이 하나님의 백성이라는 고백은 하면서도 거룩한 삶을 살아내고 있지 못하다면 그 사람은 책망 받을 수밖에 없습니다. 하나님을 거룩하신 분이라고 고백하는 순간 그 고백을 하는 자는 거룩한 삶으로 초대를 받는 것입니다. 네 개의 종교 그룹이 하나님을 거룩하신 분이라고 고백한 것은 문제되지 않습니다. 그러나 당시 유대교 종교 그룹이 생각한 거룩은 철저하게 레위기적 거룩이었다는 것이 문제가 되었습니다. 하나님은 거룩한 분이시기에 자신들도 하나님을 닮아서 거룩한 존재가 되어야 한다고 했을 때 당시 이스라엘 백성들이 가지고 있었던 거룩이라는 것은 철저하게 레위기적 거룩입니다. 레위기적 거룩이 무엇입니까? 부정한 모든 것들과 단절하고 분리하는 것입니다. 부정한 자들과는 어울리지 않는 것입니다. 이 거룩을 강조하다 보면 부정하다고 생각되어지는 모든 존재들과는 관계를 끊어야 합니다. 부정하다 규정된 자들은 공동체 바깥으로 추방해야 하는 것입니다. 이것이 당시 유대교 안에 존재한 네 개의 종교 집단이 공동으로 소유하고 있던 인식입니다. 이들이 자신들의 행동을 정당화해주는 근거로 주목한 말씀이 레위기 11장 45절입니다.

나는 너희의 하나님이 되려고 너희를 애굽 땅에서 인도하여 낸 여호와라 내가 거룩하니 너희도 거룩할지어다.

이처럼 유대교 안의 네 개의 종교 그룹이 하나님의 가장 중요한 성품으로 주목한 것은 거룩입니다. 그런데 예수님은 달랐습니다. 예수님은 하나님의 가장 중요한 성품을 무엇이라고 생각했을까요? 하나님에 대한 예수님의 인식을 잘 보여주는 말씀이 누가복음 6장 36절입니다.

너희 아버지의 자비로우심 같이 너희도 자비로운 자가 되라.

예수님은 하나님을 자비로우신 분으로 고백했습니다. 하나님이 자비로우신 분이라면 하나님의 백성 된 자들도 당연히 자비 충만한 삶을 살아야 합니다. 자신보다 연약한 자들을 배척하기보다는 그들에게 손을 내밀어야 하고 그들을 도와줘야 합니다. 하나님에 대한 인식을 어떻게 하느냐에 따라 하나님의 백성다운 삶이 어떠해야 하는가에 대한 차이가 발생할 수밖에 없습니다. 바리새파를 한번 생각해 보십시오. 바리새파는 율법의 생활화 운동을 하고자 일어난 평신도 개혁가들입니다. 이들은 자기 생계를 위한 직업 활동을 하면서 시간이 날 때마다 말씀을 묵상하고 성경을 필사하고 율법을 가르치는 일에 열심을 다했습니다. 무엇보다 율법에 따라 살기 위해서 엄청나게 분투한 사람들입니다. 바리새인들은 이러한 분투를 통해서 이스라엘 백성들의 평균 순종 지수가 높아지기를 기대했습니다. 이스라엘 백성들의 평균 순종 지수가 높아지게 되면 하나님께서 이스라엘을 위해 메시아를 보내어 주실 것이라고 기대한 것입니다. 바리새인들이 왜 그런 기대를 하게 되었을까요? 이스라엘은 오랜 세월 동안 이방 제국의 식민 지배를 받았습니다. 앗수르, 바벨론, 페르시아, 헬라, 로마라는 5대 제국에 의해 700년 이상 식민 지배를 받았습니다. 그런데 아무리 이스라엘이 힘을 모으고 모아도 제국과 맞장을 떠서 이스라엘이 해방과 독립을 할 가능성이 보이지 않았습니다. 이런 상황에서 제국의 압제로부터 이스라엘이 해방될 수 있는 유일한 길은 하나님께서 메시아를 보내어 주시는 것 밖에는 없었습니다.

하나님이 보내어주실 것이라고 기대한 메시아는 어떤 메시아입니까? 옛날 다윗과 같은 정치 군사적인 메시아입니다. 하나님께서 다윗과 같은 메시아를 보내주시기만 하신다면 이스라엘은 이방의 압제로부터 해방되고 세계 만민을 다스리는 국가가 될 것이라고 기대한 것입니다. 그런데 아무리 시간이 흘러도 하나님께서 메시아를 보내주지 않으셨습니다. 이런 상황에서 바리새인들은 이런 생각을 합니다. 예를 들면 이스라엘 백성들의 평균 순종 점수가 60점이 넘어가면 하나님께서 메시아를 보내주실 것이라고 기대한 것입니다. 바리새인들이 당시 이스라엘 백성들의 순종 점수를 계산해보니 평균이 40점밖에 되지 않았습니다. 그래서 바리새인들은 평균 점수를 높이기 위해 마을마다 회당을 세우고 사람들이 율법 준수적인 삶을 살아갈 수 있도록 말씀을 가르치고 지키는 일에 열심을 다한 것입니다. 그런 노력 덕분에 바리새인들이 볼 때 이스라엘의 평균 순종 점수가 50점까지 올라갔습니다. 그러나 메시아가 오시기까지는 아직도 한참 부족한 점수였습니다. 이때 바리새인들이 선택한 방법이 무엇입니까? 공동체에서 평균 점수를 지나치게 깎아 먹는 사람들을 공동체 바깥으로 내보낸 것입니다. 그 대표적인 사람들이 누구입니까? 세리와 창기입니다. 세리와 창기와 같은 자들을 공동체 바깥으로 몰아냄을 통하여 공동체 전체의 평균 순종 점수를 높이고자 한 것입니다.

이명박 정부 시절 일제고사를 기억하십니까? 전국의 중고등학교가 같은 날에 같은 시험을 보는 것입니다. 그러면 일제고사를 앞두고 학교마다 비상이 걸립니다. 왜 비상이 걸리겠습니까? 전국에 있는 모든 중고등학교가 동일한 시험을 동일한 날짜에 보게 되면 일주일 내로 각 학교별 평균 점수가 나옵니다. 학교별 평균 점수가 나오게 되면 자연스럽게 학교별 전국 순위가 나옵니다. 이때 자기 학교가 전국 꼴찌라고 하면 얼마나 불명예스러운 일입니까? 그래서 학교마다 순위를 높이기 위해 비상이 걸립니다. 그때 뉴스에 어떤 내용이 보도되었는지 기억하십니까? 선생님들이 반에서 평균 점수를 지나치게 깎아 먹는 학생들을 불러서 시험 당일에 학교에 오지 않아도 된다고 이야기한 것입니다. 학생들이 교실에 입실해서 시험지에 자기 이름을 쓰는 순간 그 학생의 점수도 평균에 포함됩니다. 그런데 아예 결석하게 되면 평균에서는 빠지게 됩니다. 이것을 각 학교마다 이용한 것입니다. 바리새인들의 전략이 이와 비슷합니다. 바리새인들은 공동체의 평균 순종 점수를 지나치게 깎아 먹는 사람들을 공동체 바깥으로 내보내어 평균 점수를 높이고자 한 것입니다. 그런데 이런 상황에서 예수님이 등장한 것입니다. 예수님은 어떤 일을 하셨습니까? 시험 당일 스타렉스를 손수 운전해서 선생님이 학교에 나오지 말라고 해서 집에 있는 학생들을 집집마다 돌아다니면서 차에 태운 것입니다. 그리고 학교로 데려와서 그 학생들을 교실로 들어가게 해서 시험을 보게 한 것입니다. 이스라엘의 평균 순종 점수를 높이기 위해서 바리새인들은 애를 쓰고 있는데 예수님께서는 공동체 바깥으로 밀려났던 사람들을 다시 하나님 나라 백성 공동체의 일원으로 들어오게 하신 것입니다. 이런 예수님의 사역을 바리새인들이 좋아할 리가 없었습니다.

1세기 유대 종교 지도자들이 생각했던 하나님에 대한 인식과 예수님이 생각했던 하나님에 대한 인식은 달랐습니다. 하나님에 대한 인식은 결국 하나님의 백성다운 삶을 규정하는 핵심입니다. 당시 유대 종교 지도자들은 하나님을 거룩하신 분으로 규정했습니다. 여기서 말하는 거룩은 레위기가 말하는 단절과 분리의 거룩을 말합니다. 예수님은 하나님을 자비로운 분으로 규정합니다. 그래서 공동체 바깥으로 밀려난 자들에게 다시 한 번 손을 내밀어 주셨습니다. 이러한 인식의 차이와 사역의 차이로 인해 예수님과 유대 종교 지도자들 사이에는 끊임없는 갈등이 생겨날 수밖에 없었습니다.

1세기 유대 사회에는 크게 네 그룹의 종교 정당이 있었습니다. 사두개파, 바리새파, 열심당, 에세네파입니다. 사두개파와 에세네파는 제사장 중심이라는 공통점이 있습니다. 그런데 사두개파는 예루살렘 성전에서 사역했던 제사장들을 중심으로 구성되었고 에세네파는 예루살렘 성전은 타락했기 때문에 예루살렘 성전에서 드려지는 제사를 하나님께서 열납하지 않으신다고 생각한 제사장들을 중심으로 구성이 되었습니다. 예루살렘 성전의 타락에 분노했던 제사장들이 사해 근처로 가서 거룩한 공동체를 일구어내고자 했는데 이들을 우리는 에세네파라고 부릅니다. 제사장 중심이었던 사두개파와 에세네파와 달리 평신도 중심의 신앙 개혁운동을 추구했던 그룹이 바리새파입니다. 바리새파는 비레위인들 중심입니다. 오늘날로 표현하면 평신도 지도자들 중심의 운동입니다. 바리새인들은 비레위인이다 보니 십일조를 받을 수 없었습니다. 그래서 대부분의 바리새인들은 자기 생계를 꾸려나가기 위해 직업을 가지고 있었습니다. 신분의 차이로 인해 사두개파나 에세네파는 기본적으로 바리새파를 하대했습니다. 우리가 생각할 때 사두개파와 바리새파가 호랑이와 사자 같은 관계였을 것이라고 생각하기 쉽지만 사두개파가 볼 때 바리새파는 자신들과 급이 맞지 않는 집단으로 인식했습니다. 이와 마찬가지로 에세네파도 바리새파를 하대했습니다. 그러다 70년에 로마와의 전쟁에서 성전이 무너지게 되면서 사두개파는 사역할 수 있는 자리가 사라져버리게 됩니다. 이때 유일하게 남은 곳이 어디입니까? 회당입니다. 그래서 회당을 중심으로 사역했던 바리새파가 70년 이후에 예루살렘 종교 권력의 중심을 차지하게 된 것입니다.

예수님의 말씀 사역은 두 단계로 진행됩니다. 제자들과 무리들이 함께 있을 때는 주로 비유로 말씀하셨고 무리가 떠나고 제자들만 남아 있을 때는 비유를 해석해 주셨습니다. 복음서를 보시게 되면 예수님은 비유로 말씀을 많이 하셨습니다. 왜 비유로 말씀을 많이 하셨는가 하면 청중들로 하여금 알아듣기 쉽게 하기 위해서 비유로 말씀하셨다고 생각하는 분들이 계십니다. 그러나 전혀 그렇지 않습니다. 비유는 알아듣기 쉬운 말이 아닙니다. 가장 알아듣기 쉬운 것은 직설적인 표현입니다. 비유는 말하는 사람의 의도와 전혀 다르게 청중이 해석할 위험성이 큽니다. 예를 들면 교회에서 바자회 준비를 한다고 생각해 보십시오. 어떤 분은 손발이 재빨라서 열심히 세팅 준비를 합니다. 그런데 여러 사람들이 힘을 모아 일하고 있을 때 은닉의 은사를 가진 한두 사람이 있습니다. 함께 일하는 그 시간에는 보이지 않다가 일이 다 끝나고 나면 그때서야 짠하고 나타납니다. 그런데 문제는 이런 분들이 꼭 뒤늦게 등장해서 교인들이 열심히 준비한 것에 대해 평가하기 시작합니다. 그러면 열심히 일하신 분들 입장에서는 마음이 상할 수 있는 것 아닙니까? 그때 "집사님, 우리가 함께 일할 때 집사님도 같이 힘을 모으면 얼마나 좋아요. 그런데 우리가 일할 때는 보이지 않다가 다 끝나고 뒤늦게 나타나서 우리가 한 일에 대해 이렇게 저렇게 평가를 하면 어떡해요. 다음부터는 절대 그러지 마세요"라고 말하면 그 이야기를 못 알아들을 사람은 아무도 없습니다. 그런데 대부분의 교인들은 이렇게 말하지 않습니다. 이렇게 직설적으로 말하게 되면 그분이 상처받으실까봐 차마 직실직으로 말하지 못합니다. 그러면 어떻게 이야기합니까? "우리 집사님은 너무 소 같아요." 이렇게 말합니다. 이것이 비유입니다. 여기 '소 같다'고 할 때 말하는 사람은 어떤 의미로 하는 말입니까? 너무 느리다는 의미입니다. 그런데 비유가 왜 위험하냐면 이 말을 들은 집사님은 전혀 다른 의미로 해석할 수 있기 때문입니다. 자신을 소 같다고 한 말을 듣고 자신이 이 공동체의 기둥 같은 사람이라고 착각할 수 있는 것입니다. 이처럼 비유는 말하는 사람이 A의 의미로 말했다고 하더라도 그 말을 듣는 청중이 B의 의미로 해석할 수 있기 때문에 위험한 것입니다. 그런데 예수님은 무리와 제자들이 함께 있을 때는 비유만 말씀하시고 무리가 떠나고 제자들만 남아 있을 때는 그 비유를 해석해 주셨습니다.

그렇다면 무리와 제자는 어떤 차별성이 있을까요? 무리는 예수님

주위에 있기는 하지만 예수님의 말을 듣고 예수님에게 순종할 마음이 전혀 없는 사람들입니다. 그렇다면 이 사람들은 왜 예수님 주위에 있었을까요? 예수님을 통해서 무엇인가를 얻기 원하는 사람들입니다. 예수님을 통해서 먹을 것을 받기 원하거나 병 고침을 받기 원하는 이유 등으로 인해 예수님 주위에 머문 것입니다. 자신의 필요를 채우는 것이 이들에게는 가장 중요한 이유였습니다. 자신의 필요를 채울 수만 있다면 그것이 예수가 되었건 누가 되었건 상관없습니다. 그들은 예수님을 따르고자 하는 마음은 전혀 없는 사람들입니다. 그러나 제자는 그렇지 않습니다. 제자들은 예수님에게 자신의 인생을 건 사람들입니다. 예수님께서 가라고 하면 가고 멈추라고 하면 멈추는 사람들입니다. 하나님만을 자기 인생의 주인으로 모신 사람들이 제자입니다. 이처럼 하나님의 말씀에 온전히 순종하고자 하는 제자들에게만 예수님은 비유를 해석해 주셨습니다. 복음서에 보면 예수님은 항상 비유로 말씀하시고 나서 맨 마지막에 "들을 귀 있는 자는 들어라"고 말씀하셨습니다. 여기서 들을 귀가 있다는 것은 무슨 의미일까요? 신명기 6장에 보면 "이스라엘아 들으라" 또는 "들어라 이스라엘아"라는 쉐마의 말씀이 나옵니다. 유대인들에게 듣는다는 말은 순종한다는 말과 의미가 같습니다. 들으라고 하는 것은 귀를 열어놓고 한번 들어보라는 말이 아닙니다. 듣고 순종하라는 말입니다. 들을 귀 있는 자는 들으라는 말은 순종하고자 하는 자는 들으라는 말씀입니다. 순종하고자 하는 자들만이 이해할 수 있는 말씀, 그것이 예수님이 선포하신 비유입니다.

마가복음 8장을 보겠습니다. 8장은 예수님의 공생애 사역 중 빌립보 가이사랴를 배경으로 한 이야기입니다. 개역 성경에는 가이사랴 빌립보라고 했는데 개역 개정은 빌립보 가이사랴로 바꾸었습니다. 왜 빌립보라는 이름을 앞에 넣었을까요? 빌립보 가이사랴가 건설되기 전에 이스라엘 지명 가운데 가이사랴는 도시가 있었습니다. 지중해 해변가를 중심으로 도시를 건설하여 로마 황제 가이사에게 바친 것입니다. 그래서 가이사에게 바친 도시라는 의미로 가이사랴라고 불렀습니다. 이처럼 지중해 해변가에 가이사랴라는 도시가 있었는데 분봉왕이었던 빌립이 새로운 도시를 건설하여 로마 황제 가이사에게 바친 것입니다. 이미 가이사랴라는 도시가 있으니 두 곳을 구별하기 위해서 빌립이라는 분봉왕이 가이사에게 바친 도시라고 해서 빌립보 가이사랴로 부른 것입니다. 이곳은 가이사에게 바친 도시다보니 황제의 신상이 많이 있었습니다. 황제 숭배가 가상 상력하게 삭동된 도시라고 이해하시면 됩니다. 로마 황제에게 바쳐진 도시이고 로마 황제를 신적 존재처럼 추앙하고 있었던 곳이 빌립보 가이사랴였습니다. 이곳에서 예수님은 제자들에게 "사람들이 나를 누구라 하느냐"고 물으셨습니다. 그때 제자들은 사람들의 여론에 대해 이런 저런 대답을 했습니다. 그다음에 예수님은 자신의 공생애 사역에 함께하고 있던 제자들에게 "너희는 나를 누구라 하느냐"고 물으셨습니다 (막 8:29). 예수님의 이 질문은 예수 제자 되기를 소망하는 모든 신앙인들에게 물으시는 가장 본질적인 질문입니다. 우리가 사람들 앞에서 공개적으로 고백할 필요는 없지만 모든 신앙인들은 이 질문 앞에 매일 서야 합니다. 나는 왜 예수님을 믿고 있는가, 나에게 예수님은 과연 어떤 존재인가, 나는 예수님을 어떤 분으로 고백하고 있는가는 신앙인들에게 피할 수 없는 본질적인 질문입니다.

예수님의 질문에 베드로는 "주는 그리스도이십니다"라고 대답했습니다. 여기서 베드로는 개인 베드로가 아니라 열두 제자를 대표하는 베드로입니다. 이후에 등장하는 베드로의 말과 행동은 단순히 베드로 개인의 생각이나 행동이 아닌 열두 제자의 생각과 태도를 베드로가 대표하고 있다고 생각하셔야 합니다. "너희는 나를 누구라 하느냐"라는 예수님의 물음에 베드로는 제자들을 대표하여 "주는 그리스도이십니다"라고 대답했습니다. 우리 한글 번역 성경은 "주는 그리스도시니이다"라고 번역했지만 헬라어 성경에는 '주'라는 말이 나오지 않습니다. 목사님들이 베드로의 고백에 대해 설교하면서 베드로는 예수님을 주로도 고백했고 그리스도로도 고백했다고 말씀하시지만 이는 한글 번역에 근거한 해석입니다. 헬라어 성경을 보면 베드로는 "당신은 그리스도입니다"라고 대답했습니다. 그런데 우리 한글 어법상 자기보다 윗사람을 당신이라고 말하는 것은 옳지 않기 때문에 한글 번역에서 '당신'이라고 번역하지 않고 '주'라고 번역한 것입니다. 그러나 문자 그대로 번역하면 "당신은 그리스도입니다"라고 베드로는 말했습니다. '주'라는 고백은 한글 번역자들의 신앙적 관점이 투사된 번역입니다. 그런데 정말 중요한 것은 뒤에 있습니다. 그리스도라는 단어 앞에 정관사가 있습니다. 대부분의 영어 성경 번역본은 베드로의 말을 "You are the christ"로 말하고 있습니다. 정관사는 어느 때 사용하는 것입니까? 말하는 사람이나 듣는 사람이나 누구나 알고 있는 그것을 지칭할 때 정관사를 쓰는 것 아닙니까? 베드로는 지금 제자들을 대표하여 이렇게 주장하는 것입니다. "당신은 말하는 나와 나의 이야기를 듣고 있는 당신 그리고 이 자리에 있는 모든 제자들이 기대하고 소망하는 바로 그 메시아입니다." 베드로는 예수님을 어떤 존재로 고백하고 있습니까? 오랜 세월 유대인들이 기대하고 소망하며 기다렸던 바로 그 메시아라는 것입니다. 어떤 메시아입니까? 다윗과 같은 정치 군사적인 메시아입니다. 흰 백마를 타고 수십만의 군대를 이끌고 예루살렘에 입성하여 예루살렘에 주둔하고 있는 로마 군대를 격파하고 이스라엘을 로마로부터 해방시킨 다음 고대 근동 전체를 다스리는 황제 같은 메시아라는 것입니다.

제자들은 예수님을 따라 예루살렘으로 올라가는 길에 자기들끼리 무엇을 가지고 토론합니까? '누가 더 크냐'라는 주제로 토론했습니다. 왜 제자들이 누가 더 크냐는 주제를 가지고 논쟁했을까요? 지금 제자들의 마음속에는 어떤 기대가 있는 것입니까? 이제 예루살렘에 입성하게 되면 자신들이 따르던 예수님께서 전하만국을 다스리는 황제가 될 것이라는 기대가 있었습니다. 예수님께서 천하만국을 호령하는 황제가 되는 순간 제자들의 서열에 따라서 다스려야 할 통치 지역이 결정되는 것입니다. 그러니 제자들 사이에 서열을 정하는 것이 얼마나 중요한 일이었겠습니까? 야고보와 요한은 다른 제자들 몰래 예수님께 와서 무엇을 청탁합니까? "당신이 왕에 등극하실 때 한 사람은 우의정에 한 사람은 좌의정에 앉혀 달라"고 요청합니다. 마태복음에는 야고보와 요한의 어머니가 직접 와서 예수님께 자기 아들들을 위해 치맛바람을 날립니다. 이 이야기를 통해서 무엇을 알 수 있습니까? 십자가의 죽음 이전까지 예수를 따르던 제자들도 예수님을 어떤 분으로 이해한 것입니까? 그 당시 모든 유대인들이 기다리고 소망했던 바로 그 정치 군사적인 메시아로 이해한 것입니다. 제자들의 인식과 유대인들의 인식에는 큰 차이가 없었음을 알 수 있습다. 왜 제자들은 예수님을 정치 군사적인 메시아로 이해했을까요? 제자들이 그런 인식을 갖게 된 중요한 이유 가운데 하나가 예수님께서 행하신 이적 때문입니다. 오병이어 이적, 수많은 병자를 고치신 치유 사건, 죽은 자를 살리신 사건 등은 보통 사람의 능력으로는 행할 수 있는 것이 아닙니다. 그런 놀라운 이적 사건을 통해서 제자들은 예수님이 보통 사람이 아니라는 것을 인식했고 그들이 오랜 시간 기다리고 소망했던 바로 그 메시아임을 더욱 확신하게 되었을 것입니다.

베드로의 고백을 듣고 예수님은 처음으로 자신이 죽임 당하는 메시아임을 말씀하십니다. 31절입니다.

인자가 많은 고난을 받고 장로들과 대제사장들과 서기관들에게 버린 바 되어 죽임을 당하고 사흘 만에 살아나야 할 것을 비로소 그들에게 가르치시되.

베드로의 고백은 50점짜리 답변입니다. 왜 50점일까요? 중고등학교 때 수학을 포기한 수포자들이 있지 않습니까? 특별히 수학시험 때 주관식 문제가 나오면 수포자들은 너무 괴롭습니다. 10점짜리 주관식 문제에서 문제 풀이 과정을 쓴 다음에 답을 쓰라고 되어 있는데 수포자가 이것을 어떻게 풀겠습니까? 그래서 에라 모르겠다하면서 0이라고 답을 썼는데 정답이 0인 경우 몇 점을 주어야 합니까? 문제 풀이 과정은 생략했지만 정답은 맞췄으니 5점 정도는 주어야 합니다. 베드로의 고백이 이와 비슷합니다. 예수님께서 메시아라는 것은 맞췄습니다. 그런데 어떤 메시아인가 하는 측면에서는 완전히 틀렸습니다. 예수님이 자기가 어떤 메시아인가를 처음으로 말씀하신 것이 31절입니다. 예수님은 장로들과 대제사장들과 서기관들에게 잡혀서 죽임을 당하는 메시아입니다. 자신이 죽임 당하는 메시아임을 처음으로 말씀하신 것입니다. 이 말씀을 들은 제자들의 반응은 어떠했을까요? 예수님께서는 자신이 죽임 당하는 메시아라고 하는 것을 제자들을 모집할 때부터 말씀하셔야 하는 것 아닙니까? 제자들을 처음 부르실 때 예수님은 이렇게 말씀하셨어야 합니다. "내가 공생애 사역을 시작하게 되면 처음에는 수만 명이 나와 함께 할 거야. 그리고 오병이어라는 놀라운 기적을 행한 후에는 사람들이 나를 왕 삼으려고 할 거야. 그런데 시간이 지나면 지날수록 사람들이 쑥쑥 빠질 거고 마지막에는 내가 유대 종교 권력자들에게 잡혀가서 십자가에 달려 죽임을 당할 거야. 그런데도 나와 함께 할 사람 손?" 그런데 예수님은 공생애 초기에는 아무런 말씀도 하시지 않으시고 이적만 행하셨습니다. 그 이적을 보고 제자들이 얼마나 기대를 했겠습니까? 그런데 시간이 지난 후에 예수님께서 처음으로 자신이 죽임 당하는 메시아라는 것을 말씀하신 것입니다. 이때 제자들이 얼마나 큰 충격을 받았을지 상상해 보셔야 합니다.

제자들은 자신의 인생 전체를 예수님께 투자한 것 아닙니까? 예수님께서 드러내놓고 이 말씀을 하시니 32절을 보시면 베드로가 예수님을 붙들고 항변했다는 말이 나옵니다. 여기 항변했다는 말의 헬라어 원어가 꾸짖었다는 말입니다. 복음서에서 예수님이 귀신을 책망하실 때 사용한 동사가 '에피티마오'입니다. 지금 베드로의 행동에서 그 단어가 사용되었습니다. 베드로가 얼마나 화가 났는지를 알 수 있습니다. 그런데 여기서 베드로만 그런 것이 아닙니다. 예수님께 자신의 인생을 걸었던 모든 제자들이 흥분 상태에 빠져 버린 것입니다. 그때 예수님께서 33절에서 다음과 같이 말씀하셨습니다.

예수께서 돌이키사 제자들을 보시며 베드로를 꾸짖어 이르시되 사탄아 내 뒤로 물러가라 네가 하나님의 일을 생각하지 아니하고 도리어 사람의 일을 생각하는도다 하시고.

지금 제자들은 하나님의 뜻에는 관심이 없고 자신의 욕망이 현실이 되기만을 간절히 원하고 있다는 것입니다. 예수님은 제자들의 그러한 자세를 먼저 책망하셨습니다. 그리고 34절에서 제자가 갖추어야 할 가장 중요한 자세가 무엇인지를 알려주셨습니다.

누구든지 나를 따라오려거든 자기를 부인하고 자기 십자가를 지고 나를 따를 것이니라.

여기서 '자기를 부인한다' 는 말은 자신이 마땅히 누릴 수 있는 것들조차도 내려놓는다는 말입니다. 즉 포기한다는 말입니다. '자기 십자가를 진다' 는 말은 '자기의 목숨을 걸고' 라는 의미입니다. 예수님을 따르기 위해서는 목숨을 걸어야 한다는 것입니다. 예수님을 따른다고 하는 것이 참으로 쉽지 않은 일임을 알 수 있습니다. 제자들은 예수님께 자신의 인생을 걸었습니다. 그 이유가 무엇입니까? 예수님이 메시아일 것이라고 기대한 것입니다. 예수님이 진정 메시아라면 제자들에게는 어떤 변화가 일어나야 하는 것입니까? 예수님이 천하만국을 다스리는 순간부터 이제 제자들은 예수님과 더불어 권력을 쥐게 되고 부귀영화를 누리게 되고 엄청난 명예를 얻게 되는 것입니다. 자기 부인의 삶과는 너무나도 다른 기대를 품고 있는 것 아닙니까?

예루살렘으로 올라가는 여정에서 예수님은 앞서 걸어가시고 제자들은 예수님을 뒤따르고 있습니다. 그 모습만 보면 제자들이 예수님을 잘 따르고 있다고 생각하기 쉽습니다. 그런데 사실 제자들에게 있어 예수는 따름의 궁극적인 목적이 아니었습니다. 예수 따름이 궁극적인 목적이었다면 예수님께서 어디에 계시건 간에 제자들은 예수님과 함께해야 되는 것 아닙니까? 그런데 제자들은 예수 따름이 목적이 있다기보다는 예수님을 통해서 얻을 수 있다고 생각한 권력과 부귀영화와 명예 획득이 사실은 예수를 따랐던 궁극적인 목적이었습니다. 그런데 예루살렘에 입성한 이후에 예수님께서 유대 종교 권력자들에게 사로잡히는 일을 경험하게 되면서 제자들은 자신들이 아무리 열심히 예수를 따라봤자 자기들이 기대하고 소망한 그런 것들을 얻을 수 없다고 생각하게 되었습니다. 그때 한 명의 제자는 은 삼십을 받고 예수님을 팔게 되고 한 명의 제자는 예수님을 모른다고 세 번이나 부인하고 대부분의 제자들도 예수님을 떠나게 된 것입니다. 예수님을 따르는 것처럼 보였지만 실상은 자기 욕망을 추구했던 것이고 그래서 마지막에는 모두 예수님을 떠나게 된 것입니다. 오늘날에도 예수님을 믿고 따른다고 하면서 실상은 자기중심적으로 예수님을 믿고 따르는 사람들이 너무 많습니다. 대부분의 그리스도인들에게 예수님을 믿는 이유를 물어보면 '구원받기 위해서' 라고 답변합니다. 예수 그분만이 우리가 믿어야 될 참된 진리이고 따라가야 할 온전한 길이며 우리가 붙잡아야 할 진정한 생명이기 때문에 예수님을 믿는 사람은 그리 많지 않습니다. 구원받으려고, 복 받으려고, 내가 원하는 것을 응답받기 위해 예수님을 믿는 사람들은 제자들과 똑같은 것입니다. 예수님을 믿는 것처럼 보이지만 결국에는 자신에게 이익이 되지 않는다고 판단되는 순간에는 언제든지 예수님에게서 등을 돌릴 수 있는 것입니다. 그런 의미에서 예수님을 제대로 믿고 따르고자 한다면 자기를 부인해야 합니다. 예수 따름의 그 길에서 내가 마땅히 누릴 수 있는 것들조차도 내려놓는 자기 부인, 자기 생명을 걸고 예수님을 따라가는 것이야말로 제자들에게 요청되는 가장 중요한 자세와 태도라고 할 수 있습니다.

2000년대 초 영국 BBC 방송에서 '이것이 예수의 얼굴일 것이다'라고 하면서 공개한 영상이 있습니다. 지금도 검색을 하시면 보실 수 있습니다. 그때 많은 그리스도인들이 실족했습니다. 왜 실족했냐면 방송에서 공개한 예수님의 얼굴이 우리가 그동안 미디어에서 익숙하게 보았던 예수님의 얼굴과는 너무나 달랐기 때문입니다. 방송에서 공개한 예수님의 얼굴은 키는 약 150cm 중반에 피부는 거의 흑인에 가깝고 머리는 곱슬머리에 이목구비가 매우 불투명한 얼굴이었습니다. 우리가 그동안 미디어에서 봤던 예수님의 모습은 전 세계 누구라도 그 앞에서 무릎 꿇을 수밖에 없는 얼 짱에 몸 짱에 목소리 짱 아닙니까? 우리에게 너무도 익숙했던 모습과 이질적인 모습으로 인해 당시 많은 그리스도인들이 충격을 받았던 기억이 있습니다. 그렇다면 BBC에서 공개한 그 얼굴 영상은 어디에 근거를 둔 것일까요? 1980년대 중후반 갈릴리에서 많은 유골들이 발굴되었습니다. 그 유골들의 연대를 측정해보니 1세기 유골이었습니다. 1세기에 갈릴리에 누가 사셨습니까? 예수님입니다. 그래서 갈릴리에서 발굴된 유골을 가지고 고고학자와 문화 인류학자, 신학자와 컴퓨터 그래픽 전문가 등 다양한 분야의 전문가들이 모여서 1세기 갈릴리 사람들의 평균 얼굴을 만들어낸 것입니다. 그리고 이것이 예수님의 얼굴에 가장 가까울 것이라고 공개한 것입니다. 그런데 그 모습이 그동안 우리들이 미디어를 통해 봐왔던 예수님의 얼굴과는 너무나도 달랐던 것입니다.

증고등부 시절 수련회를 가면 프로그램 가운데 성극대회가 있었습니다. 성극대회를 할 때 각 팀에서 하나님이니 예수님의 음성은 누가 맡나요? 연극에 참여하는 멤버 가운데 가장 홀리 보이스를 가진 친구가 맡습니다. 이것이 예수님에 대해서 신앙인들이 가진 무의식 가운데 하나입니다. 예수님은 음성도 옥구슬이고 얼굴은 조각 미남이며 심지어 그분의 몸도 근육질이라고 생각합니다. 십자가에 달려 있는 예수님의 모습을 보면 복근에 왕(王)자가 있습니다. 왜 우리는 예수님을 그러한 모습일 것이라고 생각하는 것일까요? 우리에게 익숙한 그런 모습과는 정반대의 모습을 한번 상상해 보십시오. 똥배도 좀 나오고 얼굴도 좀 못생겼고 목소리도 이상한 예수님의 모습을 한번 상상해 보십시오. 어떻습니까? 예수님의 모습이 그렇다면 예수님을 안 믿고 싶으신가요? 이런 질문을 받게 되면 대부분의 신앙인들은 "예수님의 모습이 그러하다는 것이 믿음과 무슨 상관이 있어요"라고 답변할 것입니다. 예수님의 모습과 예수님에 대한 믿음의 문제는 전혀 별개라는 것입니다. 진짜 그렇다면 한번 생각해 보십시오. 예수님의 모습과 예수에 대한 믿음은 별개의 문제라고 하면서도 왜 우리는 얼굴 짱, 몸 짱, 목소리 짱인 예수님의 모습을 만들어냈을까요? 우리가 미디어에서 보게 되는 예수님의 모습은 팔레스타인에서 나올 수 있는 외모가 아니고 스칸디나비아 반도에서 나올 수 있는 제일 멋진 모습입니다. 서구 백인의 예수 상을 우리들이 왜 붙잡고 있는 것일까요? 저는 여기에 우리의 욕망이 투영되어 있다고 봅니다. 왜 우리는 예수님을 얼굴도 잘 생기시고 목소리도 좋으시고 몸도 좋으신 가장 완벽한 인간의 모습으로 상상하고 있습니까? 그 반대의 모습도 가능할 텐데 말입니다. 제자들이 자신들의 욕망을 예수님께 투영하여 예수님을 따른 것처럼 우리도 우리의 욕망을 예수님께 투영하고 있는 것은 아닌지를 돌아보셔야 합니다. 우리의 어떤 욕망이 하나님을 믿거나 예수 따름에 목적이 되는 순간 우리의 신앙은 왜곡될 수밖에 없습니다. 그리스도인들이 평소에는 신앙이 있어 보이다가도 힘들고 어려운 일들이 연속으로 찾아오게 되면 언제 내가 예수를 믿었던 사람인가 싶을 정도로 너무도 쉽게 신앙이 흔들리는 이유가 여기에 있습니다. 진짜 예수님 그분을 믿은 것이 아니라 예수님을 통해서 내가 얻고자 하는 것이 주된 목적이 되었기 때문에 자기 목적이 충족되지 못하는 순간에 너무나 쉽게 상처받고 실족하는 것입니다.

복음서 강의 4-2

말씀과함께 | 복음서강의

복음서 강의 **4-2**

예수님은 정치 권력과 종교 권력의 야합에 의해서 십자가 죽임을 당하셨습니다. 사도행전 7장에 보면 스데반의 죽음 이야기가 나옵니다. 스데반은 어떻게 죽었습니까? 예루살렘 종교 권력자들이 스데반에게 사형 언도를 내리고 성 밖으로 끌어낸 다음에 돌로 쳐 죽였습니다. 이스라엘의 전통적인 사형 방법인 투석형으로 스데반을 죽인 것입니다. 이스라엘 공동체에서 투석형으로 사람을 처형한 이유는 정결법과 관련이 있습니다. 사람에게 직접 폭력을 가해 죽이게 되면 그 사람의 몸에서 피가 나오게 되고 피가 몸 밖으로 나온 사람과 접촉하게 되면 접촉한 그 사람도 부정한 사람이 됩니다. 그래서 처형당하는 사람과 거리를 두고 돌멩이를 던지는 투석형을 행한 것입니다. 사도행전 7장을 보면 투석형으로 스데반을 처형합니다. 그런데 왜 예수님은 나무 십자가에 매달아 죽였을까요? 투석형으로 예수님을 죽인

다면 산헤드린에서 결정만 하면 됩니다. 당시 이스라엘은 로마의 식민 지배를 받고 있었지만 로마가 종교적인 범죄와 관련해서는 유대교가 독자적인 결정과 집행을 할 수 있도록 권한을 주었습니다. 예를 들면 유대 종교법과 관련하여 어떤 사람이 죄를 범한 경우에는 율법에 근거하여 그 사람을 처형할 수 있도록 로마가 허용해 준 것입니다. 그렇게 해서 유대교 독자적으로 스데반의 재판을 시행한 것입니다. 그런데 예수님은 그렇게 죽이지 않았습니다. 투석형이 아닌 나무 십자가에 매달아 죽이고자 했습니다. 그런데 산헤드린은 예수님을 나무 십자가에 매달아 죽일 수 있는 권한이 없었습니다. 유대 종교법과 관련하여 죄인을 투석형으로 죽일 수 있는 권한은 허락받았지만 사람을 나무 십자가에 매달아 죽일 수 있는 것은 산헤드린의 권한이 아니있습니다. 그래서 유대 종교 권력자들이 빌라도를 압박하여 예수님을 나무 십자가에 매달아 죽이고자 했습니다. 결과적으로 예수님은 산헤드린이라는 종교 권력과 빌라도라는 정치 권력의 야합에 의해서 죽임을 당하셨습니다. 여기서 이런 질문이 가능할 것 같습니다. 그러면 왜 유대 종교 권력자들은 예수님을 투석형으로 죽이지 않고 굳이 나무 십자가에 매달아 죽였을까요? 복음서에 보시면 빌라도는 예수님을 죽이려고 하지 않았습니다. 그는 예수님에게 죄가 없다는 것을 알았습니다. 마지막 순간에는 예수 처형에 대해 동의하며 자신의 손을 씻으면서 자신은 이 죄와 아무런 상관이 없다고 선포합니다. 유대 종교 권력자들의 지속적인 압박에 빌라도는 어쩔 수 없이 굴복한 것입니다.

그렇다면 왜 나무 십자가였을까요? 여기에는 중요한 이유가 있습니다. 유대 종교 권력자들은 신명기 21장의 말씀을 이용하고자 한 것입니다. 신명기 21장 22절입니다.

> 사람이 만일 죽을 죄를 범하므로 네가 그를 죽여 나무 위에 달거든.

이스라엘 공동체에서는 살아 있는 사람을 나무에 매달아 죽이지는 않았습니다. 큰 죄를 범한 사람을 먼저 처형한 후에 공동체 모두에게 경고의 메시지를 던지는 의미에서 죽은 그 사람을 나무 위에 매단 것입니다. 이때 조건이 하나 있습니다.

> 그 시체를 나무 위에 밤새도록 두지 말고 그 날에 장사하여 네 하나님 여호와께서 네게 기업으로 주시는 땅을 더럽히지 말라 나무에 달린 자는 하나님께 저주를 받았음이니라(23절).

나무에 달린 자는 하나님께 저주를 받은 사람입니다. 사극에서 큰 죄를 범한 대역 죄인들의 목을 친 후에 머리를 성문에 매달아 놓는 것과 비슷합니다. 이스라엘 공동체 안에 큰 죄를 범한 사람을 죽인 다음에 시체를 나무 위에 매달아 놓아서 큰 죄를 범한 사람은 이런 심판을 받게 된다는 것을 이스라엘 공동체에게 각인시켜 주는 것입니다. 특별히 그 사람이 하나님께 저주받아 죽었음을 강조하는 것입니다. 이것이 원래 이스라엘 공동체에서 시행한 사형법 중 하나였습니다. 그런데 이후 페르시아 시대 때부터 살아 있는 사람을 나무에 매달아서 죽이는 십자가형이 보편화됩니다. 산헤드린 종교 권력자들은 신명기 21장으로 예수를 죽여서 예수가 하나님께 저주받아 죽었음을 강조하고자 한 것입니다.

만약 산헤드린 공의회가 독자적으로 재판을 열어 예수님을 투석형으로 죽이게 된다면 어떤 일이 일어나겠습니까? 예수님은 죽일 수 있겠지만 엄청나게 많은 추종자들이 들고 일어날 것입니다. 왜냐하면 지금까지 예수님은 유대 종교 권력자들의 타락과 부패를 폭로했습니다. 하나님의 이름을 이용하여 그들이 얼마나 자신들의 부귀영화를 추구하고 있는지를 폭로하셨습니다. 이런 상황에서 예수님을 죽이게 되면 예수는 제거할 수 있겠지만 예수를 따랐던 많은 사람들은 예루살렘 종교 권력에 대해서 그동안 쌓아두었던 분노를 폭발하세 될 것입니다. 사칫 예수님을 세거한 후에 더 큰 반격을 맞을 가능성이 높아지는 것입니다. 그래서 유대 종교 권력자들은 예수도 제거하고 예수 추종자들도 한순간에 제압할 수 있는 방법을 고민한 것입니다. 그것이 바로 나무 십자가에 예수를 매달아 죽이는 것입니다. 왜 그렇습니까? 나무 십자가에 예수가 죽게 되면 예수는 어떻게 죽은 것입니까? 신명기 21장 23절의 말씀에 근거해 보면 예수님은 하나님께 저주를 받아 죽은 것입니다. 하나님께 저주를 받아 죽은 예수님을 여전히 추종하는 자들이 어떻게 될 가능성이 높아집니까? 하나님께 저주받을 가능성이 높아지는 것입니다. 예수도 제거하고 예수의 추종자들도 한순간에 잠잠케 할 수 있는 방법이 십자가에 처형하는 것이었습니다.

예수님께서 하나님께 저주받아 죽었다고 하면 사람들은 왜 예수가 하나님께 저주받아 죽었는지에 대해서 질문할 것입니다. 이 질문에 유대교에서 할 수 있는 이야기가 너무 많습니다. 왜 예수님은 하나님께 저주받아 죽으셨나요? 첫째, 하나님의 집인 성전에서 난동을 부렸습니다. 둘째, 하나님이 지키라고 명하신 안식일법과 음식 정결법을 비롯한 많은 율법을 무시했습니다. 셋째, 부정한 사마리아 여인과 대낮에 우물가에서 대화를 나누었고 부정한 세리와 창기들과 어울렸고 종교적인 경건과 거리가 먼 삶을 사셨습니다. 넷째, 하나님을 자기 아버지로 부르는 참담하고 불경한 말을 했습니다. 이처럼 유대교에 근거해 보면 예수가 하나님께 저주받아 죽었다고 말할 수 있는 근거가 너무 많았습니다. 당시 유대의 종교 권력이 스데반의 경우처럼 독자적으로 예수님을 죽이지 않고 굳이 빌라도의 손을 빌려서 예수님을 나무 십자가에 매달아 죽인 이유는 신명기 21장 23절 말씀 때문입니다. 하나님께 저주받아 죽었음을 강조한 것입니다. 하나님께 저주받아 죽었음을 강조하게 되면 예수를 추종하는 사람들도 하나님께 저주받을 가능성이 높아집니다. 예수가 하나님께 저주받아 죽었다는 것을 강조하게 되면 예수 추종자들도 한순간에 잠잠케 만들 수 있었던 것입니다. 그래서 유대 종교 권력자들은 총독 빌라도의 손을 빌려서 예수를 나무 십자가에 매달아 죽였던 것입니다.

십자가는 인간이 경험할 수 있는 고통의 극한이라고 할 수 있습니다. 당시 로마는 아무 죄수나 십자가에 처형하지 않았습니다. 공동체에게 강한 경고의 메시지를 보내야 할 필요성이 있을 때 죄수를 십자가에 매달아 죽였습니다. 무엇보다 로마 체제에 순응하지 않고 저항하는 사람들, 로마의 통치 질서를 뒤흔드는 사람들을 십자가에 매달아 죽였습니다. 그 본보기로 체제 저항자를 죽이면서 이스라엘의 독립 의지를 꺾고자 한 것입니다. 십자가 처형을 행할 때는 성 안에 있는 모든 사람들을 성 밖으로 나오게 하여 사형수가 죽임당하는 모든 과정을 보게 했습니다. 그리고 누구나 볼 수 있도록 언덕 위에 십자가를 세웁니다. 죄수가 못에 박히는 고통으로 인해 울부짖는 모습을 보면서 사람들은 무슨 생각을 할까요? 대부분은 로마 체제에 저항하지 않겠다고 다짐할 것입니다. 해가 저무는 시점이 되면 주민들 모두가 성안으로 들어가게 되고 성문은 닫히게 됩니다. 그러나 십자가 처형을 통한 공포는 해가 진 이후에도 계속됩니다. 사람들이 성으로 들어간 저녁 시간이 되면 들짐승들이 출몰합니다. 들짐승들은 아래에서부터 죄수들을 물어뜯기 시작하고 새들은 죄수의 눈이나 장기를 쪼게 됩니다. 이런 공격을 받으면서 죄수는 밤새도록 비명을 질러대는데 그 소리가 성 안에 있는 사람들을 두려움에 빠지게 만들만큼 위협적입니다. 고대 사회는 오늘처럼 소음이 많은 시대가 아닙니다. 밤새 울부짖는 죄수의 신음소리를 들으면서 성 안에 있는 사람들이 편히 잠을 잘 수 있었겠습니까?

마가복음 8장 31절에는 예수님을 죽이는 일에 앞장섰던 사람들이 기록되어 있습니다. 누구입니까? 장로들과 대제사장들과 서기관들입니다. 이들은 얼핏 보면 하나님을 가장 사랑하는 것처럼 보이는 사람들입니다. 십자가 사건의 중요한 의미가 여기에 있습니다. 십자가 사건은 하나님을 가장 사랑하는 것처럼 보이는 사람들이 하나님의 이름으로 하나님을 죽인 사건입니다. 여기서 하나님의 이름은 자기들이 상상하고 만들어낸 하나님의 이름입니다. 종교 권력자들은 자기들이 원하는 가짜 하나님 상을 만들어서 그것을 믿고 섬겼습니다. 그러다 진짜 하나님이 왔을 때 자기들이 붙잡고 있던 가짜 하나님 상에 근거하여 진짜를 가짜라고 규정하고 죽인 것입니다. 예언서를 보면 하나님께서 타락한 이스라엘 백성들에게 주신 최고의 심판은 영적 인지 능력을 붕괴시키시는 것입니다. 영적 인지 능력이 붕괴되었다는 말은 하나님의 뜻과 사탄의 뜻, 성령의 역사와 악령의 역사를 분별하지 못하는 것을 말합니다. 도대체 어떻게 하면 영적 인지 능력이 붕괴될까요? 우리가 하나님께 순종하고자 하는 마음이 없으면 하나님의 말씀은 들리지 않습니다. 그리고 오랜 시간동안 하나님의 말씀을 듣지 못하게 되면 말씀의 기근에 시달리게 됩니다. 이렇게 말씀의 기근에 시달리게 되면 분별력을 상실하게 되고 분별력을 상실하게 되면 자신이 원하는 하나님 상을 만들어냅니다. 그리고 시간이 지나면 자신이 만든 그 하나님 상을 진짜 하나님인 것처럼 믿고 섬깁니다. 그러다가 진짜 하나님이 나타나시게 되면 자신이 그동안 붙잡고 있던 가짜 하나님 상으로 인하여 진짜 하나님을 가짜처럼 생각하고 거부하게 되는 것입니다. 이것이 그대로 드러난 사건이 십자가 사건입니다. 하나님께서 당신의 백성을 찾아오셨지만 그들은 하나님을 거부했습니다. 심지어 죽여 버렸습니다. 자신들이 만든 가짜 하나님 상으로 인해 진짜 하나님을 거부한 것입니다. 이 일에 앞장 선 사람들이 누구입니까? 장로들과 대제사장들과 서기관들입니다. 오늘날로 말하면 장로들과 목사들과 신학자들입니다. 겉으로 보면 가장 하나님을 사랑하는 것처럼 보이는 사람들입니다. 하지만 실상은 하나님을 알아보지도 못하였고 도리어 하나님을 죽이는 일에 앞장섰던 것입니다. 예수님을 죽일 때 그들이 내걸었던 명분이 무엇입니까? 예수가 하나님에 대해서 참담한 말을 했고 불경한 행동을 했다는 것입니다.

우리가 교회당 건물 꼭대기에 달려 있는 십자가를 볼 때마다 이것을 생각해야 합니다. 십자가를 보면서 "예수님 때문에 내가 살게 되었어"라고만 생각한다면 이것도 너무나 이기적인 생각입니다. 안타깝게도 이기적인 신앙인들이 이 땅에 너무나 많습니다. 왜 우리 한국 교회는 부활절과 성탄절을 중요한 절기로 지키고 있을까요? 왜 한국 교회는 성부, 성자, 성령 하나님에 대한 균형 잡힌 신앙고백이 없고 삼위 하나님 가운데 성자 하나님을 가장 좋아할까요? 이 모든 것의 밑바닥에는 자기중심의 이기적 요인이 자리하고 있습니다. 예수님으로 인하여 내가 살게 되었다는 것입니다. 그래서 예수께서 대속의 십자가를 지기 위해 이 땅에 오신 성탄절이 중요하고 그분이 십자가에 달려 돌아가셨다가 다시 살아나신 부활절이 중요한 것입니다. 다른 날들보다 성탄절과 부활절을 중시하는 밑바탕에는 나의 구원이라는 것이 가장 큰 이유로 작동하고 있음을 알 수 있습니다. 신앙의 연수가 오래되신 분들도 하나님 나라의 백성으로 어떻게 살아갈 것인가에 대한 고민보다는 자기 구원의 테두리를 벗어나지 못하고 있습니다. 너무나 안타까운 현실입니다. 우리 대부분이 이 한계를 뛰어넘지 못하고 있습니다.

예수님을 제대로 따르려면 자기를 부인해야 합니다. 그런데 이것이 쉽지 않습니다. 저는 2022년 5월에 담임 목사직을 내려놨습니다. 만 51세에 조기 은퇴를 한 것입니다. 조기 은퇴를 한 가장 중요한 이유 가운데 하나가 예수님을 제대로 믿고 따르려면 자기를 부인해야 하는데 저는 어떻게 보면 너무나 순탄하게 제가 꿈꾸던 공동체를 일궈냈습니다. 정말 하나님을 사랑하고 인간을 존중히 여기는 지체들과 한 몸 된 교회를 행복하게 일궈냈습니다. 그 여정에서 저는 매달 꼬박꼬박 사례비를 받았습니다. 어떻게 보면 하나님으로 인해 제가 너무 잘살고 있음을 보게 된 것입니다. 예수님을 제대로 따르려면 자기 부인의 삶이 필요한데 그렇다면 나에게 있어서 자기 부인은 무엇일까를 고민하면서 저는 담임 목사직을 내려놓기로 결단했습니다. 담임 목사직을 내려놓고 공동체의 한 지체로 살아갈 것을 다짐한 것입니다. 공동체 안에서 사례비를 받지 않아도 그리스도의 한 몸을 이룬 지체로 신앙의 삶을 더욱 행복하고 진실하게 살아가기를 다짐했습니다. 우리가 예수님을 믿는다고 할 때 자기 부인을 해야 한다는 이야기는 많이 하지만 실제로 자기 부인을 하는 것은 쉽지 않습니다.

저는 이런 이야기를 많이 합니다. 많은 목사들이 평소에는 사례비를 받는다고 하면서 자신이 은퇴할 때가 되면 퇴직금을 받으려고 합니다. 너무 모순적인 행동 아닙니까? 사례는 감사한 마음으로 주고받는 것입니다. 감사한 마음으로 준 사례에 퇴직금이 어디 있습니까? 저는 오랜 시간 공동체로부터 사례비를 받았기에 담임 목사직을 내려놓을 때 퇴직금을 받지 않았습니다. 저는 목회자들이 퇴직금을 받기를 원한다면 사례비라고 하지 않고 월급이라고 정직하게 말해야 한다고 생각합니다. 평소에는 월급이라는 말을 쓰기 싫어하면서 왜 은퇴할 때가 되면 월급에 대한 퇴직금을 달라고 하는지 모르겠습니다.

예수님 때문에 내가 살게 되었으니 예수가 좋다고 한다면 겉으로는 예수님을 사랑하는 것처럼 보이지만 사실은 그 모든 중심에는 내가 있는 것이 아닙니까? 저는 신앙의 본질은 하나님의 말씀 앞에서 자신이 그동안 절대 포기하지 못했던 그 무엇을 꺾어내는 것이라고 생각합니다. 그것이 자기 부인입니다. 그러한 자기 부인을 하지 못한다면 실상은 하나님을 이용하는 것이지 하나님을 믿는다고 말할 수는 없습니다. 우리가 십자가를 바라볼 때마다 기억해야 하는 것이 바로 그것입니다. 결국 누가 이 땅에 오신 하나님을 죽였습니까? 입만 열었다 하면 하나님을 가장 사랑하는 것처럼 고백하는 사람들이 하나님을 죽인 것입니다. 교회당 건물에 달린 십자가를 바라보면서 스스로를 성찰해야 합니다. 하나님을 사랑한다고 하면서 사실은 하나님을 이용하려고 하는 것은 아닌지, 나에게 도움이 되기 때문에 하나님과 관계를 지속하고 있는 것은 아닌지, 하나님을 사랑한다고 말하면서도 일상에서는 하나님을 무시하고 하나님의 뜻을 우습게 만드는 그런 존재로 살아가고 있는 것은 아닌지 자신을 성찰해야 합니다.

마가복음 12장에는 포도원 농부의 비유가 나옵니다. 하나님이 가장 좋은 포도원을 마련해 주시고 그곳에서 사람들로 하여금 농사를 짓게 하십니다. 포도원의 주인은 하나님이시고 그 사람들에게 포도원을 임대해 주신 것입니다. 한 해 농사가 마무리되고 수확이 끝났을 때 땅의 주인이신 하나님은 종들을 보내서 소작료를 받아오게 하십니다. 그런데 그 땅을 일구었던 사람들이 종들에게 어떻게 했습니까? 하나님이 보낸 종들을 때리고 이후에는 죽이기까지 했습니다. 땅의 주인이신 하나님께 단 한 푼의 소작료도 내지 않겠다고 시위를 한 것입니다. 이 비유에서 말하는 종들이 누구입니까? 구약 성경에 나오는 하나님이 보내신 예언자들입니다. 예언자들은 주인이신 하나님의 명을 받고 자신의 사역을 감당하다가 주인의 은혜를 입었던 사람들의 배은망덕함으로 인해 죽임을 당한 것입니다. 땅의 주인이신 하나님은 마지막으로 누구를 보냅니까? 아들을 보냅니다. 종들에게는 함부로 했던 사람들도 자기 아들은 선대할 것이라는 기대감으로 보낸 것입니다. 그런데 아들을 본 순간 그들의 마음 속 깊은 곳으로부터 더 큰 욕망이 꿈틀거리기 시작했습니다. 주인의 땅을 물려받을 아들이 사라지게 되면 땅의 주인이 부재하게 되는 것 아닙니까? 당시 유대 토지법에 따르면 오랜 시간 동안 땅의 주인이 나타나지 않게 되면 땅을 경작하는 사람들이 그 땅의 소유자가 됩니다. 소작농들은 주인의 아들만 제거하면 이제 이 땅은 온전히 자신들의 것이 될 수 있다는 생각으로 의기투합하여 아들을 죽입니다. 한번 생각해 보십시오. 이 사람들이 포도원 주인의 은혜 가운데 포도원을 경작하게 되었을 때 처음에는 얼마나 주인에 대한 고마운 마음을 가졌겠습니까? 그런데 은혜도 시간이 지나게 되면 당연한 것이 되어 버립니다. 은혜도 시간이 지나게 되면 자신이 누려야 할 당연한 권리인 줄 착각합니다. 그리고 자기 욕망의 지배를 받게 되면 하나님 앞에서 해서는 안 될 행동까지 서슴치 않게 되는 것입니다. 마가복음 12장에서 포도원 농부들은 이스라엘 종교 권력자들을 말하는 것입니다. 그들은 입만 열면 하나님께 영광을 말하고 하나님을 예배하고 찬양하라고 말하지만 실상은 그들이 얼마나 오랜 시간 하나님을 거부하고 하나님을 죽여 왔는가를 비유적으로 폭로하신 것입니다.

요한복음의 중요한 주제 가운데 하나가 '우리가 누구의 친구로 살아갈 것인가' 입니다. 요한복음에는 누구의 '친구' 라는 표현이 두 번 나옵니다. 하나는 요한복음 15장 14절입니다. 예수님이 제자들에게 이렇게 말씀하셨습니다.

너희는 내가 명하는 대로 행하면 곧 나의 친구라.

예수님은 우리가 당신의 제자로만 머물러 있기를 원하지 않으셨습니다. 예수님은 우리가 어떤 존재가 되기를 원하십니까? 당신의 좋은 친구가 되기를 원하십니다. 그러면 어떻게 해야 예수님의 친구가 될 수 있을까요? 예수님께서 명하시는 대로 행하게 되면 예수님의 친구가 될 수 있습니다. 또 다른 하나는 요한복음 19장 12질입니다.

이러하므로 빌라도가 예수를 놓으려고 힘썼으나 유대인들이 소리 질러 이르되 이 사람을 놓으면 가이사의 충신이 아니니이다.

한글 번역에는 '충신' 이라고 되어 있지만 헬라어로는 '친구' 입니다. 예수님을 풀어주고자 하는 빌라도를 압박하면서 백성들이 이렇게 말한 것입니다. 당신이 예수를 놓아 주게 되면 당신은 더 이상 가이사의 친구가 아니라는 것입니다. 요한복음 19장 12절에 나오는 '충신' 이라는 단어와 요한복음 15장 14절의 '친구' 라는 단어가 같은 단어입니다. 둘 다 친구입니다. 사람들의 말로는 예수가 가이사에게 세금을 바치지 말라고 했는데 그런 예수를 풀어주게 되면 빌라도 너는 더 이상 가이사의 친구가 아니라는 것입니다. 이것 이상으로 빌라도를 압박하는 말이 있을까요? 지금까지 빌라도가 권력을 누리며 승승장구할 수 있었던 이유가 무엇입니까? 가이사의 친구로 살아왔기 때문입니다. 가이사가 시키는 대로 열심히 했기 때문에 지금의 권력도 누리게 된 것이고 부귀영화를 누리며 살게 된 것입니다. 그런데 지금 이 순간 예수를 죽이는 일에 협조하지 않으면 당신은 더 이상 가이사의 친구가 아니라는 말은 가이사를 배반한 사람이라는 협박입니다. 가이사를 배반하게 되면 지금까지 누려왔던 많은 것들을 포기해야 합니다. 결국 이 협박에 빌라도는 무릎을 꿇습니다. 이처럼 요한복음은 우리에게 두 친구에 대해 말합니다. 하나는 예수님의 친구이고 다른 하나는 가이사의 친구입니다. 요한복음은 독자들로 하여금 누구의 친구로 살아갈 것인가를 결단하게 하는데 이것이 요한복음의 중요한 주제입니다.

결국 빌라도는 가이사의 친구로 그동안 누려왔던 많은 것들을 포기하고 싶지 않았습니다. 그래서 예수님에게 죄가 없다는 것은 알았지만 유대 종교 권력자들이 원하는 대로 예수님을 십자가에 매달아 죽도록 허락해줍니다. 그리하여 예수님은 십자가 죽음이라는 처참한 비극을 맞이하게 됩니다. 초대 교회가 모든 민족을 대상으로 복음을 전하는 상황에서 가장 큰 걸림돌이 예수 그리스도의 십자가 죽음이었습니다. 초대 교회가 복음을 전하던 시기는 여전히 로마 제국이 고대 근동 지역을 다스리던 때였습니다. 당시 어떤 사람이 십자가에 달려 처형되었습니까? 로마 체제에 저항했던 사람들입니다. 로마 체제에 저항하다 십자가에 달려 죽은 예수를 믿는다는 것은 결코 쉽지 않은 일이었습니다. 사람들에게 예수에 대한 이야기를 하면 대부분은 좋아합니다. 그런데 예수님께서 마지막에 십자가에 달려 죽으셨다는 이야기를 하게 되면 모두 기겁합니다. 십자가에 달려 죽은 예수님을 믿다가 자신도 같은 운명에 처하게 될 것에 대해 두려워하는 것입니다. 이처럼 복음이 전파되는 과정에서 가장 큰 걸림돌이 십자가 죽음이었습니다.

십자가는 예수님에 대한 세상의 마지막 판단이었습니다. 그 세상의 판단을 뒤집어엎은 하나님의 판단이 부활 사건입니다. 이 땅의 정치 권력과 종교 권력이 힘을 합쳐서 "예수 너 같은 인간은 죽어야 한다"고 선언한 것이 십자가 사건입니다. 예수님에 대한 세상의 마지막 판단이었습니다. 그런데 이것이 끝이 아니었습니다. 이 세상의 부당한 판단을 뒤집어엎은 하나님의 판단이 뒤따릅니다. "예수와 같은 삶을 살아간 자는 결코 죽어서는 안 되고 다시 살아나야 한다"는 하나님의 판단이 세상 만민에게 밝히 드러난 것입니다. 세상의 판단을 뒤집어엎는 하나님의 판단, 그것이 바로 부활 사건입니다. 십자가와 부활 사건을 보면서 신앙인들은 무엇을 마음 깊이 새겨야 할까요? 우리는 신앙인으로 살아가면서도 여전히 이 땅에 발을 내딛고 살아가기에 세상의 판단에 민감할 수밖에 없습니다. 세상에서 승리하고 싶고 세상에서 성공하고 싶고 인정받고 싶습니다. 문제는 세상의 판단에 민감하게 살아가다가 이 땅에서는 승승장구했는데 마지막 심판의 때 하나님의 판단에서 불합격되면 어떻게 되겠습니까? 세상의 판단과 하나님의 판단이 얼마나 다를 수 있는가를 잘 보여주는 것이 바로 십자가와 부활 사건입니다. 세상 판단에서는 실패해도 우리 모두가 하나님의 판단에서는 승리하는 인생이 되어야 합니다.

예수님께서 부활하신 후에 제자들에게 나타나셨을 때 제자들조차도 예수 부활을 믿지 않았습니다. 제자들이 그러할진대 일반인들이 예수 부활을 믿는다는 것은 쉽지 않은 일이었습니다. 처음에는 사람들이 예수 부활에 대해 콧방귀를 꼈습니다. 예수님께서 부활하셨다고 제자들이 말할 때 예수님을 죽였던 로마 권력자와 유대 산헤드린은 제자들의 이런 주장을 잠재우기 위해 반박 논리를 만들어냈습니다. 그것이 시체 도난설과 예수 기절설입니다. 시체 도난설은 예수가 부활하여 무덤이 비어 있는 것이 아니라 제자들이 한밤중에 시체를 몰래 훔쳐갔기 때문에 무덤이 비어 있다는 것입니다. 한밤중에 제자들이 집단적으로 몰려와서 로마 군병들을 힘으로 제압하고 시체를 훔쳐간 후에 무덤이 비어 있는 것을 강조하며 예수가 부활했다고 거짓말을 한다는 것입니다. 이것이 시체 도난설입니다. 예수 기절설은 예수께서 죽었다가 다시 살아난 것이 아니라 사실은 기절했다가 다시 깨어났다는 것입니다.

복음서에 보면 예수님은 육신적으로 허약한 분이셨습니다. 예수님이 육신적으로 허약했다는 것을 어떻게 알 수 있습니까? 하나는 예수님께서 못 박히게 될 십자가 가로목을 지고서 골고다까지 올라가지 못하셨습니다. 그래서 구레네 사람 시몬이 대신 지고 올라갔습니다. 다른 하나는 마가복음 15장을 보면 예수님께서 오전 9시에 십자가에 달리시고 오후 3시에 운명하셨습니다. 6시간 만에 운명하신 것입니다. 이렇게 되면 죄수를 십자가에 매달아 죽이는 목적을 달성하기가 어려워집니다. 십자가 처형은 죄수가 오랜 시간 고통 가운데 죽어가는 것을 식민지 백성들로 하여금 보게 함으로써 다시는 제국에 저항하지 못하게 하는데 그 목적이 있었습니다. 보통의 죄수들은 십자가에 달리면 최소 하루 이틀은 버티다 숨을 거두게 됩니다. 그런데 예수님은 6시간 만에 운명하셨습니다. 그래서 아리마대 사람 요셉이 빌라도에게 와서 예수의 시체를 달라고 했을 때 빌라도가 한 말이 '벌써 죽었냐'는 것이었습니다. 이렇게 일찍 죽었다는 것이 도무지 믿어지지 않는다는 것입니다. 그만큼 예수님은 몸이 허약하셨습니다. 여기에 근거하여 만들어진 논리가 예수 기절설입니다. 육신이 너무나 허약했던 예수님께서 십자가에 달려서 있는 힘 없는 힘을 다 짜내어 '엘리 엘리 라마 사박다니'를 외치고 기절했다는 것입니다. 그런데 로마 군병은 예수가 죽은 줄 알고 동굴 무덤에 그의 몸을 뉘였다는 것입니다. 이스라엘 동굴은 아주 시원합니다. 팔레스타인 땅은 무더운 곳이지만 습기가 없습니다. 습도가 낮기 때문에 무더운 여름에도 나무 그늘 아래나 동굴에 들어가면 아주 시원합니다. 기절한 예수님께서 시원한 동굴 무덤에 들어가서 몇 시간 만에 깨어나셨다는 것입니다. 그런데 여기부터는 미스터리입니다. 기절했다가 깨어나신 예수님께서 성인 여섯 명이 굴려야만 움직이는 돌문을 혼자서 굴리시고 보초를 서 있던 군병들과 육박전을 치른 다음에 제자들에게 나타나셨다는 것입니다. 이때 예수님께서 돌아가신 줄 알았던 제자들은 죽었던 예수님께서 자신들 앞에 나타났으니 예수님께서 부활했다고 생각했다는 것입니다. 이것이 예수 기절설입니다. 예수님께서 부활했다는 주장을 반박하기 위해 만들어낸 논리들입니다.

정상적인 이성을 가진 사람들 입장에서 사람이 죽었다가 다시 살아났다는 말이 믿기가 쉽겠습니까 아니면 제자들이 시체를 훔쳐갔다는 시체 도난설이나 실제로 죽은 것이 아니라 기절했다가 다시 깨어났다는 예수 기절설을 믿기가 쉽겠습니까? 후자가 훨씬 더 설득력이 있습니다. 그런데 놀라운 일이 일어난 것입니다. 시간이 지나면 지날수록 더 많은 사람들이 예수님께서 죽었다가 부활했다는 것을 믿게 된 것입니다. 그 이유가 무엇일까요? 부활하신 예수님을 만나지 못했더라면 도저히 살아낼 수 없는 삶을 제자들이 살아냈기 때문입니다. 이것이 예수 부활을 증거 할 수 있는 유일한 길입니다. 그 대표적인 인물이 누구입니까? 베드로입니다. 예수님께서 재판 받으실 때 예수와 한 편인 것이 드러나게 되면 자신도 죽을까봐 두려워서 예수를 모른다고 세 번이나 부인했던 소시민이 베드로 아닙니까? 그런데 그런 베드로가 사도행전 4장에 보시면 완전히 새 사람으로 변화됩니다. 대제사장이 베드로에게 예수가 부활했다고 한 번만 더 말하면 가만두지 않겠다고 협박할 때 "내가 하나님의 말씀을 듣는 것과 당신의 말을 듣는 것 가운데 무엇이 옳은 것인지를 말해 보라"고 하면서 대제사장을 훈계합니다. 절대적 권위를 휘두르는 지상 권력자 앞에서도 너무나 당당한 모습을 보인 것입니다. 이런 사람을 세상이 어떻게 감당할 수 있겠습니까? 힘 있는 사람들이 연약한 자들을 지배하는 가장 강력한 협박의 내용이 무엇입니까? "너 까불면 죽는다"는 것입니다. 까불면 죽는다는 그 위협적인 말에 사람들이 벌벌 떠는 것 아닙니까? 그런데 "너 까불면 죽어"라고 협박하는데 "그래 차라리 죽여라. 나는 죽는 것이 소원이다"라고 대드는 사람이 있다고 해보세요. 이런 사람은 절대 통제할 수 없습니다. 베드로는 더 이상 죽음을 두려워하지 않는 존재가 되었습니다.

사도행전 2장과 4장에 나오는 초대 교회 교인들은 자신의 것을 기꺼이 우리의 것으로 내어 놓았습니다. 일반적인 사람들은 자기의 것을 철저하게 지켜냄과 동시에 남의 것을 자기의 것으로 만들려고 하지 않습니까? 그런데 초대 교인들은 자기의 것을 기꺼이 우리의 것으로 내어 놓았습니다. 일반적인 인간이 할 수 없는 행동을 한 것입니다. 이렇게 존재가 뒤바뀐 사람들이 이구동성으로 한 말이 있습니다. 그것이 바로 자신들은 부활한 예수님을 만났다는 것입니다. 제자들이 예수님께서 부활하셨다고 말만 했다면 사람들은 믿지 않았을 것입니다. 그러나 예수 부활을 선포한 사람들이 하나같이 개과천선한 것입니다. 옛날에 자신들이 알던 그 존재가 아닌 것입니다. 이렇게 존재가 새로워진 사람들이 이구동성으로 자신들이 부활한 예수님을 만났다고 하니 사람들이 믿지 않을 수가 있었겠습니까? 서는 이것이 부활을 믿게 만드는 유일한 길이라고 생각합니다. 오늘날에도 한국 교회가 일 년에 한 번씩 성대하게 부활주일을 지키고 있지만 세상 사람들은 교회가 하고 있는 그 행사에 조금도 관심이 없습니다. 예수 부활을 선포하는 사람들의 삶에서 부활하신 예수님을 만난 삶의 증거가 부재하기 때문입니다. 부활을 증거할 수 있는 유일한 길은 부활하신 예수님을 만나지 못했다면 도무지 살아낼 수 없는 새 존재됨의 삶이 있어야 하는 것입니다.

복음서의 가장 중요한 주제가 하나님의 나라입니다. 예수님께서 공생애 사역을 시작함과 동시에 외치신 말씀이 마가복음 1장 15절에 나옵니다.

이르시되 때가 찼고 하나님의 나라가 가까이 왔으니 회개하고 복음을 믿으라 하시더라.

하나님의 나라를 맞이하기 위해서 우리가 해야 할 첫 번째 일은 회개입니다. 회개는 헬라어로 '메타노이아'라고 합니다. '메타'는 '바꾼다'는 것이고 '노이아'는 인식, 관점이라는 뜻입니다. 즉 내가 기존에 가지고 있던 인식과 관점을 하나님의 말씀으로 뒤바꿔 내는 것을 회개라고 합니다. 그러면 회개는 어디에서 시작될까요? 인식의 전환과 세계관의 전환에서 회개는 출발합니다. 인식의 전환에서 출발하여 삶의 변화까지를 총칭해서 우리는 회개라고 말합니다. 중요한 것은 회개가 가능하려면 인식이 먼저 바뀌어야 한다는 것입니다. 세상이 심어준 인식, 전통이 심어준 인식을 하나님의 말씀으로 점검해야 합니다. 그리고 하나님의 뜻에 근거하여 올바르지 않은 것들은 과감하게 내어 던지고 하나님의 말씀으로 우리의 인식을 채워가야 합니다. 그것이 회개의 출발입니다. 인식이 바뀌게 되면 삶도 변화될 수밖에 없습니다.

예수님은 사람들을 하나님 나라의 백성으로 초대하셨습니다. 그런데 안타깝게도 우리 한국 교회는 여전히 천국 신앙이 강력한 힘을 발휘하고 있습니다. 천국이라는 단어는 마태복음에 주로 나옵니다. 마가복음, 누가복음, 요한복음에는 대부분 하나님 나라로 번역되어 있습니다. 마태복음 4장 17절에 "천국이 가까웠다"는 말씀이 나옵니다. 왜 마태복음에는 하나님 나라 대신에 천국이라는 표현을 사용하고 있을까요? 우리가 알다시피 마태복음은 유대 그리스도인들을 대상으로 기록한 복음서입니다. 유대인들은 십계명 중 "여호와의 이름을 망령되이 일컫지 말라"는 3계명으로 인해 하나님의 이름을 부르는 것을 극도로 삼가 했습니다. 헬라어로 하나님의 나라는 '헤 바실레이아 뚜 데우' 입니다. 그런데 유대인들은 하나님의 이름을 망령되이 부르지 않기 위해 하나님을 하늘로 바꾸어 표기했습니다. 원래는 하나님의 나라인데 마태복음은 '하늘나라' 로 표기한 것입니다. 헬라어로 '헤 바실레이아 뚜 우라누' 입니다. 이 하늘나라를 중국 그리스도인들이 한문으로 번역하면서 천국이라고 한 것입니다. 그것을 우리 한글 성경 번역에도 그대로 쓴 것입니다. 마태복음이 복음서 가운데 가장 앞에 배치되어 있다 보니 많은 그리스도인들이 아직도 하나님 나라라는 표현보다 천국이라는 단어를 익숙하게 생각합니다. 젊은 분들은 하나님 나라라는 표현이 익숙하셨지만 나이 드신 분들은 여전히 천국이 더 익숙합니다. 그러나 천국이라는 단어보다는 하나님 나라에 좀 더 익숙해져야 합니다. 그것이 예수님께서 선포하신 표현이기 때문에 그렇습니다. 예수님은 이 땅에서 이루어지는 하나님 나라를 말씀하셨습니다. 뜻이 하늘에서 이루어진 것같이 땅에서도 이루어지기를 소망해야 하는 자들이 예수 제자입니다. 하나님 나라는 우리가 죽은 다음에 경험하는 것이 아닙니다. 우리가 예수님을 그리스도로 고백하는 순간부터 지금 여기에서 경험해야 하는 실체가 하나님 나라입니다. 하나님은 흑암의 권세 가운데 있던 우리를 당신의 나라 백성으로 초대하신 것입니다. 이 초대에 아멘으로 응답한 자들이 하나님 나라 백성입니다. 신앙은 국적을 교체하고 주인을 교체하는 사건입니다. 우리가 절대적인 충성을 바칠 나라는 지상의 어느 한 나라가 아닌 하나님 나라입니다. 우리는 현재 대한민국의 백성인 동시에 하나님 나라의 백성입니다. 그런데 하나님의 뜻과 대한민국이 우리에게 요구하는 바가 다르다면 우리는 하나님께 충성하기 위해서 이 사회의 부당한 요구를 단호하게 거절해야 합니다.

비록 일부이지만 일제시대 믿음의 선조들이 신사 참배를 거부했습니다. 조선을 지배했던 조선총독부에서는 '신사에 참배하라'는 명령을 내렸습니다. 그러나 하나님만을 믿기로 다짐하고 결단한 신앙인들은 그 명령에 순응하지 않았습니다. 왜 그랬습니까? 신사에 참배하는 것은 하나님이 기뻐하시는 일이 아니었기 때문입니다. 신앙인의 가장 중요한 정체성은 하나님 나라의 백성이라는 것입니다. 그리스도인들은 예수님을 인생의 주인으로 모신 사람들입니다. 예수님이 인생의 주인이기에 그리스도인들은 인생길을 걸어가면서 자신이 원하는 대로 마음대로 살면 안 되는 것입니다. 우리가 무엇을 하고자 할 때마다 내 인생의 주인 되신 예수님께서 원하시는 바가 무엇인가를 끊임없이 물어야 합니다. 한국 교회 초기에는 사경회에서 신앙 토론회를 많이 했습니다. 사경회는 오늘날의 성경 공부와 같은 것입니다. 사경회(査經會)라고 할 때 '査'자가 '조사할 사'입니다. 성경을 조사하듯이 열심히 공부하는 모임이 사경회입니다. 한국 교회는 성경을 열심히 공부했던 교회입니다. 그런데 1920년 이후 사경회보다는 부흥회가 활성화되기 시작했습니다. 부흥회는 목사님들이 준비한 메시지를 일방적으로 선포하고 끝나는 것입니다.

사경회 기간 중 한국 교회가 행했던 좋은 프로그램이 있는데 신앙 토론회입니다. 저는 이것을 아름다운 전통으로 계승해야 한다고 봅니다. 당시는 농경사회였기 때문에 농한기 때 오랜 시간 사경회를 개최했습니다. 이때 말씀만 배운 것이 아니라 오후에 한 시간씩 신앙 토론회를 했습니다. 무엇을 토론했을까요? 자신들이 계속해서 하나님의 말씀을 배우고 있는데 그렇다면 구체적으로 일상의 삶에서 하나님이 원하시는 삶을 어떻게 살아낼 수 있을 것인가에 대해 토론한 것입니다. 그리고 오랜 시간 토론 후에는 일상의 삶에서 함께 지키기로 하는 어떤 것을 약속했습니다. 예를 들어 황해도 감바위교회는 하나님이 원하시는 남편과 아내의 관계는 어떤 것인가에 대해 신앙 토론회를 개최했습니다. 그리고 토론 후에 하나님이 원하신다고 생각한 두 가지를 결정합니다. 하나는 하나님은 남편과 아내가 상호 존대하기를 원하신다는 것입니다. 다른 하나는 하나님께서는 남편과 아내가 식사할 때 겸상을 하기 원하신나는 것을 결정했습니다. 당시 조선 사회에서는 남자들은 여자들을 하대하고 여자들은 남자에게 존대했습니다. 이것이 조선의 질서이고 조선의 문화였습니다. 그런데 하나님의 말씀을 배워보니까 이러한 모습은 하나님의 뜻이 아니라는 것을 깨닫게 되었습니다. 하나님은 남편과 아내가 상호 존대하길 원하신다는 것을 깨닫고 그렇게 살아가기로 결단한 것입니다. 조선 사회에서 식사할 때 할아버지도 독상, 아버지도 독상, 아들도 독상인데 여인들은 어디에서 밥을 먹는지 아무도 관심을 갖지 않았습니다. 그런데 말씀을 배워보니까 이것이 하나님의 뜻이 아니라는 것을 알게 되었습니다. 하나님은 남편과 아내가 식사할 때 겸상을 하기 원하신다는 것을 깨닫고 그렇게 하기로 한 것입니다. 초기 한국 교회 신앙인들은 자신들이 하나님의 백성이라는 것을 일상의 삶에서 드러내고자 했습니다. 매주 일요일 11시에 성경 찬송을 들고 교회 가서 예배드리는 것을 통해서 자신이 하나님의 백성임을 드러내고자 하지 않았습니다. 일상의 삶에서 자신과 가장 가까이에 있는 존재에게 함부로 대하지 않고 존대하며 식사할 때마다 아내와 겸상하는 모습을 통해서 자신들이 더 이상 조선의 질서와 제도와 문화의 지배를 받는 조선의 백성이 아니라 하나님께 절대 충성을 바치는 하나님 나라의 백성이 되었음을 증거했습니다. 이러한 모습을 아름답게 계승해야 한다고 생각합니다.

복음서 강의 5-1

말씀과함께 | 복음서강의

복음서 강의 **5-1**

마태복음과 누가복음 그리고 요한복음의 중요한 특징들에 대해 살펴보겠습니다. 먼저 마태복음입니다.

마태복음 개론

마태복음이라는 책 제목을 보면서 마태가 쓴 복음서라고 생각하기 쉽습니다. 그러나 학자들 사이에는 마태복음이 누가, 언제, 어떤 상황에서, 누구를 위하여, 어떤 목적 가운데 기록되었는지에 대해서는 다양한 목소리가 있습니다. 일반적으로는 마태복음의 저자를 마태로 보고 저작 시기는 주후 80년경으로 봅니다. 마태복음의 수신자는 유대인 신자들이 주류를 형성하고 있던 마태 공동체로 추측합니다. 마태 공동체라는 표현이 조금은 낯설게 여겨지시죠? 오늘날은 불특정 다수의 독자를 염두하고 책을 출판하지만 고대 사회에서는 그러기가 쉽지 않았습니다. 일단 글을 작성하고자 하면 너무 많은 비용이 들어갑니다. 종이로 사용된 양피지나 파피루스 가격도 비쌌고 잉크 가격도 만만치 않았습니다. 누군가가 후원해주지 않거나 구체적인 독자가 존재하지 않는다면 글을 쓰는 것이 쉽지 않은 시대였습니다. 누군가가 글을 쓸 때는 자신이 쓰는 글을 읽어줄 일차 독자를 생각하며 쓰는 경우가 대부분이었습니다.

어느 학자의 연구를 보면 주후 1세기 일반적인 편지의 분량이 빌레몬서 정도라고 합니다. 빌레몬서는 요한이서나 삼서처럼 한 장짜리 본문입니다. 그 정도의 분량이 사람들이 서로 주고받던 편지의 분량입니다. 그보다 많은 분량의 글을 쓰기 어려웠던 이유가 경제적인 문제 때문이었을 것입니다. 그런 맥락에서 보면 바울 서신 중에 로마서나 고린도전후서와 같은 것은 정말 엄청난 분량임을 알 수 있습니다. 바울이 엄청난 경제적 지출을 각오하면서 그 교회를 향해 이러한 편지를 작성했음을 알 수 있습니다. 복음서도 마찬가지입니다. 마태가 이 정도 분량의 복음서를 쓴다고 했을 때 자기가 기록한 복음서를 읽을 사람들에 대한 간절한 마음이 있었을 것입니다. 막연하게 '누군가 읽겠지'라는 마음으로 쓴 것이 아닙니다. 마태가 누구를 대상으로 이 복음서를 쓴 것일까 했을 때 마태가 염두해 두었던 일차 독자를 우리는 마태 공동체라고 부릅니다. 마가복음의 최초 수신자가 누구였습니까? 마가 공동체입니다. 누가복음과 요한복음도 마찬가지로 이해하시면 됩니다. 학자들은 마태 공동체가 있었던 지역을 수리아 안디옥으로 봅니다. 그렇게 보는 몇 가지 근거가 있습니다. 100년경 시리아의 주교였던 이그나티우스가 마태복음을 알고 있었습니다. 시리아 지역의 유대 그리스도인들의 문헌인 「나사렛 사람들의 복음」이나 「에비온 사람들의 복음」 그리고 열두 사도의 교훈인 「디다케」 등에서 마태복음을 아주 높게 평가하고 있습니다. 스데반의 순교 이후에 유대 그리스도인들이 이곳으로 이주하여 대규모의 신앙 공동체를 형성했는데(행 11:19) 이들이 마태 공동체가 아닐까 추측하기도 합니다.

사복음서 가운데 먼저 기록된 복음서는 마가복음입니다. 마가복음의 기록 시점을 70년경으로 보고, 마태복음과 누가복음을 80년경, 요한복음을 90년경으로 봅니다. 복음서의 일차 독자인 마태 공동체나 마가 공동체, 누가 공동체와 요한 공동체가 있었던 지역도 상이하다고 봅니다. 마태는 복음서를 기록하면서 이전에 기록된 마가복음과 예수 어록 모음집인 Q(Quelle)와 자신만의 특수 자료를 사용했습니다. 28장으로 구성되어 있는 마태복음에서 500절은 마가복음의 평행절이고 235절은 누가복음에도 나오고 333절만 마태복음에서 볼 수 있는 구절입니다.

오랜 시간 유대 종교 권력의 중심을 사두개파가 장악했습니다. 타락하고 부패한 유대 종교 권력을 비판하신 예수님께서는 당연히 유대 종교 권력을 장악하고 있던 사두개파와 충돌이 잦았습니다. 그런데 복음서를 보시게 되면 예수님과 사두개파의 충돌 이야기는 거의 나오지 않고 바리새인들과의 충돌 이야기가 주로 기록되어 있습니다. 여기에는 두 가지 이유가 있습니다. 하나는 예수님께서 사역하신 갈릴리 지방에서는 그 지방 회당을 중심으로 한 바리새파와 충돌이 많을 수밖에 없었습니다. 또 하나는 유대 전쟁 이후에 유대교의 중심 권력이 바리새파로 넘어가면서 예수님께서 유대 종교 권력자들과의 충돌을 말하는 맥락에서 일차 독자들의 상황에 맞추어 사두개파와의 충돌을 바리새파와의 충돌로 전환했다고 보는 것입니다. 사두개인들과 바리새인들은 교리적 차이와 신분의 차이도 있었지만 가장 중요한 차이는 사역했던 현장이 달랐습니다. 사두개인들은 성전을 중심으로 사역했고 바리새인들은 지방 회당을 중심으로 사역했습니다. 사람들이 누구에게 더 큰 권위를 부여하겠습니까? 당연히 사두개인입니다. 사두개인과 바리새인은 똑같은 종교 권력자이지만 비교할 수 없을 만큼 사두개인들이 훨씬 더 막강한 권력을 누려왔다는 것을 기억하셔야 됩니다. 그런데 유대 전쟁이 벌어지고 70년에 성전이 무너지게 되면서 사두개인들은 사역을 할 장소가 사라지게 됩니다. 이로 인해 자연스럽게 사두개파는 몰락하게 됩니다. 유대 전쟁 전후로 기억해야 할 것은 유대교의 중심 권력이 교체되었다는 것입니다. 당시에는 사두개파가 유대교의 중심 권력을 장악하고 있었는데 성전이 무너진 이후 유대교의 중심 권력이 바리새파에게로 넘어가게 됩니다.

사두개파는 모세가 하나님으로부터 문자화된 율법을 전수받았고 그 문자화된 율법을 집대성한 것을 오경으로 이해합니다. 그리고 오경 외에는 그 어떤 것도 하나님의 말씀으로 인정하지 않았습니다. 그런데 바리새파는 하나님이 모세에게 문자화된 율법만 주신 것이 아니라 일상생활 속에서 순종해야 할 방대한 내용들을 구전으로 주셨다고 믿었습니다. 구전으로 전달된 율법을 복음서에서는 장로들의 유전이라고 표현했습니다. 이후에 바리새인들은 장로들의 유전을 문자로 완성시켰는데 이것을 '미쉬나'라고 합니다. 이 '미쉬나'에 대한 해석과 설명을 한 것을 '게마라'라고 하고 '미쉬나'와 '게마라'를 합쳐놓은 것을 '탈무드'라고 부릅니다. 탈무드는 그 분량이 방대합니다. 한 권짜리 탈무드는 마빈 토케이어라는 일본에서 사역한 랍비가 탈무드 이야기 가운데 재미있는 것들만 끄집어내어 만든 책입니다. 구약을 읽어 보시면 사람이 죽으면 모두 스올로 가게 됩니다. 천국이나 지옥 같은 내세에 대한 개념이 없습니다. 왜 구약에는 내세에 대한 기록이 없을까요? 70년 이전까지 사두개파가 유대교의 중심 권력이었기 때문에 사두개파의 신학이 곧 유대교의 중심 신학이었습니다. 사두개파는 내세를 믿지 않습니다. 부활도 믿지 않습니다. 부활이나 내세를 믿지 않은 사두개파가 유대교 신학을 장악하고 있었기 때문에 구약에는 내세나 부활에 대한 관심이 나타나지 않는 것입니다.

복음서는 성전이 무너진 다음에 기록되었습니다. 복음서는 유대교의 중심 권력이 사두개파에서 바리새파로 전환된 이후에 기록된 것입니다. 복음서를 기록할 당시에 초대 교회와 유대교는 완전히 상극 관계였습니다. 유대 전쟁이 발발하기 전에 유대 그리스도인들은 펠라라는 지역으로 이주합니다. 그래서 전쟁 기간 중에 거의 피해를 입지 않았습니다. 이로 인해 유대인들은 유대 그리스도인들을 민족의 반역자로 낙인을 찍습니다. 모든 회당에 유대 그리스도인들을 출입 금지시키라는 지시를 내립니다. 이때부터 유대교와 초대 교회는 완전히 결별하게 됩니다. 이 유대 전쟁을 계기로 유대교의 중심 권력도 사두개파에서 바리새파로 교체가 이루어졌고 초대 교회와 유대교도 완전히 상극관계가 되었습니다. 예수님이 공생애 사역을 하실 때도 예수님과 유대 종교 권력은 대립했습니다. 이때 유대교는 사두개파가 장악하고 있었습니다. 그런데 복음서를 보면 예수님이 공생애 사역을 하실 때 주로 부딪힌 유대 종교 권력자들은 바리새인으로 나옵니다. 예수님이 공생애를 하셨던 시점은 20년대 말에서 30년까지입니다. 복음서가 기록된 시점은 70년 이후입니다. 예수님과 초대 교회 모두 누구와 대립하고 있는 것입니까? 유대교와 대립하고 있습니다. 유대교로부터 핍박을 받고 있습니다. 예수님의 공생애 사역 기간에는 유대교의 중심 권력이 사두개파였습니다. 그런데 복음서를 기록할 당시에는 유대교의 중심 권력은 바리새파로 전환됩니다. 복음서에 나오는 바리새파는 유대교의 중심 권력으로 이해하셔야 합니다. 예수님의 공생애 사역의 기간에는 유대교의 중심 권력이 사두개파였고 복음서가 기록될 당시에는 유대교의 중심 권력이 바리새파입니다. 바리새파와의 갈등을 단순히 바리새파와의 갈등으로만 이해하시면 안 되고 유대교의 중심 권력과의 갈등으로 이해하셔야 하는 것입니다.

마태, 마가, 누가복음을 공관복음이라고 합니다. 공관이라는 말은 관점을 공유한다는 말입니다. 공관복음은 예수님의 인성을 중시합니다. 요한복음은 예수님의 신성을 중시합니다. 공관복음에는 무엇이 나옵니까? 마리아의 몸에서 아기 예수가 탄생한 이야기는 마태와 누가복음에 나옵니다. 요한복음은 처음부터 태초에 말씀이 있었다고 하면서 이 말씀이 성부 하나님과 함께 계셨고 이 말씀을 통해 천하 만물이 창조되었음을 강조합니다. 요한복음은 처음부터 예수님께서 온전한 신이심을 강조합니다. 누가복음 2장 52절에 보면 예수님께서 나이가 들수록 키도 자라고 지혜도 자랐다고 말씀합니다. 공관복음에서는 보통의 사람들과 똑같은 예수님의 모습을 쉽게 발견할 수 있습니다. 즉 슬픈 일을 경험하게 되면 눈물 흘리시고 피곤하면 주무시고 배고프면 음식을 드시는 모습이 여러 번 발견됩니다. 이처럼 공관복음은 예수님의 인성에 대한 강조를, 요한복음은 예수님의 신성에 대한 강조를 하고 있습니다.

현재 세계 신학계의 두 기둥은 독일 신학과 영국과 미국의 신학입니다. 일반적으로 독일 신학은 예수님의 인성을, 영국과 미국 신학은 예수님의 신성을 보다 강조합니다. 한국 교회의 절대 다수를 차지하는 보수 교회는 영미 신학에 많은 영향을 받고 있습니다. 그래서 예수님의 신성과 인성을 함께 고백하지만 인성과 신성 가운데 한국 교회는 예수님의 신성을 더욱 중시합니다. 예수님의 신성을 중시하게 되면 어떤 일이 벌어질까요? 복음서 안에 기록되어 있는 모든 사역은 신이시기에 가능한 것으로 이해하게 됩니다. 인간인 우리는 그것을 따라할 수 없는 것입니다. 신성을 강조하게 되면 '나를 따르라'는 명령으로부터 우리가 자유로워지게 됩니다. 예수님은 제자들에게 '나를 따르라'고 말씀하셨지만 예수님의 신성을 강조하게 되면 우리가 어떻게 예수님을 따를 수 있겠습니까? 예수님은 신이었기 때문에 그 모든 것을 행하셨지만 우리는 인간이기 때문에 불가능합니다. 이처럼 예수님의 신성을 강조하게 되면 '나를 따르라'는 명령으로부터는 자유하게 됩니다. 그리고 인간인 우리가 신이신 예수님을 향해서 할 수 있는 유일한 것은 찬미와 경배입니다. 그런데 인성을 강조하게 되면 예수님의 길을 따라가야 하는 것에 대한 부담감이 있습니다. 예수님은 우리와 똑같은 인성을 가지셨지만 죽기까지 하나님께 온전히 순종하셨습니다. 그리고 제자들에게 '나를 따르라'고 명령하셨습니다. 우리가 예수님이 행하신 일을 할 수 없다고 핑계를 할 수 없는 것입니다. 예수님의 인성을 강조하면서 그 예수님의 길을 어떻게 따를 것인가를 주목하는 것이 소위 자유주의 신학입니다. 이때 예수님을 제대로 따르기 위해서는 성령의 도우심이 절대적으로 필요합니다. 그런데 자유주의 신학은 예수님의 인성은 강조하지만 하나님의 초자연적인 은혜를 소홀히 한 측면이 있습니다. 그것이 자유주의 신학의 한계입니다. 이 자유주의 신학에 대한 반발로 나온 것이 영미 신학입니다. 자유주의 신학이 예수님을 윤리 선생이나 도덕적인 모범 정도로 이해하는 것에 대해 문제를 제기하면서 예수님의 신성을 강조한 것입니다. 그런데 지나치게 신성만을 강조하게 되면 예수님을 찬미하고 경배하기에는 좋은데 예수님을 따르는 문제에 있어서는 자유하게 되는 측면이 있습니다. 예수님처럼 살지 못하는 것에 대해 핑계 거리가 확보되는 것입니다. 예수님의 신성을 강조하면서도 나를 따르라고 말했던 말씀에 어떻게 순종할 것인가를 고민해야 합니다. 예수님의 인성을 강조하면서도 성령의 도우심 가운데서 어떻게 예수님의 길을 따를 것인가를 모색해야 합니다.

마태복음은 유대 그리스도인들을 대상으로 쓴 복음서입니다. 유대교에 대한 해박한 이해를 가지고 있는 사람들에게 구약에서 예언된 것들이 예수 그리스도를 통해서 성취되었음을 강조합니다. 예수님은 계시의 완성자이자 유대인들이 기다린 바로 그 메시아임을 강조합니다. 이를 통해 유대인들에게 예수님께서 그리스도인 것을 입증하고자 하는 것이 마태복음의 목적입니다. 그래서 마태복음에는 성취 형식 인용구들이 많이 등장합니다. 유대인들이 중시했던 구약의 말씀들이 예수 그리스도를 통해서 어떻게 성취되어졌는가를 설명하고 있는 것입니다. 이것은 '선지자 ~~로 하신 말씀을 성취하려 하심이라'는 표현으로 마태복음에 총 10회에 걸쳐서 나타납니다 (1:22~23; 2:15, 17~18, 23; 4:14~16; 8:17; 12:17~21; 13:35; 21:4~5; 27:9~10). 이러한 인용구를 통해서 예수 사건이 구약 예언의 완벽한 성취임을 강조하는 것입니다. 마태는 구약을 76회 인용하고 있는데 독자들의 선지식을 활용하여 인용문의 출처를 명확히 밝히지 않고 있습니다. 이를 통해 우리는 마태복음의 주된 독자들이 유대 그리스도인임을 알 수 있습니다.

유대인들은 '이 사건이 정말 믿을 만하다'라는 확신을 사람들이 갖게 하기 위해서는 최소한 그 사건에 대한 증인이 두 명은 있어야 한다고 생각합니다. 그래서 마태복음에는 둘이라는 숫자가 자주 등장합니다. 예수님이 거라사 지방에 건너가서 군대 귀신 들린 사람을 만났을 때 마가복음은 그 사람을 한 명으로 기술하고 있지만 마태복음은 군대 귀신 들린 사람을 둘이라고 말합니다. 예수님이 예루살렘에 입성하실 때도 다른 복음서에는 나귀 한 마리를 타고 입성하시는 것에 반해 마태복음은 나귀와 나귀 새끼 두 마리가 등장합니다. 이처럼 마태복음은 중요한 사건마다 항상 둘이라는 숫자가 등장합니다. 독자들이 유대교에 정통한 유대 그리스도인들이기 때문에 그렇습니다. 하나님께서 모세를 통해 모세오경을 주셨습니다. 하나님의 계시가 오경을 통해 전달된 것입니다. 예수님은 계시의 완성자입니다. 모세오경을 완성한 것이 무엇일까요? 마태오경입니다. 마태복음에 보시면 예수님의 말씀을 크게 다섯 개의 묶음으로 정리하고 있습니다. 이것을 마태오경이라고 합니다. 모세가 이스라엘 백성들에게 다섯 권으로 된 율법을 주었던 것처럼 예수님께서도 새로운 하나님의 백성인 그리스도인들에게 다섯 권으로 된 말씀을 주셨다는 것입니다. 마태오경의 내용으로는 5~7장의 산상 설교, 10장의 제자 파송 설교, 13장의 천국 비유 설교, 18장의 제자 공동체의 규칙에 관한 설교, 24~25상의 종말 심판에 대한 고별 설교가 있습니다. 마태오경의 종결 부분에는 "예수께서 이 말씀을 마치시매"(7:28; 11:1; 13:53; 19:1; 26:1)라는 표현이 등장합니다.

마태복음에서 가장 중요하게 드러나는 모형론은 '모세 예수 모형론'입니다. 유대교는 초대 교회를 공격했는데 이 공격을 방어하기에 가장 좋은 방식이 '모세 예수 유형론'이라고 할 수 있습니다. 마태는 예수님께서 진정한 모세의 완성자임을 강조합니다. 모세가 그림자라면 예수님은 실체이고 모세가 약속이라면 예수님은 성취이고 모세가 하나님의 집에서 종이라면 예수님은 하나님의 집에서 아들입니다. 이러한 비교를 통해 모세보다 예수님에게 더 큰 권위를 부여한 것입니다. 마태복음에서 예수님은 모세와 유사한 체험을 많이 합니다. 유아학살로부터의 구원, 애굽으로의 피신과 미디안 광야로의 피신, 자기 고향으로 돌아와 하나님 나라의 사역을 시작함, 30년간 알려지지 않은 상태에서의 갈릴리 생활과 40년간 미디안 광야에서의 생활, 요단 강가에서의 세례와 홍해 바다를 건넘(고전 10:2), 40주야를 광야에서 금식함, 산에 올라 새 율법을 가르침과 시내산에서 십계명을 받음, 열 가지 기적(마 8~9장)과 열 가지 재앙(출 7~11장), 엿새 후 구름 가운데 변화하심(마 17:1~18)과 모세가 아론, 나답, 아비후를 데리고 시내산에 올랐을 때 엿새 동안 구름이 산을 가린 상황에서 모세의 얼굴에서 광채가 남(출 34:29) 등입니다. 이처럼 출생부터 시작하여 모세와 예수님은 매우 유사한 삶의 여정을 걷고 있음을 여러 형태로 알려주고 있습니다. 모세는 시내산에서 하나님으로부터 율법을 받아서 이스라엘 백성들에게 선포했습니다. 모세의 진정한 완성자이신 예수님도 새 이스라엘 백성에게 산에서 하나님의 계시의 말씀을 선포하셨는데 그것이 산상설교입니다. 이러한 기록을 통하여 예수님의 가르침이 시내산에서 개시된 모세 율법의 완성임을 보여줍니다.

마태 공동체는 유대교와의 율법에 대한 갈등뿐 아니라 교회 내부에서도 율법에 대한 입장 차이로 심각한 갈등을 겪은 것으로 보입니다. 마태는 오직 은혜로만 구원받는다는 자들에 맞서 행동으로 실천하는 믿음을 강조합니다. 예수님에 대한 믿음보다 예수님의 가르침을 실천하는 일에 존재를 다해야 한다는 것입니다(마 7:21). 신약 성경에서 순종의 행위를 강조하는 것이 마태복음과 야고보서이고 믿음을 강조하는 것이 로마서와 갈라디아서입니다. 로마서나 갈라디아서는 바울이 쓴 것이니까 결과적으로 마태와 야고보가 한 편이고 반대편에 바울이 서 있는 모습입니다. 바울이 이방 그리스도인들에게 예수님을 믿어야 구원받는다고 할 때 바울이 말했던 믿음이란 말과 이방 사람들이 받아들였던 믿음이라는 개념이 다릅니다. 바울이 말하는 믿음은 하나님께 자기 인생을 거는 것입니다. 하나님과 하나 되는 것입니다. 그런데 바울이 복음을 전했던 이방 땅은 헬레니즘의 사상이 지배하던 곳입니다. 그리고 헬레니즘의 사상에서 믿음이라는 것은 어떤 주장에 대한 인지적 동의를 말합니다. 예를 들어 '하나님은 세계 만물의 창조자이시다' 라는 것을 믿는다는 것은 그 주장을 인지적으로 동의하는 것을 말합니다. '예수는 우리의 구원자이시다' 라는 것을 인지적으로 동의하게 되면 그것을 믿는다고 인정해주는 것입니다. 그런데 바울이 말하는 믿음은 하나님만을 인생의 주인 삼는 것입니다. 그분이 가라고 하면 가는 것이고 멈추라고 하면 멈추는 것입니다. 바울이 '예수를 믿어야 구원 받는다' 라고 할 때 바울에게 있어서 이 말은 예수님만을 인생의 주인으로 모시고 그분이 원하시는 대로 인생의 길을 걸어가야 한다는 의미입니다.

그런데 헬레니즘에 지배를 받던 사람들은 예수님을 믿어야 구원 받는다는 말을 예수에 대한 고백적 언어에 대한 인지적 동의로 착각한 것입니다. 그래서 어떤 문제가 드러났습니까? 머리로는 예수님을 믿는데 삶으로는 예수님을 믿지 않는 자들이 등장한 것입니다. 고린도 교회 안에서는 머리로는 예수님을 믿는 아버지와 아들이 한 젊은 여자에게 똑같이 들락날락하는 일이 벌어졌습니다. 그래서 바울이 서신서를 쓴 것입니다. 당신들이 생각하는 그것이 믿음의 삶이 아님을 폭로한 것입니다. '예수가 당신의 구원자이심을 믿느냐' 라고 할 때 여기서 믿는다는 것이 무엇입니까? 예수님이 나의 구원자라고 하는 그 명제를 내가 받아들이느냐 안 받아들이느냐의 문제가 아닙니다. 예수님이 나의 구원자이시고 내 인생의 주인 되심을 진정으로 믿는다면 예수님 아닌 다른 어떤 것에 대해서도 무릎을 꿇으면 안 됩니다. 오직 예수님에게만 온전한 순종을 바쳐야 하는 것입니다. 그래서 바울은 자신의 말을 오해하는 사람들을 대상으로 서신서 앞부분에서는 우리가 믿어야 될 신앙의 내용을 기록하고 후반부에서는 그런 신앙을 가진 사람들이 살아내야 될 삶을 기록했습니다. 당신들이 진짜 예수님을 믿는다면 이렇게 개차반 같은 인생을 살 수 없음을 강조합니다. 이와 마찬가지로 마태복음과 야고보서도 당신들이 생각하는 그런 믿음은 죽은 믿음임을 강조합니다. 삶에서 실제적으로 행함이 없는 믿음은 죽은 믿음입니다. 아무리 입으로 '주여 주여' 한다고 해도 그런 신앙으로는 구원을 받을 수 없습니다. 마태복음과 야고보서에 이러한 내용이 반복되는 이유는 바울의 의도는 그렇지 않았지만 바울이 말했던 믿음을 오해했던 자들에 대한 교정적 메시지라는 것을 기억하셔야 합니다. 그래서 마태는 진짜 믿음이 무엇인지를 마태복음을 통해 강조하고 있는 것입니다.

한국 교회에서 '행함이냐 믿음이냐' 라는 논쟁이 있습니다. 이것은 번지수를 잘못 잡은 논쟁이라는 생각이 듭니다. 사람이 태어나서 죽을 때까지 행함이 없는 것이 있습니까? 우리가 주일날 교회 가는 것은 행함이 아닙니까? 우리가 세례를 받는 것은 행함이 아닙니까? 하나님을 찬양하는 것은 행함이 아닙니까? 도대체 행함이 없는 것이 무엇이 있습니까? 엄밀한 의미에서 말하면 믿음에 근거한 순종의 행위와 믿음에 근거하지 않은 불순종의 행위만이 구분될 뿐입니다. 믿음과 행함이 반대되는 것이 아닙니다. 그런데 너무나 많은 신앙인들은 믿음을 행함과 무관한 관념으로 이해합니다. 하나님의 구원의 방식을 믿음으로 받아들인 사람들이 구원받는 것입니다. 여리고성 정복 사건도 그렇지 않습니까? 진짜 믿음이라는 것은 여리고성을 주시겠다는 하나님의 뜻을 아멘으로 받아들이고 그 하나님의 뜻대로 행하는 것입니다.

마태복음은 예수님께서 유대인들에게로 왔으나 그들이 예수를 거부함으로 인해서 이방인들에게 복음이 넘어가게 되었음을 강조합니다. 이방인 선교를 신학적으로 정당화하는 것입니다. 예수님의 탄생부터 수난에 이르기까지 유대인들은 예수님의 적대자로, 이방인은 예수님의 편에 선 자로 그려지고 있습니다. 하나님은 유대인들만의 하나님이 아니라 유대인들과 이방인 모두의 하나님이라는 구원 보편주의가 마태복음 안에 흐르고 있습니다. 대표적인 이야기가 수로보니게 여인의 이야기입니다. 중요한 것은 유대인에게서 이방인으로 하나님의 백성이 대체된 것이 아닙니다. 유대인들 중에도 여전히 하나님의 백성이 있습니다. 그런데 유대인이라고 해서 모두 다 하나님의 백성이 되는 것은 아닙니다. 유대인들 중에도 예수 그리스도를 거부했던 자들은 하나님의 백성 공동체에서 탈락하게 됩니다. 대신 이방인들 중에도 믿음을 가진 사람들은 하나님의 백성 공동체에 들어오게 됩니다. 그래서 교회는 믿음 안에서 유대인과 이방인이 하나 된 공동체를 일궈내게 됩니다. 이방인들에게도 하나님의 백성이 될 수 있는 길이 활짝 열렸음을 마태복음은 강조하고 있습니다.

마태복음의 수신자는 마태 공동체입니다. 오늘날에는 작가들이 불특정 다수를 대상으로 글을 쓰는 것이 보편적입니다. 그러나 고대 사회에서는 그런 일은 매우 드문 경우입니다. 고대 사회에서 글을 쓴다고 하는 것은 엄청난 경제적 비용이 들어가는 일이었기에 구체적인 대상을 염두하지 않고 글을 쓴다는 것은 아주 드문 일입니다. 그래서 신학자들은 복음서의 일차 독자와 관련하여 이렇게 이해합니다. 마태가 이렇게 긴 분량의 복음서를 썼다고 했을 때 이 글을 누가 읽기를 기대하며 쓴 것일까 라고 할 때 마태복음의 일차 독자를 마태 공동체라고 합니다. 그렇다면 마가는 누구를 염두하고 마가복음을 썼을까요? 마가 공동체입니다. 누가는 누가 공동체, 요한은 요한 공동체를 대상으로 긴 분량의 복음서를 기술했다고 보는 것입니다.

마태복음은 세 가지 자료로 구성되어 있습니다. 첫째는 사복음서 가운데 가장 먼저 쓰인 마가복음을 참고한 자료입니다. 마가복음이 주후 70년경에 쓰였고, 마태복음과 누가복음이 80년경, 요한복음의 기록 시점은 90년경으로 봅니다. 그래서 80년경에 기록된 마태복음이 70년경에 기록된 마가복음을 참고했을 가능성이 높다고 봅니다. 예를 들어 마태복음과 마가복음에 동일하게 나오는 이야기가 있습니다. 마태복음과 마가복음에 똑같이 나오는 내용이라면 누가 누구의 글을 참고했을 가능성이 높을까요? 당연히 복음서를 늦게 쓴 사람이 먼저 쓴 사람의 기록을 참고했을 가능성이 높습니다. 먼저 복음서를 쓴 마가가 나중에 복음서를 쓴 마태의 글을 참고하기는 어렵지 않겠습니까?

둘째는 예수님의 어록을 참고했다고 봅니다. 복음서를 비교해보면 재미있는 현상을 하나 발견하게 됩니다. 먼저 쓰인 마가복음에는 없는 내용인데 비슷한 시기에 쓰인 마태복음과 누가복음에는 동일하게 기술된 내용이 있습니다. 마태와 누가가 비슷한 시기에 전혀 다른 지역에서 복음서를 기술했습니다. 그런데 마가복음에는 나오지 않는 내용을 두 사람 모두 기록한 것이 있습니다. 그렇다면 마태와 누가가 마가복음을 참고한 것은 아닙니다. 주목해야 할 것은 마태복음과 누가복음에 나오는 이야기의 공통점이 있다는 것인데 바로 예수님의 말씀이라는 것입니다. 마가복음은 예수님께서 행하신 사건 중심으로 기록되어 있습니다. 그래서 비교적 잘 읽힙니다. 사건을 하나 기록한 다음에 곧 이어서 다른 사건에 대해 기록합니다. 호흡이 아주 빠르기 때문에 지루하지 않습니다. 이처럼 사건이 연속적으로 연결되어 기술된 복음서가 마가복음입니다. 그런데 마태복음과 누가복음은 그렇지 않습니다. 읽다가 자꾸만 중간에 끊기는 느낌이 있습니다. 왜 그럴까요? 사건을 기록하는 중간마다 예수님의 말씀이 배치되어 있기 때문입니다. 그런데 이 내용들은 마가복음에는 나오지 않는 것들입니다. 예를 들어 마태복음에는 산상설교가 나오고 누가복음에는 평지 설교가 나옵니다. 마태복음에도 주기도문이 나오고 누가복음에도 주기도문이 나옵니다. 마가복음에는 나오지 않는 내용이기에 마태와 누가가 마가복음을 참고했다고 보기는 어렵습니다. 그리고 동일하게 나오는 내용들이 대부분 예수님의 말씀과 관련된 것입니다. 그래서 학자들은 이렇게 추측합니다. 마태와 누가가 동시에 참고했던 자료가 있었던 것이 아닐까, 그리고 그 자료는 예수님의 말씀만 모아놓은 책이 아닐까 생각한 것입니다. 신학자들은 그러한 책이 있었다고 하면서 그 책의 이름을 Q라고 불렀습니다. Q라고 부른 이유는 독일어 '출처, 원천' (Quelle)을 뜻하는 단어의 첫 글자가 Q이기 때문입니다. 이 Q를 '예수 어록'이라고 불렀습니다. 이것은 추측입니다.

셋째는 마태복음에만 나오는 내용입니다. 이것을 마태 특수 자료라고 부릅니다. 이처럼 마태복음을 자세히 살펴보면 크게 세 가지 자료로 구성되어 있음을 보게 됩니다. 즉 마가복음과 예수 어록인 Q 그리고 마태 특수 자료입니다. 요약하면 첫째는 마태복음에도 나오고 마가복음에도 나오는 내용이 있다고 한다면 마태복음이 마가복음을 참고했다고 보는 것입니다. 둘째는 마태복음과 누가복음에만 나오는 예수님의 말씀을 주목하면서 마태와 누가가 동시에 참고했던 예수님의 말씀만 모아 놓은 어록이 있지 않았을까 추측하고 그것을 Q라고 부릅니다. 셋째는 어떤 복음서에도 나오지 않고 마태복음에만 나오는 내용이 있는데 이것을 마태 특수 자료라고 부릅니다.

이와 마찬가지로 누가복음도 크게 세 가지 자료로 구성되어 있습니다. 첫째는 마가복음입니다. 마가복음과 누가복음에 동일하게 나오는 내용은 누가가 마가복음을 참고했을 가능성이 높습니다. 둘째는 예수 어록이라는 Q자료입니다. 셋째는 누가복음에만 나오는 누가 특수 자료입니다. 그렇다면 제일 마지막에 쓰인 요한복음은 어떨까요? 요한복음은 참고한 자료의 범위가 훨씬 넓습니다. 요한복음 같은 경우에는 마태복음, 마가복음, 누가복음 모두를 참고했을 가능성이 높습니다. 그리고 예수 어록인 Q도 참고했고 요한복음에만 나오는 요한 특수 자료도 참고했습니다. 제일 먼저 기록한 마가복음이 어떤 자료를 참고하여 복음서를 기록했는지에 대해서 정확한 설명을 하기는 어렵습니다. 그러나 뒤에 기록된 마태복음, 누가복음, 요한복음이 어떤 자료들을 참고하여 복음서를 기록하게 되었는지에 대해서는 위와 같이 설명드릴 수가 있습니다.

마태복음의 목적은 유대인들과 유대 그리스도인들에게 예수가 그리스도이심을 입증하고자 한 것에 있습니다. 마태복음은 예수를 유대인의 왕이며 유대인들이 오랜 세월 기대하고 소망했던 바로 그 메시아임을 강조합니다. 이것을 입증하고자 하는 것이 마태복음의 목적입니다. 마태복음은 총 28장으로 구성되어 있는데 크게 다섯 개의 예수님의 말씀 강론 묶음이 있습니다. 이것을 마태오경이라고 합니다. 우리에게 가장 친숙한 것이 마태복음 5~7장까지의 산상설교입니다. 오경이라는 말을 들으면 무엇이 연상됩니까? 모세오경입니다. 마태복음은 유대인들을 대상으로 쓰인 복음서입니다. 유대인들은 오랜 기간 동안 율법의 지배를 받아 왔습니다. 그 율법을 하나님으로부터 받아서 이스라엘 백성들에게 전달해 주었던 인물이 모세입니다. 그래서 유대교는 모세를 준 신격화시켜 숭배했습니다. 마태복음은 모세와 예수님에 대한 비교를 많이 합니다. 출생 이야기부터 그렇습니다. 모세와 예수 모두 출생과 동시에 죽임 당함의 위협에 놓이게 됩니다. 모세는 이집트 왕 파라오에게, 예수님은 이스라엘 땅을 다스린 헤롯 대왕에게 출생과 동시에 위기를 경험하게 됩니다. 또한 모세가 이스라엘 백성들에게 오경을 남겨준 것처럼 예수님도 새로운 이스라엘 공동체에게 다섯 개의 말씀 묶음을 선포하셨습니다. 이것을 모세오경에 빗대어 마태오경이라고 합니다. 마태오경에는 5~7장까지 산상설교, 10장에 제자 파송 설교, 13장에 하나님 나라에 대한 비유 설교, 18장에 하나님 나라 백성의 삶에 대한 설교, 24~25장에 감람산에서 선포하신 종말에 대한 설교가 있습니다. 이렇게 다섯 개의 설교가 묶여져 있습니다. 그리고 예수님께서 병자들을 치유하신 이야기가 크게 일곱 개가 나옵니다. 그래서 마태복음은 마태오경과 일곱 개의 이야기로 구성되어 있다고 볼 수 있습니다. 마태복음은 예수 그리스도의 사건을 제2의 출애굽 사건으로 그리고 예수님을 제2의 모세로 그리고 있습니다. 그러면서 예수님은 모세를 초월하여 구원을 종말에 완성하실 하나님의 아들이심을 강조합니다. 예수님께서 모세보다 더 뛰어나신 분이심을 주장하는 것입니다.

마태복음에서 두 구절을 보겠습니다. 마태복음 4장 23절입니다.

예수께서 온 갈릴리에 두루 다니사 그들의 회당에서 가르치시며.

여기 보면 '회당'이라는 명사 앞에 어떤 수식어가 붙어 있습니까? '그들의' 회당입니다. 개역 성경에는 '저희 회당'입니다. 이 표현을 통해 우리는 마태복음이 기록될 당시에 유대교의 회당과 초대 교회 공동체가 완전히 분리되어 있음을 알 수 있습니다. 교회가 탄생한 이후에도 초대 교인들은 성전과 회당을 출입했습니다. 우리의 회당, 우리의 성전이었던 것입니다. 그런데 마태복음이 기록되던 80년경 회당은 저희의 회당이 되어버렸습니다. 마태복음이 기술될 당시에 유대교와 초대 교회가 완전히 분리되었음을 이 표현을 통해서 알 수 있습니다. 그렇다면 유대교와 초대 교회는 언제 분리되었을까요? 유대 전쟁 이후 유대교와 초대 교회는 완전히 이질적인 집단이 됩니다. 66년부터 시작된 유대 전쟁에서 가나안 땅에 살고 있던 모든 유대인들이 힘을 합쳐서 로마와 전쟁을 벌였습니다. 그런데 유대인이면서도 이 전쟁에 참여하지 않은 유일한 그룹이 있었는데 그들이 바로 유대 그리스도인이었습니다. 이때부터 유대교에서는 초대 교회를 이단으로 규정하고 회당 출입 금지령을 내렸습니다. 유대 전쟁이 끝난 70년 이후부터 유대교의 회당과 초대 교회는 완전히 분리가 되었습니다. 그래서 마태복음이 기록될 80년경에는 '우리의 회당'이 아닌 '저희의 회당'이라는 표현이 사용되었습니다. 이러한 표현을 통해서 마태복음이 기록된 시점이 언제인가를 짐작할 수 있습니다.

또 하나 중요한 구절이 마태복음 6장 12절입니다.

우리가 우리에게 죄 지은 자를 사하여 준 것 같이 우리 죄를 사하여 주시옵고.

예수님께서 가르쳐주신 주기도문입니다. 여기서 "우리에게 죄 지은 자를" 할 때 '죄'라는 단어에 각주가 있습니다. 각주를 따라가면 이렇게 되어 있습니다. '헬'이라고 하는 것은 헬라어라는 뜻이고 "빚진 자를 탕감하여 준 것 같이 우리의 빚도 탕감하여 주시옵고"라고 기록되어 있습니다. 이런 경우에는 각주에 있는 내용이 본문으로 올라와도 전혀 문제가 되지 않습니다. 재미있는 것은 한글 번역은 본문에서는 '죄'로 번역하였고 각주로 '빚'이라는 의미도 가능하다고 설명하고 있습니다. 그런데 기억해야 할 것이 있습니다. 마태, 마가, 누가, 요한복음의 사복음서는 원본이 헬라어로 기록되어 있습니다. 그런데 예수님은 헬라어로 말씀하지 않으셨습니다. 만약 예수님이 헬라어로 말씀을 선포하셨다면 유대인들이 그 말씀을 이해할 수 있었겠습니까? 예수님은 아람어를 사용하셨습니다. 그런데 복음서는 아람어로 기록되지 않았습니다. 이 말이 무슨 말이냐면 복음서 자체가 일차 번역서라는 것입니다. 마태복음 안에 예수님의 설교를 모아놓은 다섯 개의 강론 묶음집이 있다고 했습니다. 이것을 마태오경이라고 합니다. 그런데 마태오경은 모두 헬라어로 기록되어 있습니다. 우리는 예수님이 선포하신 말씀을 복음서 기자들이 기억하고 있다가 그대로 기록했다고 생각하기 쉽습니다. 그러나 예수님이 공생애를 시작하실 때 사용하신 언어는 아람어입니다. 우리는 당시 이스라엘 사람들이 히브리어를 사용했을 거라고 생각하기 쉽지만 예수님 당시 대부분은 아람어를 사용했습니다. 히브리어는 조선 시대의 한문과 같은 것입니다. 세종대왕이 백성들을 위해 한글을 만들었지만 양반들은 한글을 무시하지 않았습니까. 일상의 언어는 한글을 사용했지만 문자적 언어는 한문을 고집했습니다. 한글은 민중의 언어이고 여인네들의 글이라고 무시했습니다. 그것과 아주 유사합니다. 예수님 당시 히브리어는 지식인들의 언어이고 문자 언어입니다. 일반 백성들이 사용한 일상의 언어는 아람어입니다. 예수님도 아람어로 말씀하셨고 예수님의 말씀을 들었던 사람들도 아람어로 선포하시는 말씀을 들은 것입니다. 그런데 문제는 복음서에는 예수님의 말씀을 헬라어로 기록하고 있다는 것입니다. 이것이 무슨 말입니까? 복음서에 기록되어 있는 예수님의 말씀 자체가 일차 번역서라는 것입니다.

요한복음 21장을 보면 부활하신 예수님께서 베드로를 찾아오셔서 "네가 나를 사랑하느냐"고 세 번 묻는 장면이 나옵니다. 베드로가 사랑한다고 대답하자 예수님께서는 "내 양을 먹이라"는 당부의 말씀을 하십니다. 제가 어린 시절 목사님들께서 여기 나오는 사랑이라는 단어를 가지고 이렇게 설명하셨습니다. 처음 예수님께서 베드로에게 "네가 나를 사랑하느냐"고 물으실 때 사용한 단어가 아가페입니다. 그런데 베드로는 사랑한다고 하면서 필리아로 대답합니다. 다시 한 번 예수님께서 아가페라는 단어를 사용하시면서 "네가 나를 사랑하느냐"고 물으셨습니다. 이때도 베드로는 필리아를 사용하여 사랑한다고 대답합니다. 세 번째는 예수님께서 베드로가 사용한 필리아라는 단어로 "네가 나를 사랑하느냐"고 물으시고 베드로는 여전히 필리아라는 단어를 사용하여 사랑한다고 답변합니다. 그래서 목사님들은 이 본문에 대해 이런 설명을 많이 하셨습니다. 예수님께서는 처음과 두 번째 질문에서 아가페의 사랑으로 나를 사랑하느냐고 물으셨는데 베드로는 필리아로 대답했고 그래서 마지막에는 예수님께서 베드로의 수준으로 자기를 낮추셔서 필리아로 물으셨고 베드로도 필리아로 대답했다는 것입니다. 과연 이런 해석이 맞을까요? 요한복음에 근거해보면 이런 해석을 하는 것이 타당할 수 있습니다. 그러나 예수님과 베드로는 헬라어로 대화를 나누지 않았습니다. 당연히 아가페나 필리아와 같은 헬라어를 사용하지 않았을 것입니다. 예수님과 베드로의 대화를 요한이 헬라어로 그렇게 기술한 것입니다.

한국 교회에서 이런 주장을 많이 했습니다. 헬라어로 사랑을 뜻하는 단어가 네 개가 있는데 그것이 사용되는 맥락이 철저하게 구별되어 있다는 것입니다. 아가페는 신적인 사랑이나 변함없는 사랑을 나타낼 때 쓰는 단어이고, 에로스는 남녀 간의 육체적인 사랑을, 스톨게는 가족 간의 사랑을, 필리아는 친구 간의 우정을 나타낼 때 사용하는 단어라는 것입니다. 그러나 그렇지 않습니다. 어떤 주석서에 기록되어 있던 내용을 목회자들이 그대로 따라서 말한 것인데 이것은 틀린 말입니다. 아가페라는 단어가 신적인 사랑을 나타낼 때만 사용하는 것이 아닙니다. 남녀 간의 육체적인 사랑을 나타낼 때 에로스라는 단어만 사용하는 것이 아닙니다. 헬라어로 사랑을 뜻하는 단어는 사랑을 나타내는 모든 경우에 다 사용할 수 있습니다. 예를 들면 아가페라는 단어가 신의 사랑을 나타낼 때도 사용할 수 있는 것이고 남녀 간의 사랑이나 형제간의 사랑을 나타낼 때도 사용할 수 있습니다. 그런데 신의 사랑을 나타낼 때 아가페라는 단어를 좀 더 많이 사용한 것입니다. 남녀 간의 육체적인 사랑을 나타낼 때 에로스라는 단어가 좀 더 많이 쓰인 것인지 이런 경우에만 에로스라는 단어를 사용하는 것은 아닙니다. 사랑을 뜻하는 헬라어는 사랑을 나타내는 모든 경우에 다 쓰일 수 있는 것입니다. 어떤 단어가 특정한 상황에서만 사용되는 것이 아님을 아셔야 합니다. 이것을 잘 보여주는 구절을 찾아보겠습니다. 디모데후서 4장 9~10절을 보시면 바울이 디모데에게 편지를 보내면서 이렇게 마무리하고 있습니다.

> 너는 어서 속히 내게로 오라 데마는 이 세상을 사랑하여 나를 버리고 데살로니가로 갔고.

여기 나오는 데마는 바울의 동역자였는데 바울을 버리고 떠났습니다. 그 이유가 무엇입니까? '세상을 사랑하여' 입니다. 그런데 여기서 '세상을 사랑하여'에 사용된 단어가 무엇일까요? 아가페입니다. 아가페라는 단어가 신의 사랑을 나타낼 때만 사용할 수 있다고 생각하는데 그렇지 않음을 알 수 있습니다. "데마는 이 세상을 사랑하여"라고 할 때도 아가페라는 단어가 사용되고 있음을 주목하셔야 합니다.

다시 한 번 정리하겠습니다. 예수님은 공생애 사역을 하실 때 아람어를 사용하셨습니다. 그런데 마태, 마가, 누가, 요한은 복음서를 기술할 때 예수님의 말씀을 헬라어로 기록했습니다. 복음서 자체가 아람어를 헬라어로 번역한 일차 번역서입니다. 전 세계에 정말 많은 언어가 존재하는데 언어 간의 관계에 있어서 1대1의 상응관계를 맺는 언어는 없습니다. 예컨대 에스키모인들의 경우에는 눈과 관련된 단어가 100개가 넘는다고 합니다. 그런데 적도에 살고 있는 사람들에게 눈과 관련된 단어가 있겠습니까? 족보를 중시하는 민족에게는 촌수와 관련된 단어들이 엄청나게 많습니다. 그런데 족보를 중시하지 않는 사람들은 단순히 친척이라는 단어 하나로 설명할 수도 있습니다. 이처럼 전 세계에 존재하는 어떤 언어도 1대1의 상응관계를 갖는 언어는 없습니다. 그들이 살고 있는 환경과 전통과 맥락에 따라서 어떤 분야의 단어들은 더 발달된 경우도 있고 어떤 분야의 단어들은 덜 발달된 경우도 있는 것입니다.

그렇다면 예수님이 사용하신 아람어와 복음서 기자들이 기록한 헬라어의 관계는 어떠할까요? 아람어에 '호바'라는 단어가 있습니다. 아람어로 호바라는 단어는 '죄'라는 의미도 있고 '빚'이라는 의미도 있습니다. 호바라는 한 단어 안에 죄라는 뜻과 빚이라는 뜻을 모두 담고 있는 것입니다. 그런데 헬라어에는 이 두 가지 의미를 동시에 담고 있는 단어가 없습니다. 죄를 뜻하는 단어가 따로 있고 빚을 뜻하는 단어가 따로 존재합니다. 그런데 죄와 빚의 의미를 모두 담고 있는 단어는 없습니다. 여기서 문제가 벌어지게 됩니다. 마태복음 6장 12절을 다시 보겠습니다.

우리가 우리에게 죄 지은 자를 사하여 준 것 같이 우리의 죄를 사하여 주시옵고.

학자들은 여기의 '죄'라는 의미를 사용할 때 예수님께서 '호바'라는 단어를 사용했을 것으로 봅니다. 호바는 죄라는 의미와 빚이라는 의미를 모두 담고 있습니다. 예수님께서 호바라는 단어를 사용하실 때 두 가지 의미를 모두 담아서 사용하셨을 것입니다. 그런데 마태는 이 단어를 헬라어로 번역하면서 어떤 단어를 선택했을까요? 헬라어에는 죄라고 하는 의미와 빚이라고 하는 의미를 모두 담고 있는 단어가 존재하지 않습니다. 두 가지 의미 가운데 하나를 선택해야 합니다. 마태가 정확히 어떤 단어를 선택하여 마태복음 원본을 기술했는지는 알 수 없습니다. 오늘날에는 원본은 사라졌고 사본들만 존재합니다. 그런데 마태복음 사본들도 어떤 사본은 죄로, 어떤 사본은 빚이라는 단어로 기록되어 있습니다. 그런데 그 수를 계산해보면 죄라고 쓰인 사본보다 빚으로 기록한 사본들이 더 많습니다. 그리고 영어성경도 죄라는 단어보다는 빚이라는 단어로 더 많이 번역하고 있습니다. 프랑스어 성경과 일본어 성경도 대부분 빚이라는 의미로 번역되어 있습니다. 그런데 우리 한글 성경은 처음부터 죄로만 번역하고 있습니다. 그런데 이 본문은 죄로 번역할 것인가, 빚으로 번역할 것인가에 따라 말씀을 받는 대상과 그 대상이 해야 할 일에 있어서 많은 차이를 드러냅니다.

먼저 본문에서 죄와 빚 가운데 어떤 단어를 선택할 것인지에 따라서 본문의 '우리'라는 존재가 서 있는 위치가 달라집니다. 어떻게 달라질까요? 한글 번역 성경처럼 죄로 번역하게 되면 이렇게 됩니다. "우리가 우리에게 죄 지은 자를 사하여 준 것 같이"에서 우리는 가해자입니까, 피해자입니까? 피해자입니다. 우리에게 죄 지은 자가 가해자가 되고 우리는 피해자가 되는 것입니다. 그렇게 되면 6장 12절의 말씀은 약자인 피해자로 하여금 강자인 가해자를 먼저 용서해 줄 것을 촉구하는 말씀이 되어 버립니다. 누군가에게 부당한 일을 당한 피해자에게 찾아 가서 이 말씀을 가지고 "네가 그 사람을 정말 용서하기 어렵겠지만 네가 하나님께 죄 용서를 받기 위해서는 네가 그 사람을 먼저 용서해줘야 하는 거야"라고 상담하는 것입니다. 전두환을 비롯한 신군부가 1980년 광주에서 수많은 시민들을 학살할 때 6장 12절을 가지고 "당신들이 전두환과 노태우 같은 신군부를 용서하기 어렵겠지만 당신들이 그들의 죄를 먼저 용서해줘야 하나님으로부터 당신들도 죄 용서를 받을 수 있습니다"라고 말하는 것과 똑같습니다. 6장 12절의 번역이 이렇게 악용될 가능성이 있습니다. 강자인 가해자에 의해 피해를 입은 약자에게 다가가서 가해자의 죄를 먼저 용서해 줄 것을 촉구하는 말씀으로 악용될 가능성이 있습니다. 그런데 이 본문을 각주에 나와 있는 것처럼 빚으로 번역하면 어떤 변화가 일어날까요?

각주를 보면 "우리가 우리에게 빚진 자를 탕감하여 준 것 같이 우리의 빚도 탕감하여 주시옵고"라고 되어 있습니다. 그렇다면 여기에서 우리는 누가 됩니까? 누군가에게 빚을 받아내야 할 채권자가 되는 것입니다. 우리에게 빚진 자는 채무자입니다. 이처럼 빚으로 번역하게 되면 여기의 우리는 강자가 됩니다. 죄로 번역했을 경우에는 우리는 약자가 됩니다. 그런데 일본어나 프랑스어나 영어 성경 번역본은 이것을 빚으로 번역하여 강자가 행해야 할 어떤 태도와 자세로 말하는데 한글 성경은 처음부터 죄로 번역하고 있습니다. 그래서 누군가에게 피해를 입은 약자들에게 강자의 죄를 선제적으로 용서해줘야 하는 것으로 해석하고 있습니다. 그러면 이러한 해석은 성경 전체 맥락과 맞지 않습니다. 성경에서 말씀하는 유일무이한 법인 안식일법, 안식년법, 희년법의 특징은 강자의 순종을 통해 약자가 유익을 누리는 것입니다. 하나님께서는 이 땅에 힘 있는 강자들의 순종을 통해서 약자가 미쉬파트와 체데크가 구현되는 삶을 누리기를 원하십니다. 빚으로 번역하게 되면 이와 같은 성경의 일관된 원칙과 부합하는 측면이 있습니다. 그런데 지금처럼 죄로 번역하게 되면 불의한 강자에게 고통 받는 약자를 압박하는 말씀으로 악용될 소지가 있습니다. 저는 그런 의미에서 지금이라도 각주에 있는 빚이라는 의미를 본문으로 올리고 본문에 있는 죄를 각주로 내리면 좋겠다는 생각이 듭니다.

6장 12절 말씀을 좀 더 확대하여 기록하고 있는 것이 마태복음 18장입니다. 마태복음 18장에는 왕으로부터 일만 달란트를 탕감 받았다가 취소당한 사람의 이야기가 나옵니다. 그 사람이 왕으로부터 일만 달란트를 탕감 받았다가 취소당한 이유가 무엇입니까? 자기는 일만 달란트를 탕감 받는 놀라운 은혜를 경험했음에도 불구하고 자신에게 백 데나리온 빚진 자에게는 그 은혜를 흘려보내지 않았습니다. 왕이 이후에 그 모든 이야기를 듣고 나서 그 사람을 다시 부른 다음 일만 달란트를 탕감했던 일을 취소시켜 버립니다. 은혜를 흘려보내지 않은 자에게 은혜를 취소시켜 버린 것입니다. 하나님께서 우리에게 선제적인 은혜를 베풀어주실 때 무엇을 기대하시는 것입니까? 그 은혜를 잘 흘려보내기를 기대하십니다. 그런데 그 은혜를 흘려보내지 않고 독점하는 자에게는 진노의 심판을 내리십니다. 이처럼 6장 12절의 말씀을 보다 길게 풀어놓은 이야기가 마태복음 18장인 것입니다. 그런 의미에서 주기도문에서 죄를 빚으로 번역하는 것이 좋겠다는 생각이 듭니다.

사람마다 누군가와의 관계 안에서는 강자가 되었던 사람이 누군가와의 관계에서는 약자의 위치에 설 수 있습니다. 우리는 그런 이중적 위치에 놓여 있는 것입니다. 그렇기 때문에 '호바'라는 단어가 이런 이중적 의미가 있다는 것을 받아들이는 것이 좋습니다. 다만 죄라는 의미와 빚이라는 의미 가운데 많은 번역본들이 빚이라는 단어를 더 많이 선택하여 강자가 약자에게 선제적으로 무엇인가를 행할 것을 요청하는 것에 반해 한글 번역본은 처음부터 죄로만 번역하고 있다는 것이 매우 아쉬울 따름입니다. 그동안 6장 12절의 말씀을 가지고 약자들에게 강자를 선제적으로 용서할 것을 요청하는 말씀으로 해석했는데 이제는 반대로 강자들로 하여금 약자들에게 먼저 은혜를 베푸는 말씀으로 해석해야 한다고 봅니다. 그것이 안식일법, 안식년법, 희년법의 정신과도 일치합니다. 하나님께서는 약자에게 먼저 강자에 대한 어떤 자비를 베풀 것을 요구하신 적이 없습니다. 항상 강자의 자기 낮춤과 순종을 통하여 약자가 유익을 누리기를 기대하셨습니다. 그런 맥락에서 이 말씀도 빚으로 번역하는 것이 더 타당하다고 봅니다. 지금처럼 죄로 번역하면 약자에게 먼저 강자를 용서하라고 요청하는 말씀이 되기 때문에 성경의 일반적인 맥락과도 맞지 않습니다.

누가복음 개론

2세기 초중반에 로마 교회 지도자였던 마르키온이라는 인물이 있었습니다. 이 사람은 구약에서 유대인들이 아버지라고 불렀던 그 하나님과 예수가 아버지라고 부른 하나님은 전혀 다른 하나님이라고 하면서 우리가 정말 믿어야 될 하나님은 구약의 하나님이 아니라 신약의 하나님이라고 주장했습니다. 구약의 하나님은 유대인들만의 하나님이고 신약의 하나님은 세계 만민의 하나님이라고 한 것입니다. 그러면서 우리가 정말 하나님의 말씀으로 받아들여야 할 것은 누가복음과 바울 서신 10권이라고 주장했습니다. 구약에 나오는 유대인들만을 편드는 폭력적이고 잔인하고 무자비한 하나님의 이야기는 우리가 받아들여야 할 성경이 아니라고 했습니다. 이는 사실 구약에 대한 오해에 근거한 주장입니다. 하나님은 아브라함을 믿음의 조상으로 부르실 때도 아브라함과 그의 후손들만 복 주시려고 하신 것이 아닙니다. 아브라함과 그 후손을 통해서 세계 만민이 복 받기를 기대하셨습니다. 이스라엘은 선민으로 부름 받았지만 만민을 위한 선민으로 부름 받은 것입니다. 그런데 이것을 망각하고 배타적 선민사상에 빠지게 된 것은 이스라엘의 잘못이지 하나님의 궁극적인 계획이 아니었습니다. 그런데 마르키온은 구약의 하나님에 대한 오해에 근거하여 유대인들만을 편드는 하나님을 거부한 것입니다. 그러면서 가장 이방인 친화적인 복음서인 누가복음과 초대 교회 사도 가운데 가장 이방인 친화적인 사도인 바울의 서신만을 성경이라고 주장했습니다. 이러한 마르키온의 선제공격에 교회가 맞대응하면서 우리가 받아들여야 될 하나님의 말씀은 구약 39권과 신약 27권의 총 66권이라고 확정하게 된 것입니다. 만약 마르키온의 선제공격이 없었다면 초대 교회는 구약만을 하나님의 말씀으로 인정했을 수도 있습니다. 그러나 마르키온의 공격으로 인해 초대 교회는 진정한 하나님의 말씀이 무엇인지를 고민하게 되었고 그 결과 오랜 세월 하나님의 백성들이 믿어왔던 구약의 39권과 예수 그리스도가 이 땅에 오심으로 말미암아 새롭게 알게 된 하나님의 계시의 말씀인 신약 27권의 총 66권의 말씀을 하나님의 말씀으로 인정하게 된 것입니다.

사복음서 가운데 분량이 제일 긴 것은 누가복음입니다. 장으로는 마태복음이 가장 깁니다. 마태복음은 28장이고 누가복음은 24장입니다. 그런데 분량은 누가복음이 더 깁니다. 누가복음과 사도행전은 동일 저자에 의해 기록된 연결된 하나의 문서입니다. 누가복음과 사도행전은 데오빌로라는 동일 수신자에게 보낸 글입니다. 사도행전 1장 1절에 보면 '먼저 쓴 글'이라는 표현이 나옵니다. 여기서 먼저 쓴 글은 누가복음을 가리킵니다. 발신자와 수신자가 동일하고 누가복음과 사도행전은 내용적으로 연결되어 있습니다. 그래서 신학자들은 누가복음과 사도행전을 하나로 합쳐 누가행전이라 부릅니다. 역대기가 한권이지만 분량이 많아서 역대상과 역대하로 나뉜 것처럼 누가복음과 사도행전도 처음에는 한 권이었는데 분량이 너무 많아서 누가복음과 사도행전으로 구분되었다고 보는 것입니다. 앞부분인 누가복음은 예수님의 탄생과 그의 사역, 죽음과 부활 그리고 승천까지를 기록하고 있고, 뒷부분인 사도행전은 예수님의 승천 이후부터 바울이 로마에 입성할 때까지 예수 제자들이 땅 끝까지 복음을 전하는 이야기가 기록되어 있습니다.

초대 교회의 가장 중요한 문제 가운데 하나가 재림의 지연이었습니다. 초대 교회는 문자 그대로 예수님이 곧 오실 거라고 믿었습니다. 예수님이 말씀하신 '곧'이라는 시간 이해와 우리가 가진 시간 이해가 다르다는 사실을 몰랐던 것입니다. 이후에 베드로는 '주님께는 하루가 천 년 같다'고 말했습니다. 예수님의 재림 약속이 지연되는 상황 속에서 종말이 임하기 전에 그의 백성들이 이 땅에서 감당해야 할 책임이 무엇일까에 대해서 교회는 고민하게 됩니다. 이때 복음을 모르는 사람들에게 복음을 널리 전하는 것이 예수 재림을 기다리는 신앙인의 자세임을 강조하는 것이 누가행전입니다.

이방 지역에 복음이 전파될 때 로마에 의해 십자가 처형을 당한 예수님을 구원자와 주님으로 소개하는 것이 제일 큰 난제였습니다. 복음의 수신자들은 대부분 로마 제국의 지배 가운데 있던 사람들이었습니다. 이들에게 예수님에 대해 증거하게 되면 대부분 기쁘게 받아들입니다. 그런데 예수님께서 십자가에 달려 죽으셨다고 하면 얼굴빛이 어두워집니다. 십자가는 오늘날 우리에게는 구원의 상징이지만 당시에는 반국가 사범들을 처형했던 사형틀입니다. 예수님을 구원자로 고백하는 순간 그 사람도 로마 제국으로부터 불순분자로 낙인찍힐 가능성이 아주 높아집니다. 이것이 가장 큰 난제였습니다. 그래서 누가복음을 보면 예수님께서 십자가에 달려 죽기는 하지만 로마 권력을 대표하는 빌라도는 계속해서 예수에게 죄가 없다고 말합니다. 예수를 죽이려고 하지 않았습니다(23:4, 13~14, 22). 예수님에 대한 정치적 무죄는 그리스도교에 대한 정치적 무죄를 뜻하는 것입니다. 사도행전에도 로마 당국자들이 바울의 정치적 무죄를 인정하고 있음을 계속 강조합니다(23:29, 25:25, 26:31). 사도행전에는 로마 권력을 대표하는 총독이 등장합니다. 이들은 계속해서 바울에 대하여 죄가 없다고 말합니다. "로마 황제에게 탄원하지 않았으면 내가 석방시켜 줄 텐데"라고 말합니다. 로마의 천부장도 바울을 보호해 줍니다. 이처럼 누가복음과 사도행전을 보시게 되면 로마 권력을 대표하는 사람들은 끊임없이 예수와 그의 제자들에 대해서 죄가 없다고 말하고 있습니다. 누가행전에서는 로마가 그리스도교를 박해하지도 않고 로마가 그리스도교를 위험하게 생각하지도 않습니다. 예수와 초대 교회 공동체를 죽이고자 하는 자들은 유대교였습니다. 누가행전에서 로마라는 정치 권력과 초대 교회 사이에는 우호적인 관계가 형성되어 있습니다.

누가복음의 저자인 누가는 바울의 동역자였습니다. 안디옥 수리아 출신으로 직업은 의사였으며, 사도들의 제자였고, 바울의 추종자였고 아내와 자녀가 없이 예수님을 열심히 섬기다가 84세에 보에티아에서 성령 충만한 가운데 죽었다고 전해집니다. 누가라는 이름은 바울 서신에도 계속 등장합니다(골 4:14; 몬 1:24; 딤후 4:11). 사도행전 16장 8절 이하를 보면 바울이 유럽 선교를 결심하게 된 것이 드로아에서 환상을 보고 난 이후였습니다. 10절에 '우리가'라는 표현이 나옵니다. 이것을 '우리 단락'이라고 말합니다. 여기서 우리라는 말은 사도행전을 쓰는 저자와 바울을 말하는 것입니다. 복수 1인칭인 '우리가'라고 쓰는 것을 통해서 지금 이 내용을 쓰고 있는 저자도 바울과 함께하고 있음을 알 수 있습니다. 이때부터 누가가 바울의 선교 사역에 동역했다고 봅니다. 누가가 바울의 선교 사역을 자세하게 기록할 수 있었던 이유는 그가 바울의 긴밀한 동역자였기 때문입니다. 누가가 드로아에서부터 바울의 사역에 합류하여 바울의 마지막 3차 전도여행까지 동행했던 인물이라고 할 때 그는 바울이 순교할 때까지 신실한 동역자였다고 볼 수 있습니다.

누가복음의 특징은 첫째로 죄인들의 복음입니다. 여기 죄인이라는 말 속에는 소자라는 의미도 있고 공동체에서 버림받은 사람일 수도 있습니다. 누가복음은 당시에 죄인으로 낙인찍혀서 공동체 바깥으로 내어 쫓긴 사람들을 다시 공동체 안으로 회복시키는 것에 관심이 많습니다. 특별히 누가복음 15장에 이 내용이 집중적으로 기록되어 있습니다. 즉 잃은 양 이야기, 잃은 드라크마 이야기, 잃은 아들이 돌아온 이야기가 그것입니다. 15장에서 세 비유는 모두 잃은 것에 대한 관심과 잃은 것을 찾아야 한다는 사실을 강조합니다. 여기서 잃은 자는 죄인을 가리킵니다. 마태와 마가는 예수님이 두 강도와 함께 십자가에 처형되었다고 기록합니다. 여기서 강도라는 말은 요세푸스의 글에서 열심당원을 가리키는 뜻으로 사용됩니다. 누가는 두 행악자와 함께 십자가에 달려 죽었다고 기록합니다(눅 23:32~33). 여기서 행악자는 사회적으로 경멸의 대상이 되는 죄인을 가리킵니다. 하나님은 어떤 분이십니까? 공동체에서 내어 쫓긴 죄인들을 재활 복구시켜서 다시 공동체 안으로 회복시키기를 원하시는 분입니다.

둘째로 여인들에 대한 지극한 관심을 보이고 있습니다. 누가복음의 별명이 여인들의 복음입니다. 누가복음은 남성 이야기를 한번 언급한 후에는 여성에 대한 이야기를 기록합니다. 예를 들어 사가랴의 이야기 다음에 마리아의 이야기가 나오고 시몬 이야기 다음에 안나 이야기가 나옵니다. 남성 이야기와 여성 이야기를 병렬하고 있는 것인데 이것은 당시의 남성 중심의 사회라는 맥락에서 매우 파격적인 것입니다. 여성도 하나님의 도구가 될 수 있고 여성도 은혜의 매개자가 될 수 있음을 강조합니다. 누가는 남성과 여성이 하나님 앞에서 동등한 존재임을 드러내고자 합니다. '여인'을 뜻하는 '귀네'라는 단어가 마태복음에는 8번, 마가복음에는 14번, 누가복음에는 24번 등장합니다. 누가복음에는 다른 복음서에서 등장하지 않는 수많은 여인들이 등장합니다. 엘리사벳(1:57), 안나(2:36), 사렙다의 과부(4:26), 나인성의 과부(7:11~17), 헤롯의 청지기 구사의 아내 요안나와 수산나 그리고 갈릴리 여인들(8:1~3), 마르다와 마리아(10:38~42), 18년간 꼬부라진 채로 지낸 여인(13:10~17), 한 드라크마를 잃어버린 여인(15:8~9), 맷돌을 가는 두 여인(17:35), 불의한 재판관에게 호소한 과부(18:2~5) 등입니다. 당시 유대인들의 기도문을 보면 여자가 아닌 남자로 태어난 것을 감사하는 내용이 나옵니다. 마태가 예수 탄생의 맥락에서 요셉의 역할을 부각시키는 것에 반해 누가는 마리아를 중요한 인물로 강조합니다. 마르다와 마리아 이야기에서는 당시 여성들에게 허용되지 않았던 율법 공부의 장으로 여인들을 초대하기도 합니다.

셋째로 사마리아인에 대한 호의적인 관심을 지속적으로 드러내고 있습니다. 신약성경에서 사마리아 사람들에게 가장 많은 관심을 보이고 있는 본문이 누가복음입니다. 당시 유대인들에게 사마리아는 이방 땅이었습니다. 사마리아에 대한 호의적 관심을 지속적으로 나타낸다는 말은 이방인들에 대한 지극한 관심을 드러낸다는 말입니다. 그래서 누가복음의 세 번째 별명은 이방인을 위한 복음입니다. 누가복음 안에서 사마리아인들을 호의적으로 보여주는 본문이 세 번 등장합니다. 누가복음 9:51~56(사마리아인들에 대한 적대적 감정을 책망하심), 10:25~37(선한 사마리아인의 이야기), 17:11~19(치료받은 후 감사를 표시한 사마리아인)입니다. 유대인들과 사마리아인 간의 해묵은 감정적 대립이 심각했던 때 누가는 이 문제 해결에 관심을 가진 것으로 볼 수 있습니다. 이와 마찬가지로 현대 교회들도 세상의 막힌 담을 허물기 위해 노력해야 합니다(엡 2:14).

넷째로 가난한 자들의 복음으로 불렸습니다. 가난한 자들은 사회의 중심부가 아닌 주변부에 있는 사람들입니다. 한국 교회사에서 성경을 한글로 번역할 때 제일 먼저 번역한 본문이 누가복음입니다. 오랜 세월 동안 한국 교인들에게 사랑받았던 본문도 누가복음입니다. 그런데 1980년 이후에 누가복음은 더 이상 사랑받지 못하고 있습니다. 현재 네 개의 복음서 가운데 가장 사랑받는 복음서는 요한복음입니다. 이것이 1980년대부터 바뀐 것입니다. 한국 교회 초창기에는 대부분의 신자들이 천민들과 여인들과 어린아이들이었습니다. 이 땅에 처음 복음이 선포될 때 양반들과 천민들 가운데 누가 이 복음을 기쁜 소식으로 받아들였겠습니까? 조선 사회는 성리학이라는 이데올로기에 기초하여 양반과 천민, 남자와 여자를 질적으로 다른 존재로 규정했습니다. 그런데 그리스도교 복음은 남자나 여자나 양반이나 천민이 하나님 앞에서 평등하다고 주장했습니다. 이 복음을 누가 더 감격스럽게 받아들였겠습니까? 조선 사회에서 인간 취급받지 못했던 여인들과 천민들이 그리스도교 복음에 더욱 마음 문이 열렸습니다. 가난하고 소외되고 약자였던 그들에게 가난한 자들의 복음인 누가복음은 큰 위로를 주었습니다. 그런데 1980년대를 기점으로 한국 교회 구성원들이 바뀌었습니다.

오늘날 행정 구역상 도 단위로 교인들이 제일 많은 지역이 전라도입니다. 약 20~30% 정도 됩니다. 제일 적은 지역이 경상북도입니다. 약 5~8% 정도 됩니다. 대구 경북 지역은 불교 문화가 강하고 유교 문화가 강하기 때문에 복음에 대해 아주 배타적입니다. 도 단위가 아닌 지역 단위로 볼 때 교인들이 제일 많은 곳이 어디일까요? 서울 강남 지역입니다. 교인들의 비율이 약 30~40% 정도 된다고 합니다. 여기서 알 수 있는 것처럼 그리스도교는 한국 사회에서 이미 중산층의 종교가 되었습니다. 이런 상황에서 누가복음을 문자 그대로 설교하는 것은 쉽지 않은 일입니다. 누가복음은 '가난한 자는 복이 있다'고 말합니다. 부자들은 구원받기 어려운 것처럼 말합니다. 누가복음의 내용을 원색적으로 설교하면 부유한 교인들의 심기가 얼마나 불편하겠습니까? 아마도 상처를 입고 교회를 떠날 것입니다. 부자 교인들이 교회를 떠나게 되면 교회 재정은 줄어들 것이고 재정이 줄어들게 되면 목회자의 생계에도 큰 위협이 됩니다. 이것을 다 알고 있는데 어떻게 목회자들이 가난한 자들의 복음인 누가복음을 설교할 수 있겠습니까?

누가는 소유와 재물 문제에 대해서도 지극한 관심을 보였습니다. 일반적으로 누가복음은 가난한 자들에 대한 우선적 선택이나 관심을 가진 복음서로 이해할 수 있습니다. 주요 내용으로는 다음과 같은 본문이 있습니다. 누가복음 4:16~21 (주의 은혜의 해), 12:13~21 (어리석은 부자 비유 - 재물은 소유와 축적을 위한 것이 아니라 분배와 나눔을 위한 것임을 선포하면서 재물의 사회 환원을 강조하는 사회경제적인 교훈), 16:1~13 (불의한 청지기 비유 - 주인이 청지기를 칭찬한 이유는 위기에 대처하는 그의 슬기롭고 민첩한 행동 때문), 16:19~31 (부자와 거지 나사로 비유 - 부자는 율법에서 요구하는 체데크를 행하지 않음), 19:1~10 (세리장 삭개오 - 삭개오는 율법의 요구 이상으로 재산을 사회에 환원하기로 결단함). 누가복음에서 부유한 사람이라는 용어는 단순히 경제적 측면만을 언급하는 것이 아닙니다. 권력, 힘, 신분, 사회적 특권과 같은 정치경제적, 사회문화적 위상을 나타내는 개념입니다. 부유한 사람들은 권력과 특권을 통해서 더 많은 부와 재산을 축적하고 쌓아두려고 합니다. 그들은 자신들이 가진 재산의 소유권이 하나님께 있음을 인식하지 못하고 가난한 자들을 돕는 일에 적절하게 사용하지 못합니다. 가난한 자의 삶에 대해 무관심한 탐욕스러운 자로 묘사되고 있습니다. 부유한 사람들의 가장 심각한 문제는 자신들이 가진 부유함을 과도하게 집착한다는 것입니다. 사람이 선한 삶을 위한 도구로 재물을 지배하지 못하게 되면 결국 재물에 지배를 받게 됨을 알 수 있습니다. 누가복음의 일차 독자가 데오빌로 각하임을 고려할 때 이는 부유한 자들에게 사회경제적 책임을 강조하는 맥락으로 이해할 수 있습니다. 누가복음 안에서 가난한 사람들과 부유한 사람들의 신분의 역전이 자주 일어납니다. 전통적인 의인과 악인의 대립 구도가 누가복음에는 부자와 가난한 자의 대립 구도로 나타나는 것입니다.

　누가복음이 말하는 물질관의 핵심은 우리에게 주어진 모든 물질의 주인은 하나님이시라는 것입니다. 그렇다면 물질을 어떻게 사용해야 할까요? 물질의 주인이신 하나님이 원하시는 바대로 물질을 사용해야 합니다. 하나님은 우리가 물질을 어떻게 사용하기를 원하실까요? 우리에게 허락한 물질을 통하여 가난하고 연약한 자들을 돕기를 원하십니다. 누가복음 16장에 보면 부자와 나사로 이야기가 나옵니다. 부자가 구원받지 못하는 이유는 하나님을 믿지 않았기 때문이 아닙니다. 부자는 하나님을 잘 알고 있는 존재이고 아브라함도 잘 알고 있는 사람입니다. 그런데 구원받지 못합니다. 이유가 무엇입니까? 가난한 나사로에게 사랑을 베풀지 않았기 때문입니다. 누가복음은 구원받고 받지 못하는 이유를 물질을 어떻게 사용했는가로 판단합니다. 오늘날 한국 교회는 구원받고 구원받지 못하는 기준을 예수 님을 믿었느냐로 판단합니다. 예수님을 믿었다는 것은 무엇을 가지고 판단합니까? 세례나 교회 출석 여부를 가지고 판단합니다. 그런데 누가복음은 재물을 어떻게 사용했느냐를 하나의 기준으로 제시합니다. 마태복음은 소자 중 한 사람에게 어떻게 대했느냐를 중요한 기준으로 제시합니다. 에스겔에서는 파수꾼의 사명을 제대로 감당했느냐를 가지고 판단합니다(3장, 33장). 이상을 종합해보면 하나님을 제대로 믿는 사람은 소자에게 함부로 하지 않습니다. 하나님이 허락하신 물질을 하나님이 원하시는 바대로 잘 사용하는 자들이 진정 하나님을 제대로 믿는 사람입니다.

마지막으로 누가복음은 기도에 대한 지극한 관심을 드러냅니다. 누가복음에서 예수님께서는 중요한 일을 하시기 전에 항상 기도하셨다는 표현이 나옵니다. 예수님께서 수세 시 성령을 받게 되었을 때(3:21~22), 예수님께서 한적한 곳에 머물렀던 이유는 기도하기 위함(5:16), 열 두 제자를 선택하기 전에도 철야기도를 하심(6:12~16), 기도하는 예수님을 보고 제자들이 자신들에게도 기도하는 법을 가르쳐달라고 하자 주기도문을 가르쳐주심(11:1~4) 등의 본문입니다. 기도는 기도자로 하여금 자기중심성을 초월하여 하나님의 뜻에 순종하는 존재로 나아가게 합니다. 그 대표적인 것이 겟세마네 기도입니다.

복음서를 읽으면서 우리는 그때 거기에서 일어난 하나님의 사건과 말씀이 오늘 우리 시대에 어떻게 적용될 수 있는지를 물어야 합니다. 그때 거기의 사건이 오늘 여기에서 어떤 의미를 가지는 것인지를 물으면서 성경을 읽어야 합니다. 당시 이스라엘은 종교 권력과 정치 권력이 구분되지 않았습니다. 당시 모든 종교법은 사회를 규제하고 통제하는 헌법과 같은 것입니다. 모든 종교 정파는 정치 정당과 같습니다. 예를 들면 당시에 안식일법이라고 하는 것은 종교법임과 동시에 사회법입니다. 안식일법을 지키지 않으면 처벌을 받습니다. 이스라엘은 정치와 종교가 일원화된 공동체입니다. 바리새파나 사두개파는 그 자체가 하나의 정당입니다. 우리나라 국회에 해당되는 산헤드린의 회원은 사두개파가 3분의 1, 바리새파가 3분의 1, 율법학자들이 3분의 1을 차지했습니다. 산헤드린의 의장이 대제사장입니다. 대제사장을 의장으로 총 71명의 회원으로 구성된 의결기관이 산헤드린입니다. 그런 의미에서 복음서를 읽으면서 다음과 같은 질문들을 끊임없이 묻고 또 물어야 합니다. 오늘 이 시대에 신자들을 통제하고 억압하고 있는 율법에는 무엇이 있는가, 하나님과 더욱 가까이 하기 위함이라는 취지에서 출발하였으나 결국은 사람들을 종교의 노예로 만들고 진리의 자유함으로부터 더욱 멀어지게 만드는 것들에는 무엇이 있는가, 우리가 허물어야 될 이 시대에 막힌 담은 무엇인가(엡 2:14), 이 시대에 강도 만나 쓰러진 자는 누구인가, 예수는 어떤 삶을 사셨기에 죽임을 당하셨으며 그를 죽이고자 했던 자들은 누구이고 그를 환영한 자들은 누구인가 등 이러한 질문을 던지면서 복음서를 묵상해야 합니다.

똑같은 하나님의 말씀이지만 구약과 신약에는 거룩에 대한 중요한 차이가 있습니다. 구약이 말하는 거룩은 단절과 분리를 강조합니다. 부정한 모든 것들과의 단절과 분리를 촉구합니다. 그런데 신약이 말하는 거룩은 어두운 세상에 들어가서 그 세상을 비추는 것입니다. 구약이 좀 더 수동적이고 소극적인 거룩이라면 신약은 더 적극적이고 능동적인 거룩의 삶을 촉구합니다. 십계명에 대한 실천도 좀 더 적극적이고 능동적인 맥락에서 고민하는 것이 필요합니다. 6계명은 '살인하지 말라' 입니다. 이 명령을 다른 말로 바꾸면 '생명을 살리라' 는 것입니다. 9계명은 '거짓 증언하지 말라' 는 것입니다. 이 말은 '진실을 말하라' 는 것으로 이해할 수 있습니다. 부정적으로 되어 있는 것을 뒤집으면 긍정적인 명령이 됩니다. 부정적인 형태로 기술된 명령은 사람을 만나지만 않아도 대부분 지킬 수 있습니다. 그러나 그것은 하나님이 기대하신 모습은 아닙니다. 하나님은 우리가 적극적으로 생명도 살리고 진실도 알리는 삶을 살아가기를 기대하십니다. 그렇다면 왜 구약 처음부터 그런 말씀을 주시지 않으셨을까요? 그때는 이스라엘이 이제 막 신앙의 걸음을 내딛게 된 상태였기 때문입니다. 영적 어린 아이 단계였기에 이스라엘에게는 부정적인 것들과의 단절을 통해 자신을 지키는 일이 너무나 중요했습니다. 그러나 신약 시대로 넘어오면서 하나님께서는 백성들의 수준에 맞추어서 조금씩 조금씩 당신이 바라시는 것이 무엇인지를 보다 선명하게 드러내 주셨습니다. 이것을 계시의 발전이라고 합니다. 그런 의미에서 신약 시대를 살고 있는 우리가 구약의 말씀을 문자 그대로 지킨다고 우쭐거리면 안 됩니다. 그리스도교 신앙이 말하는 죄에는 크게 두 가지가 있습니다. 즉 하나님이 하지 말라고 명하신 것을 행하는 것도 죄이고 하라고 명하신 것을 하지 않는 것도 죄입니다. 우리가 전자에 대해서는 민감한 편입니다. 그러나 하나님이 행하라고 명하신 것을 하지 않는 것을 죄라고는 잘 인식하지 못합니다. 이것도 동일하게 죄임을 기억해야 합니다. 생명을 살릴 수 있는 기회가 있음에도 불구하고 생명을 살리지 않았다면 그것이 죄입니다. 하나님이 원하시는 바를 행하지 않았기 때문입니다.

누가복음과 사도행전

누가복음과 사도행전에 대해 살펴보겠습니다. 누가복음은 여러 별명을 가지고 있습니다. 이방인의 복음, 여인들의 복음, 가난한 자들의 복음, 기도 복음, 성령 복음 등이 누가복음의 별명입니다. 한국 교회 역사를 보면 66권의 성경 본문 가운데 가장 먼서 번역된 본문이 누가복음입니다. 이 땅에 복음이 전파되었을 때 어떤 사람들이 복음을 진짜 기쁜 소식으로 받아들였을까요? 조선 사회에서 인간 취급 받지 못하고 있던 여인들과 어린아이들과 천민들입니다. 그래서 여인들의 복음이자 가난한 자들의 복음이었던 누가복음이 가장 먼저 한글로 번역되었습니다. 누가복음이 기록될 당시 유대인들에게 있어서 이방인들과 여인들은 주변부로 밀려난 존재들을 가리킵니다. 가난한 자들은 모든 시대 속에서 무시를 당하는 사람들입니다. 한마디로 밑바닥 인생이라고 할 수 있습니다. 주변부로 밀려난 존재들과 밑바닥 인생들을 존엄하다고 인정하는 것이 누가복음입니다. 누가복음 안에서 이방인의 대표가 사마리아 사람입니다. 이스라엘은 지리적으로 삼등분으로 구분이 가능합니다. 제일 아래가 유대이고, 중간이 사마리아, 제일 위쪽이 갈릴리 지방입니다. 갈릴리라는 이름을 듣게 되면 갈릴리 바다를 연상하기 쉬운데 사실 갈릴리는 행정 구역상의 이름입니다. 오늘날 대한민국의 충청도나 경기도 같은 도 단위로 이해하시면 됩니다. 그 갈릴리 땅에 있는 큰 호수라고 해서 갈릴리 바다라고 부르는 것입니다. 갈릴리는 행정 구역상의 이름입니다. 이스라엘은 세 개의 행정 구역으로 구성되어 있습니다. 남쪽은 유대, 중앙은 사마리아, 북쪽은 갈릴리입니다.

남쪽에 있는 유대인들은 자신들을 정통 이스라엘이라고 생각했습니다. 유대인은 1등 국민, 북쪽에 있는 갈릴리 사람들은 2등 국민, 중부 지방에 사는 사마리아 사람들은 3등 국민으로 취급했습니다. 왜 사마리아 사람들과 갈릴리 사람들을 똑같이 취급하지 않고 갈릴리는 2등 국민이고 사마리아는 3등 국민으로 취급했을까요? 하스몬 왕조 때 오랜 세월 동안 이방인에게 짓밟혔던 갈릴리를 탈환하게 됩니다. 그전까지 갈릴리는 500년 이상 이방 사람들에게 짓밟혔던 땅이었습니다. 그래서 갈릴리를 흑암의 땅, 이방인에게 짓밟힌 부정한 땅으로 이해했습니다. 그런데 하스몬 왕조 때 그 갈릴리를 탈환하게 됩니다. 그리고 정통 유대인들이 이방인들에게 수백 년 동안 짓밟혔던 갈릴리를 다시 거룩한 하나님의 땅으로 변화시켜 내기 위해서 남쪽 지방을 떠나 북쪽 갈릴리로 대거 이주하게 됩니다. 이때 유다 지파였던 예수님의 조상들도 이주했다고 봅니다. 예수님의 아버지인 요셉은 유다 지파였습니다. 유다 지파는 남쪽에 거주했습니다. 그런데 어떻게 예수님의 부모인 요셉과 마리아가 갈릴리 나사렛에 와서 살게 되었을까요? 하스몬 왕조 때 회복한 갈릴리 땅을 다시 거룩한 땅으로 만들기 위해서 많은 유대인들이 갈릴리로 이주했는데 요셉의 조상들도 그때 갈릴리로 이주했다고 봅니다. 새롭게 회복한 갈릴리에서 하나님의 말씀에 철저하게 순종하는 신앙의 삶을 살아내고자 한 것입니다. 그래서 정통 유대인들이 볼 때 이방인과 같은 사마리아 사람들과 조금은 회복된 갈릴리는 완전히 다르게 인식되어진 것입니다. 정통 유대인들이 볼 때 사마리아는 완전히 이방인의 땅이었습니다. 유대인들이 볼 때 사마리아 사람들은 도저히 상종할 수 없는 이방인과 같은 존재였습니다. 그런데 누가복음에는 사마리아 사람들에 대한 우호적인 내용들이 많이 등장합니다. 선한 사마리아인의 이야기도 나오고 예수님께 치유 받은 열 명의 나병환자 중에 유일하게 사마리아 출신의 나병환자만 예수님께 와서 감사를 표하는 이야기도 나옵니다. 이방인으로 취급받던 사마리아 사람도 하나님의 뜻에 순종하고 감사할 줄 아는 존재임을 누가복음은 강조하고 있는 것입니다. 누가복음을 이방인의 복음이라고 하는데 여기에서 이방인을 가나안 땅 바깥에 사는 이방인으로만 생각하시면 안 됩니다. 예수님 당시 이방인 취급을 받았던 대표적인 사람이 사마리아 사람들입니다. 누가복음에 나오는 사마리아 사람들에 대한 긍정적인 기록은 이방인에 대한 긍정적인 기록으로 이해하셔야 합니다.

초대 교회는 임박한 재림 신앙을 가지고 있었습니다. 그런데 재림의 지연으로 인해 신앙이 흔들리는 사람들이 많이 생겼습니다. 그러다가 이후에 하나님의 시간과 인간의 시간이 질적으로 다를 수 있음을 깨닫게 되었습니다. 베드로는 베드로후서 3장 8절에 "주께는 하루가 천년 같다"고 했습니다. 예수님께서 금방이라도 오실 것처럼 말씀하셔서 초대 교회는 임박한 재림 신앙을 가지고 있었는데 재림이 지연됨으로 인해 초대 교회 안에 실족하는 자들이 많이 생겼습니다. 이때 재림 신앙도 살리면서 지상의 교회가 수행해야 할 사명을 각성시키는 신학이 출현하게 되는데 그것이 누가복음과 사도행전의 세계 선교 신학입니다. 세계 선교 신학은 재림이 지연되는 이유를 설명함으로써 하나님께서는 한 생명이라도 더 당신의 백성 삼고 싶어 하신다는 것을 강조하며 교회가 복음을 전하는 일에 열심을 다해야 할 것을 촉구합니다.

누가복음과 사도행전을 누가행전이라고 합니다. 누가복음과 사도행전은 연결되어 있는 책입니다. 사도행전은 신약에서 유일한 역사서로 성령 받은 사도들의 선교 여행기입니다. 사도행전은 1장 8절의 말씀이 가장 중요합니다. 성령이 임하시게 되면 처음에는 예루살렘 그다음에는 온 유대와 사마리아 그리고 최종적으로 땅 끝까지 이르러 복음의 증인이 된다는 것입니다. 사도행전의 이야기 전개 순서가 정확하게 1장 8절과 일치합니다. 사도행전을 보면 처음에는 성령이 예루살렘에 임했고 성령 받은 사도들에 의하여 온 유대와 사마리아로 성령의 역사가 확장되다가 마지막에는 땅 끝인 로마까지 하나님의 복음이 전파되는 이야기로 구성되어 있습니다. 이처럼 사도행전은 1장 8절 말씀이 어떻게 성취되고 있는지를 잘 보여줍니다.

오늘날 한국 교회를 어지럽히는 이단 가운데 하나가 신비주의를 강조하는 성령주의자들입니다. 우리들이 왜곡된 성령 운동에 현혹되지 않기 위해서는 성경을 통해서 성부 하나님과 성자 하나님께서 우리에게 성령 하나님을 보내어 주시는 목적이 무엇인가를 정확하게 알고 있어야 합니다. 성령을 보내주시는 목적에 대해 우리에게 알려주는 성경 구절이 있습니다. 성령을 헬라어로 '파라클레토스'라고 합니다. 파라클레토스라는 말은 문자적으로는 '옆에서 대신 말씀해 주신다'는 뜻입니다. 다시 말해 변호사와 같은 존재입니다. 나를 대신하여 나를 위해서 옆에서 대신 말해주는 것입니다. 이 의미를 조금 확장시켜서 우리는 성령을 우리 옆에서 우리를 도우시는 분으로 설명합니다. 쉽게 말해서 성령 하나님은 이 땅에 있는 당신의 백성들을 도우시는 하나님이십니다. 그렇다면 성령 하나님은 이 땅에 있는 당신의 백성들을 어떻게 도우실까요? 첫째로 우리들이 진짜 하나님의 백성이라면 하나님의 뜻을 알고자 하는 간절함이 있을 수밖에 없습니다. 이때 성령께서는 그의 백성들이 하나님의 뜻을 깨달아 알수 있도록 도와주십니다. 이것을 잘 보여주는 말씀이 요한복음 14장 26절입니다.

보혜사 곧 아버지께서 내 이름으로 보내실 성령 그가 너희에게 모든 것을 가르치고 내가 너희에게 말한 모든 것을 생각나게 하리라.

둘째로 하나님의 뜻을 알게 된 하나님의 백성들은 하나님의 뜻대로 살고자 하는 열망을 품게 됩니다. 그런데 우리가 순종하고자 하면 자신이 얼마나 연약한 존재인지, 결단과 실천 사이에 얼마나 큰 괴리가 있는 한계 많은 존재인지를 깨닫게 됩니다. 이때 우리의 순종을 도와주시는 분이 성령 하나님이십니다. 이것을 잘 보여주는 말씀이 에스겔 36장 26~27절과 로마서 8장 4절입니다. 우리는 성령의 도우심을 의지하여 말씀에 순종할 수 있게 됩니다.

또 새 영을 너희 속에 두고 새 마음을 너희에게 주되 너희 육신에서 굳은 마음을 제거하고 부드러운 마음을 줄 것이며 또 내 영을 너희 속에 두어 너희로 내 율례를 행하게 하리니 너희가 내 규례를 지켜 행할지라.

육신을 따르지 않고 그 영을 따라 행하는 우리에게 율법의 요구가 이루어지게 하려 하심이니라.

성령 하나님께서는 이 땅에 있는 하나님의 백성들을 도우시는 분이십니다. 무엇을 도와주십니까? 첫째는 말씀을 기억하고 말씀을 깨닫도록 도와주십니다. 둘째는 깨달은 말씀대로 살아갈 수 있도록 우리의 순종을 도와주십니다. 그렇다면 언제 우리가 성령의 도우심을 경험할 가능성이 높겠습니까? 성령은 하나님의 백성으로 하여금 말씀을 깨닫도록 도우시고 순종을 도우시는 하나님이시니까 우리가 언제 성령의 도우심을 경험할 가능성이 높겠습니까? 우리가 하나님의 말씀을 알고자 할 때 말씀을 깨닫도록 도우시는 성령의 도우심을 경험할 가능성이 높습니다. 또한 성령은 우리의 순종을 도우시기에 우리가 하나님께 순종하고자 할 때 우리의 순종을 도우시는 성령의 도우심을 경험할 가능성이 높아집니다. 따라서 진정 성령 충만한 사람은 말씀 충만하고 순종 충만한 사람입니다. 절대로 감정 충만을 성령 충만으로 생각하시면 안 됩니다. 성령 충만한 현장이라고 하는 동영상을 보면 그 자리에 모인 사람들이 방언을 하고 큰소리를 지르고 기도하고 춤을 추는 모습들이 대부분입니다. 그러나 성령 충만은 자기감정에 도취된 모습이 아니라 하나님의 말씀으로 충만한 것이고 순종 충만한 삶입니다. 사도행전 2장을 보면 오순절 성령 강림으로 인해 극단적 사랑 실천가들의 모임인 초대 교회가 탄생하게 되었습니다. 성령이 우리 안에 임재하게 되면 내 안에 있는 이기심과 욕망을 십자가에 못 박게 됩니다. 성령이 우리 가운데 역사하면 도저히 하나 될 수 없던 유대인과 이방인, 남자와 여자, 주인과 종이라는 담장이 허물어지게 됩니다. 성령이 역사하면 우리 안에 있는 세속적인 가치와 욕망이 무너지게 됩니다. 이것이 성령이 역사하는 증거입니다. 한국 교회는 여전히 성령의 임재와 충만을 개인적인 현상으로 이해하는 경향이 많습니다. 개인적으로 방언을 한다든가 입신을 하는 것을 성령 충만의 현상으로 이해하는 것입니다. 그러나 진정한 성령의 역사는 개인적인 것으로 국한되지 않습니다. 진정한 성령의 역사는 관계 회복으로 발전될 수밖에 없습니다. 다시 말해 공동체적인 사건이 되는 것입니다.

1907년 평양 대부흥 운동이 의미가 있었던 이유가 바로 여기에 있습니다. 교인들이 단순히 장대현 교회라는 한정된 공간에서 뜨겁게 기도하는 것으로 끝난 것이 아닙니다. 뜨겁게 기도했던 사람들이 자신들의 집으로 돌아가서 아내와 자녀들에게 용서를 구했고 친구들에게 용서를 구했고 이웃들에게 용서를 구했습니다. 그래서 단절되었던 관계가 회복되는 것으로 이어진 것입니다. 이것이 진정한 성령 충만의 모습입니다. 사도행전 2장에서 초대 교회의 변화된 모습을 통해서 예수님을 믿는다는 것이 무엇인지, 성령의 역사가 무엇인지에 대한 구체성을 초대 교회가 확보하게 되었습니다. 이런 구체성의 확보가 중요합니다. 우리가 복음을 기쁜 소식이라고 하는데 이것이 왜 기쁜 소식인지를 온전히 보여주어야 합니다. 그래야 사람들은 복음의 선포를 신뢰하게 됩니다. 주장만 있고 그 주장의 실체를 보여주지 못한다면 누가 그 주장을 신뢰할 수 있겠습니까? 초대 교회는 하나님 나라 백성들의 삶이 무엇인지를 보여주었습니다. 다시 말해 실체를 증거한 것입니다. 그래서 그들의 복음 선포에는 힘이 있었습니다. 한국 교회가 복음의 실체를 만들어내고 증거하는 일에 열심을 다해야 할 것입니다.

복음서 강의 5-2

말씀과함께 | 복음서강의

복음서 강의 **5-2**

요한복음 개론

요한복음은 현재 한국 교회가 가장 사랑하는 복음서입니다. 대부분의 신앙인들은 예수님의 공생애와 관련된 내용들을 요한복음을 중심으로 이해하고 있습니다. 예를 한번 들어볼까요? 예수님의 공생애 기간은 얼마였나요? 3년입니다. 그런데 마태, 마가, 누가복음인 공관복음을 보시면 예수님의 공생애 기간은 짧으면 몇 개월이고 길어도 1년 미만입니다. 그런데 3년으로 보는 이유가 요한복음 때문입니다. 요한복음에는 예수님께서 유월절을 지키고자 예루살렘에 올라가신 이야기가 세 번 나옵니다. 매년 유월절마다 올라가셨다고 보고 공생애 기간을 3년으로 보는 것입니다. 세 개의 복음서가 말하는 기간보다 요한복음이 말하는 기간을 더 중시하고 있습니다. 하나를 더 보면 예수님께서 오병이어 기적을 행하실 때 사용된 오병이어는 누가 가지고 있었던 것입니까? 마태, 마가, 누가복음에는 제자들이 가지고 있던 것을 예수님께 드린 것으로 나옵니다. 그런데 요한복음에만 한 어린 소년이 자신의 것을 바친 것으로 나옵니다. 여기서도 마찬가지입니다. 세 개의 복음서가 말하는 내용보다 요한복음이 말하는 내용을 정답처럼 받아들이고 있습니다.

요한복음은 매우 철학적이고 심오한 복음서입니다. 신앙의 길에 입문한 분들에게 요한복음을 읽을 것을 권유하는데 이것은 조금 성급한 권면이라고 생각합니다. 왜냐하면 요한복음을 제대로 이해하기 위해서 알아야 할 선이해가 필요하기 때문입니다. 요한복음은 구약을 잘 모르면 이해할 수 없는 말씀들이 많습니다. 그래서 매우 난해합니다. 요한복음은 독자들이 구약에 대한 이해도 깊고 헬라 사상에 대한 선이해도 가지고 있다는 전제 속에서 기술되어졌습니다. 따라서 요한복음을 제대로 이해하려면 구약과 헬라 사상에 대한 선이해가 필요합니다. 한국 교회가 초신자들에게 요한복음 읽기를 권장합니다. 이것은 매우 아이러니한 모습입니다. 요한복음은 사복음서 가운데 가장 난이도가 높은 복음서입니다. 한국 교회 목회자들은 요한복음을 좋아합니다. 요한복음 강해 설교를 하시는 분들도 많습니다. 왜 이토록 요한복음을 사랑할까요? 그 이유는 요한복음을 강조하게 되면 교회에 충성하는 신자들을 양산하기에 유리하기 때문입니다. 요한복음에는 헬라적 이원론이 그 밑바탕에 깔려있습니다. 헬라적 이원론이 무엇입니까? 영의 세계와 육의 세계, 성의 세계와 속의 세계가 있으며 이 둘은 질적으로 다른 세계임을 강조합니다. 그렇다면 무엇이 거룩한 것입니까? 교회에 와서 예배드리고 기도하고 찬양하고 전도하고 봉사하는 것이 거룩한 일입니다. 그 외의 것들은 세상일로 치부합니다. 따라서 요한복음의 이원론적인 사고 틀을 가지고 신자들을 교육하면 교회에 충성하는 신자들을 양산하기에 용이한 측면이 있습니다.

공관복음은 예수님의 인성을 강조합니다. 우리와 똑같은 인간이셨던 예수 그리스도가 어떻게 하나님의 아들로 고백되어졌는가를 말하는 것이 공관복음입니다. 그런데 요한복음은 출발점부터가 다릅니다. 예수님은 태초부터 하나님이십니다. 하나님이신 예수 그리스도가 어떻게 우리와 똑같은 인간이 되셨는가를 말하는 것이 요한복음입니다. 이처럼 공관복음과 요한복음은 방향성이 다릅니다. 이것이 가장 중요한 차이입니다. 그리고 공관복음에서 가장 중요한 키워드가 하나님 나라입니다. 구원은 죽은 다음에 누리는 것이 아닙니다. 우리가 예수를 그리스도로 고백하는 그 순간부터 우리의 구원은 시작됩니다. 구원의 핵심은 하나님의 통치 아래 거하는 하나님 나라의 백성이 되는 것입니다. 이것은 우리의 힘과 능력으로 이루어지는 것이 아니라 하나님의 전적인 은혜로 이루어집니다. 하나님께서 선제적으로 우리를 당신의 백성 삼아주신 것입니다. 그때부터 구원받은 사람들은 하나님의 통치 안에 거하는 것입니다. 하나님의 다스림 안에 거하는 것입니다. 하나님 나라에서 '나라'는 명사도 되고 동사도 됩니다. 나라가 동사가 되면 다스린다, 통치한다는 뜻입니다. 하나님 나라가 어디에 있습니까? 하나님이 다스리시는 곳이 하나님 나라입니다. 하나님이 다스린다는 말은 하나님이 원하시는 바가 온전히 구현된다는 말입니다. 하나님 나라가 이 땅 가운데 이루어지려면 하나님께 순종하는 백성들이 필요합니다. 예를 들면 우리의 가정이 하나님 나라가 되려면 가족 구성원 모두가 하나님을 경외하고 하나님께 온전히 순종해야 합니다. 구원은 하나님의 통치 안에 거하는 하나님 나라의 백성이 되는 것인데 여전히 한국 교회에서는 천국 신앙으로 인해 구원을 이 땅에서 누리는 것이 아닌 죽은 다음에만 누리는 것으로 이해하는 경향이 강합니다. 이런 이해는 예수님이 말씀하신 하나님 나라의 본질과 너무나도 거리가 먼 이해입니다.

요한복음의 가장 중요한 키워드는 영생입니다. 많은 분들이 영생을 영원한 생명으로 이해합니다. 그러나 요한복음이 말하는 영생의 의미는 신적인 생명, 참 생명을 뜻합니다. 즉 하나님의 통치 안에 거하는 삶이 영생입니다. 요한복음에서 예수님이 공생애 활동을 하신 무대가 유대 땅입니다. 유대 땅 가운데서도 예루살렘입니다. 공관복음에는 갈릴리 사역이 주로 기록되어 있습니다. 요한복음에는 예수님께서 유월절을 지키기 위해 예루살렘으로 세 번 올라가셨습니다. 이것 때문에 우리는 예수님의 공생애 기간을 3년으로 보는 것입니다. 공관복음을 보면 예수님의 공생애 기간은 짧으면 몇 개월이고 길어도 1년 미만입니다. 공관복음에는 예수님의 주된 언어가 하나님 나라이며 주 사역의 현장은 갈릴리이며 처형되신 날짜는 유월절 니산월 15일이고 성전 정화 사건은 공생애 마지막에 이루어진 것으로 나옵니다(마 21장; 막 11장; 눅 19장). 그런데 요한복음에는 예수님의 주된 언어가 영생(문자적으로는 오는 세상의 삶, 내용적으로는 신적 생명) 또는 생명이고 주 사역의 현장은 유대 지방(예루살렘 방문도 3~4차례)입니다. 처형되신 날짜는 유월절 하루 전날이고 성전 정화 사건도 앞에 등장합니다(2장). 가장 큰 차이는 공관복음에는 예수님께서 자신을 하나님의 아들이라고 직접 언급한 적이 없는데 반해 요한복음에서는 직접 기독론적 자료가 많습니다. 예수님은 자신이 하나님의 아들로서 하나님의 구원을 이루고 하나님을 계시하는 분이심을 자주 강조하셨습니다. 이처럼 요한복음에는 직접 기독론적인 자료가 많이 나옵니다. 직접 기독론적 자료라고 하는 것은 예수님께서 공개적으로 '내가 하나님이다' 또는 '내가 하나님의 아들이다'라고 말씀하시는 것을 말합니다. 헬라어로는 '에고 에이미'라는 표현이 사용되었습니다.

요한복음에는 '에고 에이미'의 선언이 여러 곳에 나옵니다. 출애굽기 3장 14절에 '나는 나'라는 히브리어를 헬라어로 번역하면 '에고 에이미'가 됩니다. 예수님은 요한복음에서 '에고 에이미'라는 표현을 총 7번 사용하셨습니다. 7은 완전수입니다. 구약 성경을 잘 아는 사람들은 예수님이 '에고 에이미'라는 표현을 사용하면서 '나는 세상의 빛이다', '나는 생명의 떡이다'라고 하실 때 출애굽기 3장 14절을 떠올렸을 것입니다. 그 말씀을 처음 사용하신 분이 누구입니까? 모세를 지도자로 부르셨던 하나님이십니다. 그런데 지금 그 표현을 누가 사용하고 있습니까? 예수님이 사용하고 있습니다. 이를 통해 요한복음은 예수님이 모세를 출애굽의 지도자로 부르셨던 바로 그분이심을 강조하고 있습니다. 예수님께서는 '에고 에이미'의 선언을 통해 자신이 하나님의 이름을 가진 자, 하나님의 이름을 드러내는 자, 하나님의 계시자임을 밝히 보여주셨습니다. 요한복음에 나오는 '에고 에이미'의 표현은 다음과 같습니다. 나는 생명의 떡이다 (6:35, 그는 우리에게 영생을 주는 떡), 나는 세상의 빛이다(8:12, 빛이라는 말은 하나님의 진리를 이 아래 암흑 세상에 계시하여 우리가 하나님을 알 수 있도록 해주는 분이라는 뜻), 나는 양의 문이다(10:7), 나는 선한 목자다(10:11~14), 나는 부활이요 생명이다 (11:25), 나는 길이요 진리요 생명이다(14:6), 나는 참 포도나무다 (15:1, 참 포도나무라는 것은 예수님께서 하나님 나라 새 백성의 창조자라는 것이고 우리는 거기에 달린 가지라는 뜻)입니다.

하나님께서 모세를 출애굽의 지도자로 부르실 때 하나님과 모세가 대화를 나누다가 모세가 이스라엘 백성들한테 하나님을 어떻게 소개해야 할시를 묻습니다. 그때 하나님께서는 "나는 스스로 있는 자"라고 말씀하셨습니다. 이때 하나님께서 실제로 "나는 스스로 있는 자"라고 말씀하셨다고 생각하시면 안 됩니다. 출애굽기 3장 14절의 히브리어가 '예흐예 아세르 예흐예'입니다. 이 말을 문자 그대로 풀면 '나는 나'라는 뜻입니다. 모세는 하나님의 이름을 물었는데 하나님께서는 '나는 나'라고 대답하신 것입니다. 이것은 하나님께서 당신의 이름을 알려주신 것입니까, 알려주지 않으신 것입니까? 한글 번역에는 "나는 스스로 있는 자"라고 되어 있으니 우리는 하나님께서 친히 "나는 스스로 있는 자"라고 말씀하신 것처럼 생각하기 쉬운데 그렇지 않습니다. '나는 나'를 분사형으로 풀면 "나는 내가 행하는 일을 통해 나를 드러낼 것이다"라는 의미입니다. 핵심은 하나님께서 자기를 규정하지 못하게 하신 것입니다. 오직 당신이 선포하신 말씀과 행하시는 일을 통해서만 이스라엘이 하나님에 대해 깨달아 알기를 원하신 것입니다.

    이것과 연결되는 것이 "아무 형상을 만들지 말라"는 2계명입니다. 하나님은 이렇게 생기셨을 것이라고 생각하며 형상을 만든다는 것은 하나님을 규정하는 행위입니다. 하나님께서 형상을 만들지 못하게 하신 것은 자신을 규정하지 못하게 하신 것입니다. 그래서 하나님은 당신의 이름도 알려주지 않으셨습니다. 그렇다면 왜 하나님은 자기를 규정하지 못하게 하셨을까요? 오늘날 신앙인들은 하나님에 대해 다양한 규정을 합니다. 가장 대표적인 것이 사랑의 하나님이라는 표현입니다. 사랑의 하나님이라는 말은 하나님에 대한 올바른 표현인가요 아니면 잘못된 표현인가요? 당연히 맞는 말입니다. 그런데 사랑의 하나님이라는 표현이 하나님 전부를 설명할 수 있는 표현인가요? 그렇지는 않습니다. 사랑의 하나님이라는 표현은 하나님의 속성 가운데 어느 한 부분을 설명하기에는 용이하지만 하나님의 전체 모습을 다 설명할 수 있는 표현은 아닙니다. 우리 하나님은 분노하시는 하나님이기도 합니다. 사랑의 하나님이라는 표현이 하나님의 일부를 설명하기에는 타당하지만 하나님의 전부를 설명할 수는 없습니다. 그렇다면 하나님을 설명하기 위해서 인간이 사용하는 모든 단어를 다 갖다 붙인다고 상상해 보십시오. '사랑의 하나님, 정의의 하나님, 분노의 하나님' 등 인간이 사용하는 모든 단어를 하나님께 수식어로 갖다 붙이게 되면 우리는 하나님에 대해서 온전한 설명을 할 수 있을까요? 그렇지 않습니다. 인간이 사용할 수 있는 단어보다 우리 하나님은 더 크신 분이시기 때문입니다. 그래서 하나님은 자기를 규정하지 못하게 하셨습니다. 어느 하나의 규정이 하나님의 어떤 부분을 설명할 수는 있겠지만 그것이 하나님 전부를 설명할 수는 없기 때문입니다.

요한복음에 대한 두 가지 주장이 있는데 하나는 옛 관점이고 다른 하나는 새 관점입니다. 옛 관점은 요한이 이전에 쓰인(공관복음) 자료들을 참고해서 요한복음을 썼다는 것입니다. 한마디로 요한복음 안에 새로운 내용이 없다는 것입니다. 반면 새 관점은 이런 주장을 반대합니다. 요한복음이 이전에 기술된 복음서를 그대로 반복한 것이 아니라 요한만이 알고 있던 특수한 자료들과 관점을 가지고 예수 그리스도 사건을 기술했다고 봅니다. 현재는 새 관점의 입장에 조금 더 무게가 실리는 편입니다. 가장 늦게 쓰였다는 이유로 신학자들은 요한복음의 가치를 조금 무시했는데 최근에는 그렇지 않다는 것입니다. 요한복음 자체만으로 독창성이 있고 충분히 주목해야 될 가치가 있음을 받아들이고 있습니다.

요한복음 20장 30~31절을 보면 요한이 요한복음을 쓴 목적이 나옵니다.

예수께서 제자들 앞에서 이 책에 기록되지 아니한 다른 표적도 많이 행하셨으나 오직 이것을 기록함은 너희로 예수께서 하나님의 아들 그리스도이심을 믿게 하려 함이요 또 너희로 믿고 그 이름을 힘입어 생명을 얻게 하려 함이니라.

이것이 요한이 요한복음을 쓴 목적입니다. 요한복음을 기술한 목적은 크게 두 가지입니다. 하나는 예수님이 하나님의 아들 그리스도임을 믿게 하려는 것이고 다른 하나는 그 믿음을 통하여 참된 생명을 얻게 하려고 하는 것입니다. 이것이 요한복음을 기술한 목적입니다. 요한은 이러한 목적을 이루어내기를 기대하는 마음으로 자료를 취사선택했습니다. 요한복음 21장 25절에 보면 예수님의 말씀이나 사역을 요한이 다 기술한 것이 아닙니다. 자신이 복음서를 기술하는 목적에 부합하는 자료를 취사선택합니다. 요한복음은 유대교적인 배경을 가지고 탄생했던 복음의 내용을 헬라적 관점에서 재해석하여 헬라적 사고 구조를 지닌 지성인들에게 선포한 책이라는 사실을 생각하지 않으면 요한복음의 내용을 오해할 가능성이 높아집니다. 예수님은 이스라엘 땅에 오셔서 주로 이스라엘 사람들을 대상으로 사역하셨습니다. 이스라엘 사람들이 가지고 있는 세계관은 헤브라이즘입니다. 그런데 이것을 이방 사람들에게 설명하려고 할 때는 이방 사람들이 가지고 있는 세계관의 틀을 가지고 설명해야 합니다. 그들이 가진 세계관은 헬레니즘적 세계관입니다. 예수님은 헤브라이즘 세계관을 갖고 있던 이스라엘 사람들을 대상으로 사역하셨는데 헬레니즘적 세계관을 가진 사람들에게 이것을 설명하려고 하면 이방 사람들이 이해할 수 있는 세계관과 개념과 단어를 가지고 설명해야 합니다. 그래야만 복음의 내용을 이해할 수 있습니다. 요한복음이 바로 그런 책입니다. 요한복음은 이스라엘 땅에서 일어난 예수 그리스도의 사건을 헬레니즘적 사고를 가지고 있는 사람들에게 설명하기 위해서 기술된 책입니다.

이 땅에 그리스도교 복음이 소개될 때 조선 사람들에게 그리스도교 복음이 비교적 쉽게 수용되었던 이유가 있습니다. 조선 사람들이 하늘 위에 있는 절대자에 대한 신앙을 가지고 있었기 때문입니다. 우리 조상들은 억울하게 피해를 입거나 죽임을 당할 때 자기를 괴롭히는 가해자를 향해 하늘 무서운 줄 알라고 소리쳤습니다. 하늘 위에 있는 절대자가 이 땅의 현실을 살펴보고 있다고 생각한 것입니다. 그리고 사람이 죽은 이후에 그동안 그 사람이 살았던 삶에 대해 절대자의 평가가 있을 것이라고 생각했습니다. 이런 신앙이 있었기 때문에 당신들이 생각했던 그 하늘 위의 절대자가 바로 하나님이라고 했을 때 복음의 내용을 쉽게 수용할 수 있었던 것입니다. 만약 우리 조상들에게 하늘 위의 절대자에 대한 신앙이 전혀 없었다면 하나님을 어떻게 설명할 수 있었겠습니까? 기본적으로 전도가 가능하려면 말하는 사람과 듣는 사람 사이에 세계관이 공유되고 단어와 개념에 대한 동일한 이해가 있어야 합니다. 요한복음이 바로 그런 책입니다. 이스라엘 땅에서 일어났던 예수 그리스도의 복음 사건을 헬레니즘적 사유를 가지고 있는 이방 사람들에게 설명하고 설득시켜내기 위해서 기술된 책입니다. 그들을 설득하려면 당연히 그들이 가지고 있는 헬레니즘의 관점을 가지고 쓸 수밖에 없는 것입니다. 그래서 요한복음에는 헬레니즘적인 기술이 많습니다. 이것을 오해해서는 안 됩니다. 요한복음에 나오는 헬레니즘적 기술이 복음의 본질이라고 이해해서는 안 됩니다. 이것은 헬레니즘적 세계관을 가진 사람들을 설득하기 위해 사용된 도구인 것입니다. 그들의 눈높이로 낮추어 설명한 요한복음의 표현을 복음의 본질로 이해해서는 안 됩니다.

요한복음은 헬라적 세계관을 가진 사람들이 알아듣기 쉽도록 복음의 내용을 상황화 또는 토착화한 것입니다. 예를 들면 어느 선교사님이 어느 지역에 가서 복음을 전하는 상황에서 시편 23장을 설명하려고 합니다. 그런데 그 지역 사람들은 유목을 하지 않기에 목자라는 개념이 없습니다. 그래서 "여호와는 나의 목자시니"라는 말을 이해하지를 못합니다. 이때 선교사님이 고민하시다가 "여호와는 나의 추장이시니"라고 설명했는데 원주민들이 그 말을 이해하면서 추장 같은 하나님이라면 믿겠다고 하는 것과 똑같은 것입니다. 이런 것을 토착화 또는 상황화라고 합니다. 어떤 개념을 설명하려고 하는데 그 개념에 대한 이해가 전혀 없는 사람들에게는 그 개념이 의미하는 바와 가장 유사한 것을 가지고 설명할 수밖에 없습니다. 양에 대한 이해가 전혀 없고 돼지를 신성시하는 사람들에게는 요한복음 1장 29절을 "세상 죄를 지고 가는 하나님의 어린 돼지"라고 설명할 수 있습니다. 그래야 그들은 이 말씀의 의미를 이해하게 됩니다. 이런 것을 상황화 또는 토착화라고 할 수 있습니다. 요한복음은 이스라엘 땅에서 헤브라이즘을 갖고 있던 사람들에게 발생했던 그리스도의 복음 사건을 헬레니즘적 사유를 하는 사람들에게 설명하기 위해서 그들이 이해할 수 있는 방식과 그들이 알고 있는 단어와 개념을 사용하여 설명한 책입니다.

요한복음에 나타나고 있는 이원론적인 표현들을 성경의 입장이라고 이해하시면 안 됩니다. 성경의 입장은 기본적으로 헤브라이즘입니다. 헤브라이즘은 일원론입니다. 그런데 요한복음에는 헬레니즘적 이원론의 표현들이 많이 등장합니다. 예를 들면 위와 아래(3장의 니고데모와의 대화), 빛과 어둠, 영혼과 육신 등의 표현입니다. 요한복음 안에 이원론적인 표현들이 있으니 이것을 성경적 입장이라고 생각하기 쉬운데 그렇지 않습니다. 성경의 입장은 헤브라이즘인데 헬레니즘적 사고를 갖고 있는 사람들에게 복음의 사건을 설명하기 위해서 그들이 이해할 수 있는 헬레니즘적 세계관을 사용한 것입니다. 요한복음은 헬레니즘적 사유 구조를 가진 사람들에게 복음을 전하고자 그들의 눈높이에 맞추어서 설명하고 있는 것입니다. 헬라 사상의 중요한 특징은 이원론입니다. 위의 세계와 아래의 세계를 구분합니다. 위의 세계는 어떤 세계입니까? 이데아, 진리, 본질, 빛, 영원, 영혼의 세계입니다. 변화가 없는 세계입니다. 그러면 아래 세계는 어떤 세계입니까? 현상이고 그림자이고 모조품이고 가짜이고 암흑이고 물질이고 시간이고 변화가 있는 세계입니다. 이원론은 세계가 근원적으로 분리된 두 개의 범주로 나뉘어서 있다고 봅니다. 어디가 진짜입니까? 위의 세계가 진짜입니다. 아래 세계는 가짜입니다. 그림자이고 모조품인 것입니다. 그런데 사람들은 지금 아래의 세계에서 살아갑니다. 그래서 사람들은 궁극적으로 무엇을 꿈꿀까요? 아래 세계의 속박으로부터 해방되어 위의 세계로 가기를 꿈꿉니다. 이것을 헬레니즘에서는 구원이라고 말합니다. 그 구원을 얻으려면 어떻게 해야 합니까? 지식을 얻어야 합니다. 이것이 소위 플라톤적인 구원관입니다.

정리하면 요한복음은 이방 사람들을 대상으로 쓴 복음서입니다. 이방인들은 헤브라이즘이 아닌 헬레니즘적 세계관을 가지고 있습니다. 헬레니즘의 핵심은 이원론입니다. 세계가 근본적으로 두 개의 세계로 나뉘어져 있다고 보는 것입니다. 진짜 세계와 가짜 세계로 구분할 수 있는데 사람들은 현재 가짜 세계에 머물러 있습니다. 이 가짜 세계에 머물러 있는 사람들을 진짜 세계로 올라가게 하기 위해서는 특별한 지식이 필요합니다. 이 지식이 없으면 사람들은 가짜 세계에서 계속해서 돌고 돕니다. 이것을 윤회라고 말합니다. 이러한 이원론적인 사유를 기반으로 인도 땅에서 만들어진 종교가 힌두교입니다. 그 힌두교를 개혁하기 위해서 나온 종교가 불교입니다. 힌두교와 불교는 윤회 사상에 기반을 두고 있습니다. 힌두교와 불교 신자에게 가장 간절한 소망이 무엇일까요? 끊임없는 윤회로부터 해방되어 해탈하는 것입니다. 이것이 바로 전형적인 헬레니즘의 사유 방식입니다.

안타깝게도 한국 교회는 헬레니즘의 구원관에 지배를 받고 있습니다. 그 예로 몇 가지만 보면 첫째로 헬레니즘에서 구원이라는 것은 이 땅에서 누릴 수 있는 것이 아니라 죽은 다음에 비로소 누릴 수 있는 것입니다. 다시 말해 사후 구원입니다. 그래서 헬레니즘에서는 사람들의 죽음을 육신의 감옥으로부터의 해방이라고 생각합니다. 구원을 받으려면 이 육신의 감옥으로부터 벗어나야 하고 육신의 감옥으로부터 벗어나게 되는 것은 죽음 이후라고 봅니다. 따라서 구원은 살아생전에 누릴 수 있는 것이 아니라 죽은 다음에야 누릴 수 있는 것입니다. 이러한 사후 구원이 전형적인 헬레니즘이 말하는 구원관입니다. 그런데 대다수의 한국 교회 신앙인들도 이러한 구원관을 가지고 있습니다. 죄 많은 이 세상은 내 집이 아니라고 생각하면서 유일한 구원의 희망을 죽은 다음에 가게 되는 천당에 두는 것입니다. 이것은 성경이 말하는 온전한 구원관이 아닙니다. 성경이 말하는 구원은 흑암의 권세 가운데 있던 자들이 하나님의 통치 안에 거하는 하나님의 백성이 되는 것입니다. 하나님의 백성이 된 그 순간부터 우리의 구원은 시작됩니다. 그러나 완성된 것은 아닙니다. 이미 구원은 받았지만 아직 완성된 것은 아닙니다. 하나님의 은혜로 하나님의 백성이 되는 것을 칭의라고 합니다. 우리는 이미 칭의를 받았고 현재는 성화의 과정 가운데 있는 것이고 구원의 완성은 영화에서 이루어집니다. 이처럼 구원은 이미 시작된 것입니다. 이미 하나님의 통치 안에 들어와 있는 것이고 계속해서 하나님의 통치 안에 머물러 있기를 사모하면 됩니다. 그런데 헬레니즘이 말하는 구원은 육신이 죽은 다음에 육신의 감옥으로부터 영혼이 해방되었을 때 그때서야 비로소 누릴 수 있는 것처럼 말합니다.

둘째로 헬레니즘의 구원은 이 세상에서 저 이데아의 세상으로 공간 이동을 한 다음에야 누릴 수 있는 것입니다. 구원을 누리기 위해서는 공간 이동이 필요합니다. 즉 이 땅에서는 누릴 수 없는 것으로 봅니다. 1980년대 교회에서 많이 불렀던 나는 구원 열차 올라타고서 같은 찬양이 전형적인 공간 이동 구원관을 드러내고 있습니다. 구원 열차를 타고 천국에 도착하고 난 이후에야 구원을 누릴 수 있다고 생각하는 것입니다. 이것은 성경이 말하는 구원관이 아니라 헬레니즘이 말하는 구원관입니다.

셋째로 헬레니즘의 구원은 육신이 누릴 수 있는 것이 아니라 죽은 다음에 육신은 소멸되고 영혼이 누리는 것입니다. 그런데 성경은 그렇게 말하지 않습니다. 우리의 육신은 죽지만 또한 부활합니다. 부활의 첫 열매가 예수님입니다. 요한복음에서 예수님은 부활하신 이후에 제자들과 물고기를 드십니다. 부활한 몸에는 오늘 우리가 경험하는 육의 기능이 여전히 있습니다. 그런데 벽을 뚫고 들어오시기도 합니다. 이것은 육신이 할 수 없는 기능입니다. 즉 예수님의 부활한 몸은 육신적 기능도 있고 영혼적 기능도 있습니다. 헬레니즘에서는 구원을 말할 때 육신은 소멸되고 영혼만이 구원을 향유한다고 주장합니다. 그런데 자세히 보시게 되면 헬레니즘이 말하는 구원관이 교회 안에서 많은 사람들에게 수용되어 있습니다. 구원에 대해 하나님의 백성 된 그 순간부터 이 땅에서 누리는 것으로 생각하지 않습니다. 죽은 다음에 천당에 들어간 시점부터 이 땅에서가 아니라 저 세상으로 공간 이동을 한 이후부터 그리고 육신은 죽어서 흙이 되고 영혼만이 구원을 누린다고 생각합니다. 이것은 성경이 말하는 구원이 아니라 헬레니즘의 구원관입니다. 그런데 이러한 잘못된 구원관이 오늘 교회를 지배하고 있습니다. 이렇게 된 이유 가운데 하나가 요한복음에 나오는 이원론적인 내용을 성경적 사고의 토대로 이해한 것에 있다고 생각합니다. 다시 한 번 강조합니다. 요한복음에 나와 있는 표현을 성경의 원음이라고 생각하시면 안 됩니다. 요한복음은 헬레니즘적 사유를 갖고 있는 사람들에게 복음을 전하기 위해서 그들이 갖고 있는 세계관에 근거해서 복음의 내용을 설득력 있게 기술한 책입니다. 헬레니즘적 세계관을 갖고 있는 사람들의 눈높이에 맞추어 기록한 것이지 이것 자체가 복음의 정수가 아님을 기억하셔야 합니다. 요한복음에 나와 있는 헬레니즘적인 개념, 헬레니즘적인 세계관을 성경의 주장 그 자체로 받아들이는 것을 조심해야 합니다. 요한복음은 헬레니즘적인 세계관을 가진 사람들에게 복음을 설명하고자 기술된 전도를 위한 문서입니다.

요한복음은 크게 네 부분으로 구성되어 있습니다. 1장은 서론입니다. 2장부터 12장은 표적들의 책입니다. 13장부터 20장은 영광의 책입니다. 21장은 결론이기도 하고 부록이기도 합니다. 여기서 중요한 것이 표적들의 책과 영광의 책이라고 하는 부분입니다. 표적들의 책과 영광의 책은 영원한 신적 로고스가 성육신하여 하나님의 계시와 구원을 이루고 있음을 드러냅니다. 표적들은 예수님이 누구인가 하는 것을 드러내는 계시의 방편이며 그것을 보는 사람들을 신앙으로 이끌어주는 도구가 됩니다. 표적들의 책인 2~12장에는 일곱 개의 표적이 나옵니다. 가나 혼인 잔치에서 물을 포도주로 변화시킴(2장), 고관의 아들을 치유하심(4장), 베데스다 못에서 38년 된 병자를 치유하심(5장), 오병이어(6장), 물위를 걸으심(6장), 소경을 치유하심(9장), 나사로를 부활시키심(11상)입니다. 공관복음은 예수님께서 행하신 놀라운 초자연적인 일을 이적(뒤나미스)이라고 칭하는데 반해 요한복음은 표적(세메이온)이라고 부릅니다.

그렇다면 이적과 표적은 어떤 차이가 있는 것일까요? 예를 들면 예수님께서 장애인을 치유해 주셨습니다. 이 행위로 인해 사람들이 놀랍니다. 이것은 놀라운 이적입니다. 표적은 기적 사건의 궁극적인 목적이 이적 자체에 있지 않습니다. 이적을 행하신 예수님이 누구인지를 정확하게 앎을 통하여 예수님을 믿게 만드는데 목적이 있습니다. 표적은 사인입니다. 표적 자체를 주목하지 말고 저기를 보라는 사인인 것입니다. 불교에서 말하는 '달을 가리키는 손가락' 같은 것입니다. 손가락이 달을 가리키고 있습니다. 이때 우리가 봐야 할 것은 달입니다. 그런데 사람들은 달을 가리키는 손가락을 주목하기 쉽습니다. 예컨대 목회자를 지나치게 우상화하고 존경하는 사람들이 있습니다. 이 땅에 있는 모든 목사들은 궁극적으로 신앙인들로 하여금 하나님을 주목하도록 하는 존재입니다. 하나님을 주목하도록 해야 할 목회자들이 교인들로 하여금 자기를 주목하게 만든다면 그것이 바로 목회자 우상 숭배입니다. 표적은 사인입니다. 예수님이 행하셨던 모든 이적은 그 자체에 목적이 있는 것이 아니라 그 기적을 행하신 예수님이 어떤 분인지를 주목하도록 만드는 표적입니다. 예수님을 주목하도록 하는 손가락의 역할을 하고 있는 것입니다. 그래서 요한복음은 기적이라는 표현을 쓰지 않고 세메이온, 즉 표적이라는 표현을 사용합니다. 그런 의미에서 예수님이 행하신 놀라운 사건들은 그 자체로 종결되면 안 됩니다. 예수님이 누구인가를 아는 것으로 나아가야 합니다. 놀랍고 대단하다는 감탄으로만 끝난다면 표적으로서의 역할을 하지 못한 것입니다. 예수님께서 행하신 모든 이적은 이 일을 행하신 예수님이 누구인가를 알고 예수님을 제대로 앎을 통하여서 예수님을 믿는 데까지 나아가도록 돕는 것입니다. 공관복음이 기적 자체를 강조한다면 요한복음은 기적을 행하신 그분이 누구인가 하는 것을 주목하도록 만드는 표적이라는 것을 기억하시면 좋겠습니다.

유대인들로 대표되는 이 세상 사람들은 표적을 깨닫지 못합니다. 그들은 아래 세상의 사람들로 아래 세계 즉 그림자의 세계를 진짜로 알고 살아가고 있습니다. 요한복음은 헬레니즘적 세계관을 가진 사람들에게 복음을 설명하기 위한 책입니다. 헬레니즘 세계관의 특징은 이원론입니다. 위에 있는 진짜 세계와 아래에 있는 가짜 세계를 구분합니다. 플라톤이 말한 동굴의 비유를 기억하십니까? 태어났을 때부터 동굴 안쪽만 쳐다보도록 묶여 있는 사람은 동굴에 비취는 그림자를 그림자라고 생각하지 않습니다. 그것이 진짜라고 생각합니다. 그러다 어느 날 족쇄를 풀고 동굴 밖으로 나오게 되면 동굴 밖에 진짜 세계가 펼쳐져 있음을 보게 됩니다. 동굴 밖의 세계가 진짜이고 동굴 안에 비친 것은 그림자의 세계임을 깨닫게 되는 것입니다. 이것이 바로 헬레니즘의 세계관입니다. 이러한 이원론을 강조함으로써 헬레니즘은 이 땅에 있는 사람들로 하여금 저 위에 있는 진짜 세계를 사모하도록 촉구합니다. 요한복음도 비슷한 구도로 복음을 설명합니다. 유대인들은 아래 세상에 매몰되어 있습니다. 이것이 전부인 줄 압니다. 이때 예수님은 위의 세상에 있는 참 생명을 이 땅에 가지고 오셨습니다. 당연히 유대인들은 예수 믿음을 통해 저 위에 있는 참 생명의 세상으로 옮겨져야 합니다. 그런데 유대인들은 아래 세상이 전부인 줄 알고 예수님이 가져오신 참 생명을 거부합니다. 예수님의 말씀을 전혀 이해하지 못하고 마지막에는 예수님을 죽입니다.

요한복음에는 유대인이라는 표현을 약 70번 사용하고 있습니다. 공관복음 전체에서 유대인이라는 표현이 20번 정도 사용된 것과 비교하면 정말 많이 사용된 것입니다. 여기서 유대인들은 예수님을 도무지 이해하지 못하고 적대하는 집단을 가리킵니다. 표적을 깨닫지 못하는 이 세상 사람들을 대표하는 자가 유대인입니다. 그들은 진리를 알지 못하는 어리석은 사람이고 분별력 없는 사람들입니다. 아래 세계가 진짜인 줄 알고 속고 사는 사람들입니다. 유대인은 어리석은 자들이고 분별력 없는 자들이며 하나님을 죽인 자들입니다. 여기에서 무엇이 나왔습니까? 반유대주의가 나왔습니다. 반유대주의는 이천 년 그리스도교 역사를 통해 지속되었습니다. 유대인들에 대한 차별, 박해, 핍박이 있었습니다. 그 반유대주의의 최고 절정이 히틀러에 의한 유대인 학살 사건입니다.

요한복음에 나오는 유대인은 이 세상의 모든 사람을 상징합니다. 문자적으로 유대인으로만 이해하시면 안 됩니다. 유대인은 참 진리를 모르는 어리석고 분별력 없는 사람들을 상징합니다. 예수님께서 한반도 땅에 성육신하셨다면 누가 땅의 사람들로 그려지겠습니까? 예수님이 아테네 땅에 성육신하셨다면 아래 세상에 함몰되어 참 진리를 거부한 사람들이 누가 되겠습니까? 예수님이 이스라엘 땅에 오셨기 때문에 유대인들이 어리석은 자와 분별력 없는 자와 하나님을 죽인 자로 나오는 것입니다. 요한복음의 유대인은 어리석은 우리 인간 전체의 모습으로 받아들여야 합니다. 이것을 문자 그대로 해석하여 유대인으로만 제한시켜버리면 반유대주의가 나올 수밖에 없습니다. 요한복음에 나와 있는 이런 식의 표현들에 대한 오해로 인해 그리스도교 이천 년의 역사가 반유대주의의 역사가 된 것입니다.

심지어 이렇게까지 주장하는 분들이 있습니다. 구약의 이스라엘이 신약의 교회로 대체되었다는 것입니다. 그렇지 않습니다. 로마서 11장을 보시면 접붙임 이야기가 나옵니다. 원래 가지는 이스라엘입니다. 그 원래 가지에 이방인 신자들이 접붙임을 한 것입니다. 교회라고 하는 것은 원 이스라엘에 이방의 가지가 접붙임 한 것입니다. 구약의 이스라엘은 전원 제거되고 이방인들로만 새롭게 구성된 것이 아닙니다. 교회의 뿌리는 여전히 이스라엘입니다. 로마서 11장의 접붙임 이야기가 말하고자 하는 의도가 거기에 있습니다. 이방인들이 기고만장하여 유대인들이 하나님의 백성으로 존재하던 시대는 끝났고 이제는 유대인의 그 자리를 이방인들이 차지했다고 생각했습니다. 그렇지 않음에 대해 바울이 강변하고 있는 것입니다. 여전히 교회의 뿌리는 이스라엘 사람들입니다. 예수님의 열두 제자들도 유대인들 아닙니까? 처음 교회가 탄생한 예루살렘 교회의 신자들도 유대인들 아닙니까? 유대인들이 제거된 자리에 이방인들이 들어간 것이 아닙니다. 여전히 하나님 나라 백성 공동체의 뿌리는 유대인들입니다. 유대인들인 원 가지에 이방인 신자들이 접붙임이 된 것입니다. 접붙임 된 이방의 신자들로 하여금 기고만장하지 말고 겸손할 것을 요구하는 것이 로마서 11장의 의도입니다. 원 가지인 이스라엘 사람들 중 일부가 잘려 나갔다면 접붙임 당한 이방 신자들도 얼마든지 잘려나갈 수 있음을 경고하고 있는 것입니다. 하나님 나라 백성 공동체가 구약에는 이스라엘로 존재하다가 신약에는 이스라엘은 제거되고 이방의 신자들로 대체된 것이 아닙니다. 교회는 원 이스라엘 플러스 이방인으로 구성되어 있는 것입니다. 반유대주의적인 입장은 결코 옳은 것이 아닙니다. 요한복음에 나와 있는 유대인들은 아래 세상에 함몰되어 있는 어리석은 사람들을 대표합니다.

13장부터 20장까지는 영광의 책입니다. 표적들의 책이 공개적으로 다수를 대상으로 한 사역을 기록하고 있는 반면 영광의 책은 예수님을 받아들인 자기 백성들에게 예수께서 계시하신 내용을 담고 있습니다. 주요 내용으로는 예수님의 고별사(13~16장), 기도(17장),

예수님의 재판, 죽음, 부활(18~20장)이 기술되어 있습니다. 복음서를 보시면 예수님께서는 제자들과 무리들이 함께 있을 때는 비유로만 말씀하시고 제자들만 남게 되었을 때 그 비유를 설명해 주셨습니다. 이처럼 요한복음에는 많은 사람들이 모여 있을 때는 이적을 행하셨습니다. 이것이 주로 표적들의 책에 나오는 내용들입니다. 그리고 무리가 빠지고 제자들만 남게 되었을 때 제자들에게 하신 말씀을 모아놓은 것이 영광의 책에 나옵니다. 표적들의 책에는 제자들과 무리들이 함께 있을 때 행하셨던 이적이나 말씀을 기록하고 있고 영광의 책은 제자들만 있을 때 예수님이 행하시거나 선포하신 말씀들을 모아놓았다고 이해하시면 됩니다.

지금까지의 내용을 정리해 보겠습니다. 첫째로 요한복음에서 중요한 것은 중간에 있는 표적들의 책과 영광의 책입니다. 공관복음에서는 이적이라는 표현을 많이 사용하는 것에 반해 요한복음에서는 표적이라는 표현을 많이 사용합니다. 표적은 달을 가리키는 손가락과 같은 것입니다. 누구를 쳐다보게 만드는 것입니까? 이 기적을 행하신 예수님을 쳐다보게 만드는 것입니다. 예수님이 누구인지를 정확히 알고 궁극적으로는 그분을 믿게 만들고자 함이 요한복음의 표적이 바라는 궁극적인 목적입니다. 둘째로 요한복음에서는 예수님께서 자신이 누구인지를 설명해주는 '에고 에이미'의 표현이 일곱 번 나옵니다. '에고 에이미'는 출애굽기 3장 14절에서 하나님이 자기를 설명하실 때 사용하신 표현입니다. 이 표현을 사용하심을 통해 이 말씀을 하시는 예수님이 바로 구약의 그 하나님이심을 강조하고 있습니다. 셋째로 요한복음에서는 영광의 책이라는 부분이 있습니다. 복음서에서 무리와 제자들이 함께 있을 때는 예수님께서 비유로 말씀하시다가 제자들만 남았을 때는 그 비유를 설명해 주시는 것처럼 무리와 제자들이 함께 있을 때는 주로 표적을 행하시고 제자들만 있을 때는 제자들에게 주신 말씀들이 있습니다. 이것들을 모아 기록하고 있는 부분이 영광의 책입니다.

요한복음의 저자인 요한은 헬라적인 영지주의 가현설이 나타나서 예수님의 신성만을 강조하는 상황 속에서 예수님은 신성과 아울러 인성을 갖추신 분임을 강조하고 있습니다. 로마 사회로 그리스도교가 퍼져나가는 가운데 가장 큰 걸림돌은 헬라의 이원론적 철학이었습니다. 어떻게 하나님이 사람이 된다는 말인가 하면서 예수 그리스도의 인성을 부인하는 사람들이 많이 있었습니다. 특히 가현설주의자들은 예수님께서 육체로 이 땅에 오신 성육신 사실을 부정했습니다. 이런 상황에서 요한은 예수님이 육신을 입으신 로고스요 독생하신 하나님이심을 강조합니다. 당시 이방 지역에 살던 사람들은 대부분 헬레니즘적 세계관을 가지고 있었습니다. 헬레니즘 세계관의 특징이 이원론입니다. 여기는 영혼의 세계이고 저기는 육신의 세계입니다. 여기는 거룩한 영역이고 저기는 속된 영역입니다. 여기 세계와 저기 세계는 교류가 불가능하다는 것이 헬레니즘의 토대입니다. 이러한 헬레니즘적 세계관을 가진 사람들에게 복음을 전할 때 가장 큰 딜레마가 무엇이었을까요? 예수님이 하나님이신데 그 하나님이신 예수님이 우리와 똑같은 인간의 육신을 입고 이 땅에 오셨다고 하는 것입니다. 이러한 주장을 헬레니즘 세계관을 가진 사람들은 이해할 수 없었습니다. 그들이 볼 때 육체는 부정한 것입니다. 어떻게 거룩하신 신이 인간의 육신을 입을 수 있는지 도저히 이해할 수 없었습니다. 신이신 예수 그리스도께서 십자가에 달려 죽는 일도 받아들일수 없었습니다. 그래서 헬레니즘 세계관을 가지고 있는 사람들에게 예수님을 믿게 하기 위해서 복음을 전하는 과정 속에서 이상한 주장이 나오기 시작합니다. 헬레니즘 세계관을 가진 사람들에게 부담스러운 내용들을 다 제거해버리고 그들이 수용할 수 있는 설명을 만들어낸 것입니다. 이것을 영지주의라고 합니다. 어떻게 거룩하신 신이부정한 인간의 육신을 입을 수 있는가에 대해 도저히 못 믿겠다고 하는 사람들에게 영지주의자들은 예수가 진짜 육신을 입은 것이 아니라 입은 것처럼 보였다고 주장합니다. 이것을 가현설이라고 합니다. '거짓 가'(假), '나타날 현'(現)을 사용하여 진짜 육신을 입은 것이아니라 육신을 입은 것처럼 보였다고 설명했습니다. 이렇게 설명하니 헬레니즘적 이해를 가지고 있던 사람들도 복음의 소리에 문을 열게 되었고 그 결과 이방 땅에 살아가던 많은 사람들이 복음을 받아들이게 되었습니다.

하지만 이것이 온전한 복음의 수용이라고 할 수 없습니다. 이러한 영지주의적 이해는 초대 교회를 괴롭힌 가장 강력한 이단이었습니다. 이런 위기 상황에서 복음서 기자들이 복음서를 기록하기 시작했습니다. 그리고 무엇을 강조했습니까? 예수님이 육신을 입은 것처럼 보인 것이 아니라 진짜 인간의 육을 입고 여인의 몸에서 태어났음을 강조한 것입니다. 마태와 누가가 예수 탄생에 대한 내용을 기술한 이유는 영지주의에 대해 반박하기 위함이었습니다. 그 외에도 복음서에 보시면 예수님이 주무신 내용, 눈물을 흘리신 내용, 음식을 드시는 내용들이 등장합니다. 이런 것을 기록한 이유도 분명합니다. 예수님께서 육신을 입은 것처럼 보인 것이 아니라 진짜 육신을 입으셨음을 강조하는 것입니다. 영지주의를 반박하기 위한 목적으로 그러한 내용을 기록한 것입니다. 요한복음도 마찬가지입니다. 겉으로만 보면 영지주의를 가장 옹호하고 있는 것처럼 보이는 요한복음이 영지주의를 가장 강력하게 반박하고 있습니다. 공관복음은 우리와 똑같은 인간이셨던 예수님께서 어떻게 하나님의 아들로 고백되어졌는가를 말합니다. 요한복음은 반대입니다. 태초부터 하나님이셨던 그분이 어떻게 우리와 똑같은 인간이 되셨는가를 말합니다. 그 가운데 가장 중요한 말씀이 요한복음 1장 14절인데 '태초부터 계셨던 하나님의 말씀이 육신이 되어 우리 가운데 거하셨다' 는 것입니다. 영지주의가 말하고 있는 것처럼 육신을 입은 것처럼 보인 것이 아니라 진짜 우리와 똑같은 육신을 입으셨고 그 육신으로 우리와 똑같이 이 땅에서 거하셨음을 강조합니다. 이처럼 요한복음도 영지주의를 강력하게 반박하고 있음을 알 수 있습니다. 요한복음의 저자인 요한이 쓴 요한일서와 요한이서에 보면 적그리스도라는 표현이 나오는데 그 본문에 나오는 적그리스도가 영지주의자들을 가리키는 표현입니다. 요한은 예수님께서 육신으로 오셨음을 부인하는 자들을 적그리스도라고 했습니다. 헬레니즘적인 이원론을 가지고 복음을 설명하고 있는 요한복음이 영지주의자들의 주장을 가장 지지할 것 같은데 요한은 끊임없이 영지주의자들을 반대하고 있습니다. 그 대표적인 말씀이 요한복음 1장 14절입니다.

말씀이 육신이 되어 우리 가운데 거하시매 우리가 그의 영광을 보니 아버지의 독생자의 영광이요 은혜와 진리가 충만하더라.

공관복음의 관점이 인간 나사렛 예수가 어떻게 신앙고백의 대상인 주와 그리스도가 되었는가를 밝히는데 있다면 요한복음의 관점은 하나님의 아들이 우리와 똑같은 온전한 사람이 되셨음을 강조하고 있습니다. 공관복음과 요한복음에는 몇 가지 중요한 차이가 있습니다. 공관복음은 예수님의 인성을 강조하고 요한복음은 예수님의 신성을 강조합니다. 공관복음에는 예수님의 갈릴리 사역을 주로 기록하고 있고 요한복음은 유대 지방 사역을 주로 기록하고 있습니다. 공관복음의 가장 중요한 키워드는 하나님 나라이고 요한복음은 영생입니다. 여기서 영생은 이터널 라이프(eternal life), 즉 영원한 삶이 아니라 신적 생명을 가리킵니다. 요한복음은 지금 우리가 살고 있는 이 삶은 하나님과 유리된 삶으로 봅니다. 하나님으로부터 너무 멀리 떨어져 있는 삶인 것입니다. 이 멀어진 하나님과의 관계를 회복하고 하나님의 품 안에서 누리는 삶을 영생이라고 합니다.

헤브라이즘으로 대표되는 유대인들의 사고 속에는 헬레니즘이 말하는 영원이라는 개념이 없습니다. 헬레니즘이 말하는 영원은 무엇입니까? 시간의 무한성입니다. 그런데 헤브라이즘에는 그런 영원의 개념이 없습니다. 구약을 읽어보면 하나님께서 이스라엘 백성들에게 무엇인가를 지킬 것을 명하시면서 "이것은 너희가 지킬 영원한 규례니라"는 표현이 자주 나옵니다. 한 곳만 찾아보겠습니다. 출애굽기 12장 14절입니다.

너희는 이 날을 기념하여 여호와의 절기를 삼아 영원한 규례로 대대로 지킬지니라.

여기 '영원한 규례'라는 표현이 나오는데 영원한 규례라는 표현을 보면 어떤 느낌이 드십니까? 영원토록 지켜야 한다는 생각이 들지 않습니까? 그런데 오늘날 우리는 유월절을 지키지 않습니다. 왜 그럴까요? 안식교나 하나님의교회는 유월절을 준수하고자 노력합니다. 물론 어린 양을 잡지는 않지만 유월절을 기념하고 있습니다. 그런데 소위 정통 개신교인들은 유월절을 지키지도 않고 기념하지도 않습니다. 그러면 영원한 규례를 지키지 않는 이유가 무엇인가요? 여기 영원이라는 단어는 히브리어로 '올람'입니다. 그런데 이 영원을 뜻하는 올람이라는 단어는 언제 끝날지 알 수 없는 기간 안에서의 영속성을 가리킵니다. 예를 들면 이런 것입니다. 이스라엘이 광야 행진을 할 때 나팔을 부는 규정이 있습니다. 이스라엘 백성 전체를 소집할 때는 은 나팔 두 개를 불고 천부장을 소집할 때는 은 나팔 하나만 불게 됩니다(민 10:3~4). 이 규정이 소개된 후에 '이것은 너희가 지킬 영원한 규례'라는 말씀이 나옵니다(민 10:8). 여기에 사용된 영원이라는 의미를 뜻하는 히브리어가 '올람'입니다. 광야 행진은 정확히 언제 끝날지 알 수 없습니다. 언제 끝날지 알 수 없는 광야 행진 기간 중에는 이 나팔 부는 규정을 준수해야 합니다. 언제 끝날지 알 수 없는 기한 안에서는 계속해서 준수해야 하는 것이기에 영원이라는 단어가 사용된 것입니다. "네가 살아 있는 동안에는 꼭 지켜야 해"라고 할 때 우리가 언제까지 살 수 있을지는 알 수가 없습니다. 그 기간 동안에는 준수해야 하는 것, 이럴 때 유대인들은 영원이라는 단어를 사용한 것입니다. 유대인들의 사고 속에는 그리스 사람들이 가지고 있었던 끝이 없는 시간으로서의 영원이라는 개념은 없습니다. 언제 끝날지 알 수 없는 시간 안에서의 영원만 존재합니다. 실제 구약 시대에서 신약 시대로 넘어오면서 단절된 것이 많이 있습니다. 왜 영원한 규례라고 했는데 오늘날 우리들이 지키지 않는 것들이 많을까요? 구약 시대에 준수된 많은 것들이 예수 그리스도를 통해서 새롭게 전환되었다고 보는 것입니다. 유대인들에게 영원은 언제 끝날지 알 수 없는 시간 안에서의 영속성을 가리킵니다. 헬라인들이 생각한 것과 같이 끝이 없는 무한한 시간으로서의 영원이라는 개념은 없습니다. 따라서 요한복음에 사용된 영생이라고 하는 표현도 헬라인들이 생각하는 '영원한 생'으로 이해하시면 안 됩니다. 영생의 일차적 의미는 하나님 안에서의 참된 삶을 말하는 것입니다. 요한복음에서는 예수님의 유대 지방 사역을 주로 기록하고 있습니다. 특히 유월절을 준수하고자 예루살렘을 방문한 내용이 3번 나옵니다. 이것 때문에 예수님의 공생애를 3년으로 보는 것입니다.

요한복음을 읽을 때 반드시 기억해야 할 내용이 있습니다. 요한복음을 읽다 보면 헬레니즘의 이원론이 성경적인 원리인 것 같은 느낌이 듭니다. 실제 요한복음에는 헬레니즘의 이원론적인 표현들이 많이 등장합니다. 왜 그럴까요? 요한복음은 헬레니즘의 이원론을 성경적인 원리로 수용하는 복음서인가요? 그렇지 않습니다. 이 문제와 관련해서는 요한복음이 누구를 대상으로 쓰인 복음서인가를 주목하는 것이 필요합니다. 요한복음은 유대교적 배경을 가지고 발생한 복음을 헬라적 관점에서 재해석해서 헬라적 사고 구조를 가진 지성인들에게 그리스도의 복음을 선포한 책입니다. 복음은 유대적 배경 안에서 발생한 사건입니다. 예수 그리스도 사건이 어디에서 일어났습니까? 이스라엘 땅에서 일어났습니다. 십자가와 부활과 승천 사건도, 성령 강림 사건도 모두 이스라엘 땅에서 일어났습니다. 이 모든 사건의 일차 목격자들은 유대교적인 신앙을 가진 사람들입니다. 이처럼 그리스도교 신앙의 핵심적인 사건과 내용들은 모두가 유대적 배경 안에서 발생한 것입니다. 그런데 복음이 천하 만민에게 전파되는 과정에서 헬라적 세계관을 가진 사람들에게도 전해지게 됩니다. 이런 상황에서 유대교적 세계관의 관점에서 복음을 전하게 되면 헬라적 세계관을 가진 사람들은 그 내용을 이해하는 것이 쉽지가 않습니다. 전도가 가능하려면 전도자가 하는 말을 전도 수납자들이 이해할 수 있어야만 합니다. 소통이 가능할 때만 전도가 유효할 수 있는 것입니다.

앞에서도 잠시 언급했지만 어떤 선교사님께서 한 부족에게 복음을 전하러 갔습니다. 그런데 그 부족은 유목과는 거리가 먼 삶을 살았기에 목자라는 단어를 몰랐다고 합니다. 선교사님께서 하나님이 얼마나 좋은 분이신지를 설명하기 위해 시편 23장의 "여호와는 나의 목자시니"를 설명하는데 그 부족은 목자라는 존재를 전혀 모르고 있으니 선교사님의 말을 전혀 이해할 수 없었다고 합니다. 전하는 선교사님이나 듣는 부족 사람들 모두가 얼마나 답답했겠습니까? 선교사님께서 부족 사람들에게 하나님이 얼마나 좋은 분이신지를 설명하고 싶은데 뭐라고 표현해야 할지 답답해하던 중에 아이디어가 떠올랐다고 합니다. 그리고 그 부족 사람들에게 "여호와는 나의 추장이

시니"라고 설명했더니 부족민들이 여호와는 너무나 좋으신 분이라고 하면서 믿겠다고 하더랍니다. 이 이야기가 사실인지는 알 수 없지만 전도가 가능하려면 전하는 자나 듣는 자가 상호소통이 가능해야 한다는 것입니다. 성경에서 하나님을 목자로 비유하여 기록했다 하더라도 목자라는 존재를 전혀 모르는 사람들에게는 성경의 표현을 그대로 사용하게 되면 의미 전달이 되기 어렵습니다. 19세기 말 외국 선교사들이 조선 땅에 들어와서 복음을 전할 때 우리 조상들이 그리스도교 복음을 쉽게 받아들인 이유가 있습니다. 우리 조상들이 하늘 위에 있는 초월자에 대한 신앙이 있었기 때문입니다. 사극을 보면 누군가 억울한 일을 당하여 고초를 겪거나 죽임을 당하게 될 때 피해자가 뭐라고 소리칩니까? "하늘 무서운 줄 알아라. 하늘이 너를 가만두지 않을 거야"라고 소리칩니다. 우리 조상들은 하늘 위에 있는 절대자가 이 땅을 감찰하고 계시다고 생각했습니다. 그리고 우리 인생이 끝나면 어떤 절대적인 존재에 의해서 우리 생에 대한 심판이 있을 것이라고 생각했습니다. 이런 전이해가 있었기 때문에 선교사들이 들어와서 조선 사람들이 가지고 있던 하늘 위에 절대자와 우리 생에 대한 심판자가 하나님이라고 전했을 때 그것을 쉽게 받아들일 수 있었던 것입니다. 만약 우리 조상들이 그러한 절대자에 대한 신앙이 전혀 없었다거나 심판이 무엇인지에 대한 개념이 없었다면 선교사들이 열심히 설명한다 하더라도 그 내용을 이해하는 것은 결코 쉽지 않았을 것입니다.

복음의 사건과 내용은 유대교적 배경을 가지고 있습니다. 그러나 요한복음의 수신자들은 헬레니즘적 세계관을 가진 이방 그리스도인입니다. 복음이 유대교적 배경에서 탄생했다 하더라도 헬라적 세계관을 가진 사람들에게 전달 될 때는 그들이 이해할 수 있는 언어와 개념을 가지고 복음을 전할 수밖에 없습니다. 그래서 요한복음에는 이원론적인 언어가 많이 등장합니다. 위와 아래, 참과 거짓, 빛과 어둠, 진리와 거짓, 생명과 죽음 등의 이원론적인 표현이 많습니다. 요한복음 1장만 읽어보셔도 이것을 쉽게 발견하게 됩니다. 빛이라는 단어를 제대로 이해하려면 빛과 대립되는 어둠이라는 단어를 알아야 합니다. 그럴 때 빛에 대한 이해가 더욱 분명해집니다. 요한복음은 이원론적인 표현들을 사용하여 예수 사건의 정수가 무엇인지를 독자들에게 강조하고 있습니다. 무엇보다 요한복음의 일차 독자들이 헬레니즘적 세계관 안에서 살아가는 자들이기에 그들이 이해할 수 있는 단어와 개념을 사용해서 예수 그리스도의 복음이 무엇인가를 설명해주고 있는 것입니다. 헬레니즘을 단순하게 규정하면 이원론입니다. 여기서 이원론은 서로 대립되는 두 가지 세계입니다. 예수님은 어둠과 거짓으로 충만한 이 땅에 빛과 진리를 가지고 오신 분입니다. 예수님은 하나님을 계시하는 진짜이고 이 땅의 종교 권력은 가짜입니다. 우리는 진짜인 예수님을 붙잡아야 합니다. 예수님을 붙잡게 되면 진정한 생명을 소유한 자가 됩니다. 그 외의 것을 붙잡게 되면 실상은 죽음을 붙잡는 것입니다. 이런 식의 이원론적인 언어가 요한복음에 자주 등장하는 이유는 요한복음의 일차 독자가 헬레니즘적 세계관을 가진 사람들이고 그들에게 예수 그리스도 사건은 우리에게 참 지식과 생명을 가져온 사건임을 강조하려고 했기 때문입니다.

요한복음에는 '에고 에이미'라는 표현이 자주 등장합니다. 이 문장은 예수님께서 자신이 어떤 존재인지를 설명하는 맥락에서 사용되었습니다. 영어로 하면 I am입니다. 예수님께서 "나는 생명의 떡이다, 나는 세상의 빛이다, 나는 양의 문이다, 나는 선한 목자다, 나는 부활이요 생명이다, 나는 참 포도나무다, 나는 길과 진리와 생명이다"라는 표현을 사용하면서 자신이 어떠한 존재인지를 설명하십니다. 이 표현이 구약에서는 출애굽기 3장 14절에 나옵니다. 모세가 히브리 백성들에게 하나님을 어떤 존재로 소개할 것인지를 물을 때 하나님께서 "나는 스스로 있는 자니라"고 대답하셨습니다. 이것은 히브리어로 '예흐예 아세르 예흐예'이고 헬라어로는 '에고 에이미'가 됩니다. 출애굽기 3장 14절을 기억하고 있는 사람들은 예수님께서 에고 에이미라는 표현을 사용하실 때마다 그 말씀을 최초로 하셨던 성부 하나님을 떠올렸을 것입니다. 이처럼 '에고 에이미'라는 표현은 모세에게 말씀하셨던 그 하나님과 예수님은 같은 하나님임을 강조하는 것입니다.

요한복음 9장 22절을 보겠습니다. 요한복음 9장은 태어날 때부터 시각 장애인이었던 사람을 예수님께서 고쳐 주시는 장면입니다.

그 부모가 이렇게 말한 것은 이미 유대인들이 누구든지 예수를 그리스도로 시인하는 자는 출교하기로 결의하였으므로 그들을 무서워함이러라.

이 말씀을 통해 요한복음의 저술 시기를 추측할 수 있습니다. 예수님이 공생애 사역을 하실 때는 유대교가 예수를 그리스도로 시인하는 자를 출교한 일이 없었습니다. 이것은 요한복음이 기술될 당시 상황을 말하는 것입니다. 요한복음이 기록될 당시에는 예수를 그리스도로 시인하는 자들을 유대교에서 출교시켰습니다. 그런데 9장 22절에는 이것을 마치 예수 공생애 시기로 전가시킨 것입니다. 본문은 예수님으로부터 치유 받은 시각 장애인의 부모가 담대하게 아들에게 일어난 사건에 대해서 말할 수 없었던 이유를 출교에 대한 두려움 때문이었다고 말합니다. 그런데 예수님께서 공생애 사역을 하실 때는 예수의 제자들이 유대교 안에서 출교를 당하는 일은 일어나지 않았습니다. 이것은 요한복음이 기록될 당시의 상황을 예수 공생애 때부터 발생한 사건처럼 설명하고 있는 것입니다. 여기에 유대교로부터 출교를 당한다는 표현을 사용함으로써 요한복음이 기록된 시점에는 유대교와 초대 교회가 완전히 갈라있다는 것을 알 수 있습니다.

그렇다면 왜 유대교와 초대 교회가 갈라설 수밖에 없었을까요? 유대교와 초대 교회가 갈등하게 된 네 가지 중요한 이유가 있습니다. 첫째는 성경에 대한 해석 차이 때문입니다. 당시 성경이라는 것은 구약을 말합니다. 디모데후서 3장 16절에 "모든 성경은 하나님의 감동으로 된 것"이라고 할 때 여기서도 성경은 구약을 말합니다. 신약 성경이 정경으로 확정된 것은 397년입니다. 초대 교회 당시 성경은 구약을 말하는 것입니다. 유대교와 초대 교회는 모두 구약을 정경으로 고백하는 공동체였습니다. 그런데 시간이 지날수록 유대교와 초대 교회는 동일한 말씀에 대한 해석이 달라졌습니다. 대표적인 본문이 이사야 53장입니다. 이사야 53장에는 고난 받는 어린 양에 대한 이야기가 나옵니다. 초대 교인들은 예수 사건을 경험한 이후에 이사야

53장에 나오는 고난당하고 죽임당하는 어린 양의 이야기를 예수님에 대한 예언의 말씀으로 이해했습니다. 그런데 유대인들은 그 본문을 수백 년 동안 읽어왔음에도 불구하고 단 한 번도 이사야 53장에서 말하는 고난당하는 어린 양의 이야기를 메시아에 대한 예언으로 생각했던 적이 없었습니다. 왜 그럴까요? 유대인들이 가지고 있는 메시아 상에 근거해 보면 메시아는 매를 맞고 죽임당하는 존재가 절대 아니기 때문입니다. 유대인들이 기대했던 메시아는 승리하는 메시아입니다. 어떻게 메시아가 매를 맞을 수 있고 죽임을 당할 수 있습니까? 그런데 초대 교회는 예수 사건을 경험하고 난 이후에 구약을 다시 읽으면서 이미 구약 본문 안에 당신의 백성들을 찾아오셨지만 당신의 백성에게 환영받지 못하고 매를 맞고 버림당하고 죽임당하는 메시아에 대한 말씀들이 너무도 많이 예언되어 있음을 발견하게 된 것입니다. 이처럼 똑같은 구약 성경을 읽음에도 불구하고 유대인들의 해석과 초대 교회의 해석이 하늘과 땅만큼이나 달라지게 된 것입니다. 이것이 유대교와 초대 교회가 갈라서게 된 가장 중요한 이유입니다. 오늘날도 마찬가지입니다. 동일한 신앙 공동체에 있으면서 말씀에 대한 이해와 해석이 너무 다르면 함께한다는 것이 결코 쉽지 않을 것입니다.

둘째는 유대교와 초대 교회가 갈등하게 된 이유는 여성에 대한 인식의 차이 때문입니다. 유대교는 철저하게 남성 중심의 종교입니다. 안식일에 회당 예배에 가서도 본당에는 남자들만 들어갈 수 있습니다. 여자들은 커튼 뒤나 2층으로 올라가야 했습니다. 성전에서도 여인들이 머무르는 공간과 남성들이 머무르는 공간은 철저하게 구분되어 있습니다. 여인의 뜰에서 남성들이 머무는 공간으로 가기 전에 경계석이 하나 있는데 거기에는 "이 공간을 넘어가는 여인들은 돌에 맞아 죽는다"는 섬뜩한 경고가 적혀 있었습니다. 이처럼 유대교는 남성과 여성을 철저하게 구분하는 남성 중심의 종교였습니다. 그런데 초대 교회는 남자와 여자가 예수 그리스도 안에서 하나임을 강조했습니다. 예수님께서 승천하신 이후에 초대 교인들은 마가의 다락방에 모였는데 같은 공간에 남자와 여자가 함께 모였습니다. 초대 교회 안에 뵈뵈, 겐그레아, 유오디아와 순두게, 브리스길라 등 여러 여성 지도자들이 있었습니다. 이런 모습을 유대교가 용납할 수 없었습니다. 한마디로 여성에 대한 이해가 격상된 곳이 초대 교회였습니다. 유대교가 철저하게 남성 중심의 종교였다면 초대 교회는 남녀평등의 종교였습니다. 교회시에서 안타까운 것이 바로 이 지점입니다. 남녀평등의 종교로 출발한 그리스도교가 중세 시대를 거치면서 다시 남성 중심의 종교로 회귀하게 된 것입니다. 중세 시대 그리스도교 신학을 집대성한 대표적인 신학자가 토마스 아퀴나스입니다. 아퀴나스가 신학적 사고를 전개함에 있어서 중요하게 활용한 사상의 토대가 아리스토텔레스의 사상입니다. 초대 교부였던 아우구스티누스는 플라톤의 철학을 자기 사상의 토대로 사용했습니다. 이처럼 중세 신학이 확립될 때 많은 신학자들이 붙잡았던 사상의 토대가 헬레니즘입니다. 헬레니즘의 특징은 이원론이고 헬레니즘 안에서는 남성과 여성을 철저하게 구분합니다.

아리스토텔레스는 '여자는 남자가 되지 못한 불량품'이라고 했습니다. 여자에게는 이성과 영혼이 없다고도 했습니다. 여성에 대한 이런 부정적인 인식을 가지고 있던 아리스토텔레스의 철학을 토대로 토마스 아퀴나스를 비롯한 신학자들이 신학적 사유를 전개했으니 그것이 얼마나 성경과 유리되었겠습니까? 원래 신부는 결혼할 수 있었습니다. 결혼을 하건 하지 않건 그것은 신부 개인의 자유였습니다. 가톨릭에서 1대 교황으로 생각하는 인물이 누구입니까? 베드로입니다. 베드로는 결혼을 했습니까, 하지 않았습니까? 결혼을 했습니다. 복음서에 보면 베드로에게 장모가 있었다는 표현이 나옵니다. 신부들도 처음에는 결혼할 수 있었습니다. 그런데 시간이 지남에 따라 결혼하지 않은 독신 신부들만 고위직에 올라가게 되었습니다. 그 이유가 무엇입니까? 여성에 대한 부정적인 인식 때문입니다. 여성은 영혼도 없고 이성도 없고 오직 감정만 있는 존재이고 남자를 유혹하는 존재인데 그런 여성과 살을 부대끼고 살아가는 신부를 독신 신부들보다 낮추어 보게 된 것입니다. 여성과 거리를 두는 사람들을 더 거룩하게 생각하게 된 것입니다. 중세 시대를 거치면서 초대 교회가 가지고 있던 남녀평등의 인식이 다시 역전되어 그리스도교는 남성 중심의 종교가 되었습니다. 안타깝게도 오늘 한국 교회가 남성 중심의 교회 모습을 그대로 이어가고 있습니다. 한국 교회는 가부장적 그리스도교라고 할 만큼 남성과 여성의 역할이 철저하게 구분되어 있습니다. 이러한 모습은 초대 교회가 보여준 남녀평등의 모습과는 너무도 이질적인 것이고 유교적 그리스도교의 모습이라고 할 수 있습니다. 여성에 대한 인식의 차이로 인해 유대교와 초대 교회는 갈등하게 된 것입니다.

셋째는 하나님을 어디에서 만날 수 있는가 하는 장소에 대한 이해의 차이 때문입니다. 유대교는 성전을 하나님의 집으로 이해했습니다. 그런데 초대 교회는 마태복음 18장 20절의 말씀에 근거하여 예수 그리스도의 이름으로 두세 사람이 모인 곳에 우리 주님도 함께하신다고 생각했습니다. 건물 중심의 교회관으로부터 자유하게 된 것입니다. 그래서 대부분의 초대 교회는 가정 중심으로 모였습니다. 이 부분도 그리스도교 이천 년 역사를 통해서 다시 과거로 회귀하고 있다고 보아야 합니다. 과거의 유대교처럼 오늘날의 교회도 건물로서의 교회에 하나님이 계신다고 생각합니다. 주님을 믿는 두세 사람이 모인 그곳에 우리 주님이 함께하신다는 말씀은 알고 있지만 여전히 웅장한 건물을 추구하는 교회들이 많습니다. 왜 그런 것을 추구합니까? 건물 중심의 교회관이 너무도 강하기 때문입니다.

넷째는 하나님에 대한 이해의 차이 때문입니다. 유대교는 성부 하나님만을 믿습니다. 이 부분에서 유대교와 이슬람의 공통점이 있습니다. 유대교와 이슬람의 공통점은 하나님은 한 분이시라는 것입니다. 그런데 초대 교회는 이 땅에 오신 예수 그리스도와 오순절에 역사하신 성령까지를 하나님으로 인정합니다. 하나님을 삼위일체로 고백하는 것입니다. 그러나 유대교는 예수와 성령을 하나님으로 인정하지 않습니다. 이렇게 하나님에 대한 이해가 달라지면서 유대교와 초대 교회는 갈라서게 된 것입니다. 요한복음을 한 구절 보겠습니다. 요한복음 16장 7절입니다. 사도행전을 보시면 성령 강림 사건 이후에 제자들이 완전히 새로운 존재로 탈바꿈합니다. 어떻게 그러한 변화가 가능했을까요? 중요한 것이 예수님에 대한 인식의 변화 때문입니다. 제자들은 성령 강림 사건 이후에 예수님께서 말씀하신 요한복음 16장 7절의 말씀을 떠올리게 됩니다. 예수님께서 제자들에게 이렇게 말씀하셨습니다.

그러나 내가 너희에게 실상을 말하노니 내가 떠나가는 것이 너희에게 유익이라 내가 떠나가지 아니하면 보혜사가 너희에게로 오시지 아니할 것이요 가면 내가 그를 너희에게로 보내리니.

이 말씀이 너무나 중요합니다. 공관복음도 너무 중요하지만 요한복음이 우리에게 중요한 이유가 있습니다. 요한복음에서 예수님은 끊임없이 제자들과 함께 있을 때 자신이 어떤 존재인지에 대해 말씀해 주십니다. "나는 태초부터 하나님이었고 하나님으로부터 이 땅에 왔고 다시 하나님께로 돌아간다"는 이야기를 계속하십니다. 예수님이 제자들을 떠나 아버지께로 돌아간다고 하니까 제자들이 불안해지기 시작합니다. 그렇지 않겠습니까? 제자들은 예수님으로 인해 모인 사람들이고 예수님을 구심으로 형성된 관계인데 예수님이 사라지게 되면 구심점이 사라지는 것 아닙니까? 당연히 제자들이 불안해할 수밖에 없었던 것입니다. 이때 예수님께서 하신 말씀이 16장 7절입니다. 자신이 하나님께로 돌아가는 것이 제자들에게도 유익하다는 것입니다. 그 이유가 무엇입니까? 자신이 아버지께로 돌아가게 되면 성령을 보내어주실 것이기 때문입니다. 그리고 정말 예수님의 말씀처럼 승천하시고 열흘 후에 성령이 임한 것입니다. 성령이 임한 이후에 제자들이 완전히 새로운 존재로 탈바꿈하게 된 이유는 이 성령을 누가 보내주신 것입니까? 성자 하나님께서 보내주신 것입니다. 성자로부터 성령 파송이 가능하기 위해서는 무엇이 전제되어야 하는 것인가요? 성자가 태초부터 있었던 하나님의 품으로 돌아가야 하는 것입니다.

당시 유대인들은 예수님께서 불경하고 참담한 말과 행동을 많이 했기 때문에 하나님께 저주받아 죽었다고 생각했습니다. 유대 종교 권력이 빌라도의 손을 빌려서 예수님을 나무 십자가에 매달아 죽이지 않았습니까? 그런데 예수님께서는 이미 제자들에게 자신이 성부 하나님께로 돌아갈 것이고 돌아가면 성부 하나님과 더불어 온 우주 만물을 통치하실 것이며 이 땅에 있는 당신의 제자들을 위해서 성령을 보내주실 것을 약속하셨습니다. 그리고 그 약속대로 성령이 임했습니다. 성령이 임했다는 말은 예수님께서 말씀하신 모든 것이 이루어졌다는 가상 확실한 증거가 되는 것입니다. 예수님께서 당신의 말씀처럼 아버지에게로 돌아가셨고 아버지와 더불어서 온 우주 만물을 통치하고 계시며 당신의 제자들을 위해 성령을 보내주신 것입니다. 성령 강림 사건이 제자들을 담대하게 만든 이유가 바로 여기에 있습니다. 성령이 임했다고 하는 것은 그 전 단계들이 모두 완성되었음을 말해주는 것입니다. 유대인들이 말하는 것처럼 예수님께서 지금 지옥에 떨어져 온갖 고초를 겪고 있는 것이 아니라 아버지께로 돌아가서 아버지와 함께 온 우주 만물을 통치하고 계심을 제자들은 확신했습니다. 그 증거가 무엇입니까? 예수님께서 보내주기로 약속하신 성령을 제자들에게 보내주신 것입니다. 약속하신 성령을 보내주신 사건을 통하여 제자들은 예수님께서 말씀하신 그대로 그분은 태초부터 하나님이셨고 지금도 성부와 더불어서 온 우주만물을 통치하고 계시고 이 땅에 있는 당신의 백성들을 보호해주심을 확신하게 된 것입니다. 그 확신 속에서 제자들은 성령 강림 이후에 완전히 새로운 존재로 변화된 것입니다. 성령 강림 사건의 중요성이 바로 여기에 있습니다. 제자들은 성령 강림 사건을 통하여 예수님께서 선포하신 모든 말씀들이 현실이 되었음을 확신하게 됩니다. 그런 확신 속에서 이 땅에 있는 불의한 권력자들을 더 이상 두려워하지 않는 완전히 새로운 존재들로 변화하게 된 것입니다. 예수님에 대한 새로운 인식을 갖게 한 중요한 말씀이 요한복음 16장 7절입니다.